説明的文章の
読みの
学力形成論

間瀬茂夫

Mase Shigeo

溪水社

説明的文章の読みの学力形成論

目　次

序　章　研究の目的と方法

第1節　研究の目的 ……………………………………………………… 3
第2節　研究の方法 ……………………………………………………… 5
第3節　研究の意義 ……………………………………………………… 7

第1章　説明的文章の読みの学力形成論の課題

第1節　学力形成論の課題 ……………………………………………… 9
　第1項　戦後学力論争史における学力概念批判論の検討 ………… 9
　　1　戦後学力論争史の概要　9
　　2　第三期「わかる力」論争における学力概念批判論の検討　11
　　3　第四期「新しい学力観」論争における学力概念批判論の検討　14
　第2項　高次の学力形成論の展開 …………………………………… 20
　　1　第五期学力低下論争期における態度的学力の止揚　20
　　2　学力低下論争から高次の学力論への展開　21
　　3　モデルとしての学力研究の可能性　23
第2節　説明的文章の読みの学習指導研究の課題 …………………… 26
　第1項　国語学力論の展開 …………………………………………… 26
　　1　国語学力観の展開　26
　　2　高次の国語学力の探求　29
　　3　現行学習指導要領における国語学力観　34
　　4　教師の持つ国語学力観　36
　第2項　説明的文章の読みの学習指導研究の革新と課題 ……… 38
　　1　説明的文章の「文章の論理」の学習指導研究の展開　38

i

2　学習者に注目した説明的文章の読みの学習指導研究の展開と課題　42

　　3　2000 年代における説明的文章の理解方略指導実践の進展　46

第3節　説明的文章の読みの学力形成論の枠組み ……………　51

第2章　推論的読みを軸とした
説明的文章の読みの学力モデルの構想

第1節　説明的文章の読みの目的と推論・論証 ………………　59

　第1項　説明的文章の読みの目的と「文章の論理」の理解……　59

　第2項　説明的文章の文章構造と文章理解モデル ………………　61

第2節　説明的文章の理解モデルの検討 ………………………　65

　第1項　ヴァン・ダイクとキンチュによる一般的文章の理解モデ

　　　　　ルの検討 …………………………………………………　65

　　1　ヴァン・ダイクとキンチュの読解モデルの概要　65

　　2　表象の形成過程　68

　　3　国語科授業との対応　72

　第2項　B. J. F. マイヤーによる説明的文章の理解モデルの検討…　74

　　1　B. J. F. マイヤーによる説明的文章の文章構造の分析方法　74

　　2　構造的方略による方略的読みの過程　76

　第3項　説明的文章の読みにおける読み手の用いる推論と

　　　　　知識の種類 ………………………………………………　78

第3節　説明的文章における知識と論証の階層的枠組み……　81

　第1項　説明的文章における「説明」の階層性と論証の種類…　81

　第2項　トゥールミンによる論証モデルの検討

　　　　　――汎用的な論証―― ……………………………………　82

　　1　説明的文章とトゥールミンによる論証モデル　82

　　2　論証モデルの比較検討　83

　第3項　説明的文章における科学的説明の検討

　　　　　――学問的知識の論証―― …………………………………　86

1　科学的説明の類型　86

　　2　「説明」と「理解」　88

　第4項　説明的文章におけるレトリックによる論証

　　　　　──価値の論証──　………………………………………　90

　　1　レトリックによる説明・説得　90

　　2　レトリックによる価値的論証　92

　　3　レトリックによる論証の類型　94

第4節　推論的読みを軸とした説明的文章の読みの学力モデル

　の構想　……………………………………………………………　96

　第1項　説明的文章における知識空間の階層性と推論的読み…　96

　　1　説明的文章における知識空間の階層性　96

　　2　中間的な表象としての修辞・論証モデル

　　──論証とレトリックの理解──　97

　第2項　国語科授業における推論的読みの協同性　………………　99

　　1　社会構成主義的知識観と授業における協同的過程　99

　　2　推論的読みと批判的読み　103

　　3　読みの授業における協同的過程と仮説的推論　106

　第3項　推論的読みを軸とした説明的文章の読みの学力モデルの

　　構想　……………………………………………………………　107

第3章　推論的読みを観点とした
中学校説明的文章教材の文章構造の分析

第1節　中学校説明的文章教材の文章構造の分析の観点……　113

第2節　中学校説明的文章教材の文章構造の分析　……………　114

　第1項　中学校説明的文章教材の整合性の分析

　　　　　──「自然のシステムに学ぶ」（中3）を事例として──　……　114

　　1　分析の目的と方法　114

　　2　文章構造の分析　115

3　説明的文章の修辞的・論理的関係の把握における知識と

　　　　合図の役割　120

　　第2項　中学校説明的文章教材の論証構造の分析

　　　　　　――「モアイは語る」（中2）を事例として――　……………　121

　　　1　分析の目的と方法　121

　　　2　「モアイは語る」の文章構成　122

　　　3　論証構造の分析　123

　　第3項　説明的文章の文章構造に関する学習指導への示唆……　133

　　　1　文章構造の理解過程　133

　　　2　説明的文章の修辞的・論理的関係に関する知識の教授　134

　　　3　説明的文章の論証構造に関する学習指導の課題　136

　第3節　中学校説明的文章教材の文章構造と読み手の推論の

　　　　相互作用の分析　………………………………………………　138

　　第1項　説明的文章教材の理解過程における推論　………………　138

　　第2項　モダリティ表現に注目した説明的文章教材の理解過程の

　　　　　　分析――「シンデレラの時計」（中2）を事例として――　…　141

　　　1　分析の目的と対象　141

　　　2　分析の方法――〈モダリティ〉表現への注目――　142

　　　3　〈モダリティ〉表現に注目した筆者の推論過程の分析　145

　　　4　読み手による推論の分析　152

　第4節　中学校国語教科書における説明的文章教材の系統性の

　　　　分析………………………………………………………………　157

　　第1項　中学校説明的文章教材の説明構造の系統性の分析

　　　　　　――学校図書中学校国語教科書における説明的文章教材の分

　　　　　　析を通して――　………………………………………………　157

　　　1　分析の目的と方法　157

　　　2　「因果的説明」と「目的論的説明」――中1――　160

　　　3　例外による主張――中2――　162

　　　4　発生的説明――中3――　166

5　説明的文章教材における「説明」の階層性と段階性　170

第2項　中学校説明的文章教材における説明・主張と知識の
　　　　系統性 ……………………………………………………… 171

第4章　中学校段階における説明的文章の推論的読みの発達と学習可能性

第1節　学習者に対する説明的文章の読みの調査の枠組み … 175

第2節　中学校段階における説明的文章の読みの過程
　　　　——読みの調査1を通して——……………………… 178

　1　調査の目的と仮説の設定　178

　2　調査の方法　179

　3　結果と考察　185

　4　読みの目的と読みの行為，文章構造との関係　190

第3節　中学校段階における説明的文章の推論的読みの発達
　　　　——読みの調査2と調査3を通して——…………… 193

　第1項　中学校2年生における説明的文章の推論的読みの過程
　　　　　——読みの調査2による分析と考察—— ……………… 193

　　1　調査の目的　193

　　2　調査の方法　193

　　3　結果と考察　196

　第2項　小学校高学年から中学校にかけての説明的文章の推論的
　　　　　読みの発達——読みの調査3による分析と考察—— …… 201

　　1　調査の目的　201

　　2　調査の方法　201

　　3　処理と結果　203

　　4　考察　204

　　5　説明的文章の読みにおける推論の構造と発達　210

第4節　中学校段階における説明的文章の論理的関係に関する
　　　　理解方略の学習可能性——読みの調査4を通して—— … 215

　第1項　説明的文章の論理的関係に関する理解方略の教授……215

　第2項　中学校3年生における説明的文章の論理的関係に関する理解
　　　　　方略の学習可能性——読みの調査4による分析と考察—— … 217

　　　1　調査の目的　217

　　　2　調査の方法　217

　　　3　結果および考察　220

　第3項　説明的文章の論理的関係に関する理解方略教授への
　　　　　示唆 ……………………………………………………………… 227

第5章　教師の持つ説明的文章の読みの学力観と指導理論の検討

第1節　教師の持つ説明的文章の読みの学力観と授業のあり方
　　　　をとらえる枠組み ………………………………………… 229

　第1項　国語科授業と教師の持つ国語学力モデルとの関わり… 229

　第2項　国語科教師の持つ説明的文章の読みの学力モデルの
　　　　　問題 …………………………………………………………… 230

第2節　中学校段階における国語科教師の持つ説明的文章の
　　　　読みの学力観と指導理論の分析
　　　　　——教師への調査1と調査2を通して——……………… 232

　第1項　中学校国語科教師の持つ説明的文章の読みの学力観
　　　　　——教師への調査1による分析—— ……………………… 232

　　　1　問題設定　232

　　　2　調査の目的と方法　234

　　　3　教師への調査1の結果と考察　241

　　　4　国語科教師における説明的文章の論理のとらえ方　253

第2項　中学校国語科教師の持つ説明的文章の読みの指導理論に
　　　　おける推論的読みの位置——教師への調査2による分析—— … 255
　　1　教師への調査2の概要と方法　255
　　2　教師への調査2の結果および考察　256
　　3　国語科教師の持つ説明的文章の論理のとらえ方と指導理論　263
第3項　中学校国語科教師の持つ説明的文章の読みの学力観と
　　　　指導理論の授業方法との関係 ……………………………… 265
第3節　米国における説明的文章の読みの指導観の検討…… 266
第1項　米国における読みの理解方略の指導方法の類型と
　　　　指導過程 ………………………………………………… 266
　　1　読むことの理解方略の教授　266
　　2　理解方略の教授方法の類型　267
　　3　教授のあり方の違い——要約の教授——　270
　　4　共通点——方略的読みの教授方法研究の背景——　275
第2項　我が国における説明的文章の読みの学力形成論への
　　　　示唆 ……………………………………………………… 277

第6章　中学校段階における協同的過程による
説明的文章の推論的読みの形成

第1節　学力モデルの拡張による授業仮説の設定 …………… 281
第1項　説明的文章の読みの授業における学習者と教師の課題… 281
第2項　協同的論証としての話し合い過程のモデル
　　　　——中学生の小集団による話し合い過程の分析を通して——… 283
　　1　協同的な過程における探索的会話の重要性　283
　　2　中学校段階における協同的論証としての話し合いの成立　284
第3項　説明的文章の読みの授業仮説の設定 ……………… 286
　　1　推論的読みにおける解釈と協同的論証としての話し合い　286
　　2　協同的過程を取り入れた授業仮説の設定　288

vii

第2節　小グループの話し合いによる説明的文章の推論的読みの
　　　　形成過程の分析──授業観察1と授業観察2を通して── … 290
　第1項　論証の批判的理解──授業観察1における協同的な論証理解
　　　　の過程── ………………………………………………………… 290
　　　1　中学校説明的文章教材における論証の構造と理解　290
　　　2　小グループの話し合いにおける論証理解の協同性　292
　第2項　論証の推論的理解──授業観察2における協同的な論証理解
　　　　の過程── ………………………………………………………… 297
　　　1　説明的文章教材の論証理解における仮説的推論　297
　　　2　協同的な過程における論証理解と仮説的推論　303
　　　3　論証理解における協同性の効果　308
第3節　協同的過程を通した説明的文章の推論的読みの形成… 309
　第1項　協同的過程を通した説明的文章の推論的読みの授業の
　　　　展開 ……………………………………………………………… 309
　第2項　協同的過程を通した説明的文章の推論的読みの形成論… 310

結　章　説明的文章の読みの学力形成論の展開

第1節　前章までの研究成果の総括 ……………………………… 315
第2節　説明的文章の読みの学力形成論の展開 ………………… 322
　　　1　説明的文章の読みの学力形成への提言　323
　　　2　国語学力形成への提言　325

参考文献 ……………………………………………………………… 327
おわりに─謝辞─ …………………………………………………… 347
索　　引 ……………………………………………………………… 349

viii

説明的文章の読みの学力形成論

序　章　研究の目的と方法

第1節　研究の目的

　1980年代，目標論を中心に議論されてきた学力研究は，学習論への転換を迫られた。知識や能力のあり方をとらえ直す時代状況にあって，学力とは何かという問いをめぐって戦後繰り返しなされた学力論争の不毛性が指摘された。めざすべき学力が学習者においてどのような知識構造として成立し，どのような過程において学習されるのかを明らかにすることの必要性が指摘されたのである。学力の学習論はその後の学力論議において基底をなすものとなっている。このような学力論の研究課題の把握から，本研究は，説明的文章の読むことという学習領域において，どのような学習過程を通して国語学力が形成されるのかという国語学力形成論に取り組むものである。

　戦後の説明的文章の読みの学習指導研究が中心的に取り組んできたのは，「文章の論理」の理解という目標である。しかし，その目標に対する考え方は一通りであったわけではなく，「文章の論理」に対する考え方の拡張が説明的文章の読みの学習指導論を発展させてきたとも言える。背景とする学問領域を推移させながら，筆者の意図の理解（解釈学）や文や段落の連接関係の理解（文章論）から，筆者の認識方法の理解（認識論）や説得や議論の方法の理解（修辞学・非形式論理学）へと，その考え方は拡張してきたのである。

　では，そうした「文章の論理」の理解に関する説明的文章の読みの学力は，どのように形成されるのか。この問いが本研究の研究課題の核となる。この問いを解決するために，本研究では，学力形成の中心的な場である授業を構成する四つの軸，すなわち教材である説明的文章（第Ⅰ軸），読み手としての学習者（第Ⅱ軸），読みの授業を設計し実践する教師（第Ⅲ

軸），授業における学習者同士の協同的過程（第Ⅳ軸）を設定する。これら四つの軸に関わって，本研究で取り組む研究課題は，次のようなものである。

(1) 説明的文章の読みの学力形成論の取り組むべき課題とはどのようなものか。学力論争史，説明的文章の学習指導研究史をふまえ，四つの軸に沿って本研究の枠組みを明らかにし，本研究の課題を再設定することを第一の研究課題とする（第1章）。

(2) 説明的文章を理解する過程に照らした場合，説明的文章を読む力，とりわけ「文章の論理」を理解する力はどのようにとらえられるか。先行研究によって提示された文章理解モデルとともに，説明的文章に特有な意味構造について検討することで，第Ⅰ軸から第Ⅳ軸に沿って，説明的文章の読みの学力を分析し，形成するための学力モデルを構築することが第二の研究課題である（第2章）。

(3) 第Ⅰ軸の説明的文章教材は，どのような構造としてとらえられるか。学習論をベースとするならば，文章構造は読み手による理解行為との関係においてとらえられる必要がある。説明的文章の論理構造を読み手による推論の働きとの関係においてとらえることを第三の研究課題として設定する（第3章）。

(4) 第Ⅱ軸の学習者は，現実的な読み手として説明的文章教材をどのように理解するのか。この問いは，いくつかの課題に分かれる。一つは，説明的文章の理解行為の全体的な把握である。二つ目は，学年による読みの行為や過程の発達的違いを明らかにすることである。三つ目は，理解方略の学習によって学習者の読みの過程がどのように変わるかを明らかにすることである。これらを第四の研究課題とする（第4章）。

(5) 第Ⅲの軸である教師は，説明的文章の読みの学力をどのようなものとしてとらえているか。教師が「文章の論理」をどのようにとらえているか。教師の持つ学力観は，授業とそこで形成される学習者の学力を規定する。中学校国語科教師の持つ説明的文章の読みの学力観を明らかにすることを第五の研究課題とする（第5章）。

序　章　研究の目的と方法

(6) 第Ⅳの軸である学習者同士の協同的過程を通して，学習者はどのように説明的文章の読みの学力を形成するのか。前章までに明らかとなったことから，読みの学力を形成するための学力モデルを拡張し，それをもとに授業を構想し，実験的な授業を行う。そこで，学習者がどのように相互に関わり合いながら，説明的文章の理解を深めるかを分析し，そうした過程がどのように学力形成に寄与するかについて考察する。このことを第六の研究課題とする（第6章）。

(7) 以上のことから，四つの軸に沿って説明的文章の読みの学力モデルがどのように拡張されたかという点から研究成果を総括する。また，拡張された形成論的学力モデルに沿って，授業における説明的文章の読みの学力形成のための提言とともに，国語学力形成論の展開のための提言を行う（結章）。

第2節　研究の方法

　上記の研究課題に取り組むため，次のような方法と手順で研究を進める。

　まず，第1章で，これまでに述べた説明的文章の読みの学力形成に関する研究課題について，最近の学力低下論争以降の学力に関する議論を含めた戦後の学力論と，認知心理学における文章理解研究の成果，説明的文章の読みの学習指導論の展開をふまえて，とらえ直す必要がある。先に述べた授業を構成する四つの軸をとらえる枠組みについても，これらを検討することで改めて設定する。

　なお，ここでは，「文章の論理」の理解について，文章側に構成された論理を受容するだけでなく，読み手が推論によって積極的に補うことによって成立するという仮説を立てることになる。そして，こうした推論の関わる読みの学力を「推論的読み」と定義し，推論的読みがどのように形成されるかということを中心に以下の研究を進める。「推論的読み」はメタ認知

5

レベルでの理解となるため，中学校段階を中心とする。

　次に，第2章において，先行研究によって提示されている文章理解モデルを検討することで，四つの軸について分析し，説明するための方法として，認知過程に焦点を当てた学力モデルを構想する。理解の対象である説明的文章の文章構造についても，読み手においてどのように表象化され，理解されるかという側面からモデルに取り込むことになる。また，説明的文章における内容や論理について，科学哲学，非形式論理学，修辞学を手がかりにして検討し，学力モデルに反映させる。授業における学習者相互の関わりについても何らかの形でモデルに位置づけ，学力形成の場である国語科の授業場面に適合したものとする。

　これまでの国語学力モデルは，知識・技能・態度など目標の分類を主眼とする目標論的学力モデルが多く提示されてきたが，本研究では，目標として示される国語学力がどのような知識や能力，認知的過程によって成り立つのかを分析し，説明することに主眼を置いたものとする。そのような意味で，形成論的国語学力モデルである。

　第3章から第5章では，第Ⅰ軸から第Ⅲ軸，すなわち，現実の説明的文章教材の理解のあり方（第3章），学習者の読みの行為（第4章），教師が持つ説明的文章の読みの学力観（第5章）について，実態的な調査を行い，学力モデルに沿って分析する。また，明らかになった特徴や傾向について，学力モデルへの還元を行い，モデルを詳細化し拡張する。具体的な研究方法については，各章において述べる。

　第6章では，還元・拡張を行った学力モデルに基づいて，推論的読みを形成するための授業仮説を立てた上で，説明的文章の読みの授業を実施し，観察・記録する。そして，第Ⅳ軸である学習者同士の協同的過程について分析・考察し，どのように推論的読みが形成されるかを明らかにする。そして，なぜ協同的過程によって推論的読みが形成されるかについて論じる。

　結章では，各軸の現実的な側面を還元・拡張した形成論的学力モデルに基づいて，説明的文章の推論的読みを形成するための提言を行う。

序　章　研究の目的と方法

第3節　研究の意義

　本研究の意義は，研究上の側面と，実践への示唆の側面の二つの側面に見出すことができる。

　まず，研究の全体を包括する意義として，従来の国語学力研究は，目標論や教育課程論の枠組みで行われることが多かったのに対し，本研究では，説明的文章の理解という学習領域について，その学力の形成過程を明らかにするという枠組みを設定したことが挙げられる。理念的な水準のみで学力をとらえるのではなく，国語科授業を学力が形成される中心的な場所として位置づけ，授業のあり方に関わる学習者，教師，教材という三者から，学習者による説明的文章を読むという行為や教師によって読みの学力がどのようにとらえられるかといった観点を設定して，学力の形成過程を明らかにしようとしていることが特徴である。

　その際，認知心理学の研究成果を導入するが，その方法についても国語科教育学研究上の意義をいくつか見出すことができる。まず，学習者の読みの過程を調査するにあたって，本研究では，実験のための文章を用いるのではなく，実際に授業で教材とされる文章を用いることである。また，実際の授業における小集団の協同的な過程について，認知的な役割という観点から分析を行っている。そうした現実的な文章の読みの過程に沿って，意味や論理の水準で読みの過程を明らかにしていることは，心理学にはない，国語科教育学上の研究意義として認められると思われる。また，我が国における実証的な研究の多くが小学校段階を中心に行われている中，中学校段階における読みの認知過程，発達状況を明らかにすることに取り組んでいることも特徴である。

　これらのことは，実践への示唆としての意義も含んでいる。学習者の行う推論を読みの学力として位置づけた点である。説明的文章の文章構造との関連において，学習者に推論的な読みを行わせることが，「文章の論理」

7

を理解する力や批判的な読みの力の中核となることを示すが，それは，教材分析の観点，学習課題の作成の観点となり，表層的な文章の理解にとどまりがちな説明的文章の読みの授業を深めることへの示唆となると考える。

　教師に関しては，中内敏夫によって示唆された教師の持つ学力モデルという概念を起点としながら，素朴理論の考え方を取り入れ，国語科教師の持つ指導理論の実態をとらえようとしていることに特徴がある。実践への示唆という点では，教師の持つ説明的文章の読みの学力観にまで遡った授業改善のあり方を示すことが挙げられる。また，国語学力観を意識することは，教師としてのアイデンティティを確認したり，拡張したり，更新したりすることにつながるものと思われる。

第1章　説明的文章の読みの学力形成論の課題

第1節　学力形成論の課題

第1項　戦後学力論争史における学力概念批判論の検討

1　戦後学力論争史の概要

　戦後の学力論争史は，大きく五つの時期に分けられる。

　第一期は，1950年前後において，戦後の新教育に対してなされた基礎学力低下批判をめぐる論争である。新教育に対して，漢字の読み書き，計算といった基礎学力が低下したという批判がなされる一方で，生活主義的な学力は身についているという反論も行われた。そうした中で，学力が，読み書き・計算にとどまらないとすれば，人間にとってどのようなものなのかという本質的な議論が生まれた。

　第二期は，1960年代に，態度主義学力観に対してなされた批判をめぐる論争である。態度の形成を重視する教育論に対して，科学的・客観的なものとして（「計測可能」なものとして）学力を規定することが教育の改善，学習者の学力改善につながるとする立場から批判が行われた。多くの教師が実感的に持つ態度という学習者の主観的な要素に依存した教育観から脱却し，教育の質を問い学力を保障するため，客観的に把握可能な知識や能力を学力と規定すべきだという考え方は，その後の教育の現代化や科学化，到達度評価運動の基盤にもなった。

　第三期は，1970年代に行われた学力と人格をめぐる「わかる力」論争である。1970年代には，高度経済成長の結果国民生活が豊かになる一方，「落ちこぼれ」「落ちこぼし」や児童生徒の心身の発達の問題が顕在化した。そうした中にあって，例えば「わかる力」のように学習における学習者の意欲や感情など人格形成と学力形成の問題を統合してとらえることが求めら

れた。一方で，学力の客観的な側面を重視することで授業を改善しようと
する立場もあり，両者の間で論争が行われた。

　第四期は，1990年代になされた「新しい学力観」をめぐる論争である。
当時の文部省によって教育改革のための政策的概念として提唱された「新
しい学力観」が指し示すものが果たして「新しい」かどうかをめぐってな
された。「新しい学力観」とは，学習にあたっての関心や意欲，学習後の持
続的な態度を重視するもので，態度主義学力観の復活であるという批判が
なされた。従来知識や技能など客観的な学力を身につけさせることを重視
してきた学力観から，「関心・意欲・態度」や「思考力・判断力・表現力」
など主体的な学力を育てる教育へと転換しようとする政策は，その後につ
ながるものである。

　第五期は，2000年代に行われた学力低下をめぐる論争である。学習内容
の3割削減が行われた1998年版学習指導要領が施行される前から，大学生
の計算力低下の指摘等がきっかけとなって論争が行われ，社会問題化し
た。文部科学省は学習指導要領をミニマムな教育課程の規準と位置づけ発
展的な学習を認めるなど，学習指導要領の一部改正を余儀なくされた。ま
た，OECDによる国際的な学力調査であるPISAの結果が低かったことと
ともに，縮小社会化，日本の経済的地位の低下といった問題も重なり，学
力重視の教育改革が現在も進められている。

　このような各期の学力論争の展開が示すように，学力研究は，教育目標
や教育内容，教育方法，あるいは能力や人格の発達，社会といったさまざ
まな分野との関連において追究され，深化拡充してきたが，論争において
は，学力とは何か，学力をどう規定するかという問題に議論が終始してい
たという面もあった。具体的には，勝田守一と中内敏夫による広岡亮蔵の
態度主義批判，坂元忠芳と藤岡信勝・鈴木秀一の間の態度主義論争，さら
にその他の論者を巻き込んで教科研を中心として行われた論争というよう
にいくつかの学力規定論争があった。大きくは，学力の計測可能性の問題
と態度を学力に含めるか否かということが論争の争点であったと言えるだ
ろう。学力規定論争の「混迷」の背後には論者の問題状況の違いがあった。

10

第1章　説明的文章の読みの学力形成論の課題

勝田・藤岡・鈴木らは教育内容の科学的構成の問題を，坂元は学力の形成に関わる学習者の人格の問題をそれぞれの議論の基盤に据えていたのである。

　戦後の学力論争史については，すでにいくつかの問題整理がなされている。ここでは，序章で設定した本研究の目的に沿って，学力形成論の課題を明らかにするため，学力概念批判論から学習論への転換の示唆を，また，最近の学力低下論争後の展開から高次の学力形成論への示唆を得たい。

2　第三期「わかる力」論争における学力概念批判論の検討

　学力概念批判論は，1970年代に教科の科学的構成や学習意欲の問題が課題となっていた時期の学力論争である第三期学力論争の終盤に提示された。それは，学力概念の定義が幾通りも出される「混迷」の状況に対して向けられたのである。

　宇佐美寛は，学力の概念を定義することについて，次のように述べている[1]。

　　　この教授・学習過程についてことばで語るしかたが問題になるはずなのである。様々な語があい関連している用語システムなしには語れないはずである。それぞれの用語は，それぞれの概念の呼び名なのだから概念システムが働いているから語ることが可能なのだと言ってもいい。

　　　「学力」という用語・概念をどう定めたところで，それはこの広大な用語・概念システムの網目（ネットワーク）の一部分にすぎない。一部分のなかみが何であるのかを網目から切りはなして論じあっても無意義である。
　　（中略）

　　　私が諸論者に要求しているのは，「学力」の概念ではなく，「学習」の理論なのである。「学力」が「……学習して到達した能力」とか「わかる力」だというのならば，なぜ論者たちは，まず「学習」とは何か，「わかる」とはどのようなことかを明らかにしようとしないのだろうか。「学習」の一般理論が無いのに，どうして「学力」概念を論ずることができるのだろうか。私には不思議に思われる。

　宇佐美は，学力論争が学力概念の定義のみに終始することを批判し，学

11

力をそれが形成される学習の過程の中に位置づけることを求めている。そして，宇佐美自身は，学習者を「情報の蓄積構造」としてとらえる学習モデルを提示している。

　当時の学力論争が，「態度」と「測定」を境界として学力概念の明確な定義を行おうとしていたことには，学力を人格との関わりでとらえることと教育内容の科学的構成という二つの問題状況の錯綜が背景となっていたと考えられる。しかし，学力を学習と切り離し，例えばカリキュラム論の枠組みに取り込んで規定するのではなく，学力をあくまで学習の過程の中でとらえるべきだとする宇佐美の学力概念批判は，国語学力形成論の課題を考える上で重要である。

　佐伯胖は，やはり同じ時期の学力論争に対し，「学力という実体は存在しない」とまず批判した上で，学力は一般的なものではなく具体的な知識内容と結びついたものとしてしかとらえられないことを次のように指摘する[2]。

　　　子どもの中にあるものは，さまざまな知識や技能について，「知っている」「わかっている」「できる」というような知的性向 intellectual disposition である。それはすべて，「かくかくしかじかのことを知っている」「これこれのことがわかっている」「あれこれのことができる」というように個別化されているのであって，「理解力」とか「認識能力」というような一般化された「力」ではないだろう。もちろん，「かくかくしかじかのことがわかっている」ということは，まったく本人にとっては新しい「あれこれのことが（新しく）わかる」ということも含まれている。しかし，これは，はじめの「わかっている」という性向のもつ意味の中に含まれる「わかる」であり，何かしら「わかることができる」というような別個の能力が付与されているわけではない。

　そして，佐伯は，学力研究あるいは教科教育研究にとって，子どもが持つ既存のスキーマとの関わりにおいて教科内容の理解のプロセスを明らかにする認知論的なアプローチが必要だと主張する。佐伯は，学力について次のようにも述べている[3]。

　　　「学力」というものの実在性をはっきり否定してみてはどうかと提案した

第 1 章　説明的文章の読みの学力形成論の課題

い。学力なるモノが子どもの中に備わっている実在のように考えると，たちまち，それはどのような側面があるのかとか，どのような要素を含んでいるのかとかの一般概念による特徴づけにばかり関心が向く。その結果，態度リスト，目標リストなどの諸項目が個別的な知識と独立に設定され，結局のところ，実体のないことばかりがやたらに増える結果となる。

　そして，「学力という実体は存在しないのだが，学力ということばをどうしても用いなければならないとしたら」とした上で，「学力とは，子どもの知的性向のうち，その獲得・形成が教師の意図的・計画的・組織的な教授活動に帰せられるべきことが（何らかの理論的・実践的根拠から）主張できる部分をさす。」と学力を定義し，次のように述べる [4]。

　　学力について右のように考えることは「学力」の研究が次のようなものを含まなければならないことを意味している。
　　第一は，子どもの知的性向がいかなるものか，また，それがいかに獲得形成されるかについて，一般論ではなく，「かくかくしかじかのことを知っている」「かくかくしかじかがわかっている」「かくかくしかじかのことができる」ということの内容に沿って明らかにしなければならないのである。
　　第二は，私たちの教授活動の意図的・計画的・組織的な工夫の積み重ねが，子どもの知的性向の変化，形成過程にいかなる作用をもたらすかの教授理論を明らかにしなければならないことを意味している。（以下略）

　読みの学力を「読むことができる」「文章がわかる」といった「知的性向」としてとらえることは，文章理解の内的過程を明らかにすることととらえられる。つまり，今日における学力研究の課題は，教育内容の編成，あるいは，授業といった問題状況のいずれにおいても，学力の形成という観点から学力の問題を追究していくことにあると考えられる。

　以上のように，この時期の宇佐美と佐伯の学力概念批判論は，学力をその形成過程，学習の過程においてとらえるという課題を共通に示している。1990 年代以降，認知科学や認知心理学の研究の成果や方法を取り入れた国語科教育研究が，読むこと・書くこと・聞くこと・話すこと・語彙等の各領域で行われている。これらの研究は，具体的な知識内容に沿って国語学力の学習の過程を明らかにする課題に取り組む方向の研究として位置

13

づけることができる。

3　第四期「新しい学力観」論争における学力概念批判論の検討

(1)　政策的な概念としての「新学力観」

　第二期の学力計測論争では，態度的学力への批判が中心であったが，学力の態度的側面を重視する第四期の「新しい学力観」をめぐっての論争は，その再燃のような様相を呈した。

　「新しい学力観」（以下「新学力観」とする）は，1989年の学習指導要領の改訂の後，1991年3月の指導要録の改訂にともなって，文部省から出された用語であると考えられているが，「新学力観」について，「新学力観は何が新しいのか」という問いは，よく行われた問いである。多くの場合この問いは，これまでの学力論史に「新学力観」を位置づけた上での答えを要求している[5]。しかし，結論的に言えば，文部省は，そうした観点から「新学力観」を「新しい」としているのではない。それは，当時の文部省関係者の次の発言が示している[6]。

　　　このような生きてはたらく国語の力は，児童一人一人の興味や関心を生かすことなく受動的に学習内容を理解したり，知識や意欲や個性を十分に発揮することなくやや形式的に言語技能等の習得をめざしたりしたものを学力とする従来の学力観と対比するならば，新しい学力観と呼べるものである。

　ここに明らかなことは，「新学力観」は，「従来の学力観」を結果としての知識・技能の受動的な習得をめざすものと定義した上で，それに対比した場合に限定して，個性や「関心・意欲・態度」を重視する新学習指導要領の学力観を「新しい」としている。学力論の発展的展開から見て「新しい」としているのではない。したがって，「新学力観は何が新しいのか」という問いが，「新学力観」に学力論展開上の「新しさ」を求めるものであるならば，満足のいく答えを望むことはできない。また，こうした文部省による「従来の学力観」と「新学力観」の構図化した把握は，臨時教育審議会，第14期中央教育審議会における各審議および答申を受けたものと考え

第 1 章　説明的文章の読みの学力形成論の課題

られ，文部省による「新学力観」の提唱も，これら一連の教育改革の動き
の中でとらえる必要があるものと思われる。

　管見ではあるが，「新しい学力観」という用語が初めて登場するのは高岡
浩二の論考（高岡浩二「新教育課程の具体化　教育課程一般」『初等教育資料』
1990 年 12 月号）においてである。これは学習指導要領の改訂を受けた「指
導要録の改善に関する調査研究協力者会議」の「審議のまとめ」（1991 年 3
月）にわずかに先立つというだけではなく，第 14 期中教審の学校制度小委
員会の「審議経過報告」（1990 年 12 月）と同時期でもある。また，中教審
の前には，次の学習指導要領編成の方針を取り決めた教育課程審議会と並
行して臨時教育審議会が開かれている。これらの審議会の審議経過報告や
答申を見てみると，そこには，当時文部省が「新学力観」を提唱したこと
の背景が見て取れる。

　臨教審の第二次答申では，戦後「第二期」（1952 年から 1971 年）の特徴
が，精神的・文化的諸価値の問題に正面から取り組むことを回避して，目
に見え，手で触れることのできる，計量可能な，単純な諸価値の追求に専
心してきた点にあったとし，明治維新期，昭和戦後期に続く「第三の教育
改革」を掲げた中教審の 1971 年の答申は，教育理念の検討に正面から取り
組まなかったために，改革を実行に移すことができなかったとしている。
そして，これからは，知育の一部に過ぎない，規格化された計量可能な知
識の断片の測定結果だけで人間を評価し，順序づけたりすることとは反対
の方向をめざすものでなければならないとしている[7]。

　また，第 14 期中教審では，現在の教育の根本の問題が形式的な「平等」
と「効率」を追い求めてきたことにあるとして，これからは，全員が同じ
教育内容を受けるような形式的な平等ではなく，個性に応じてそれぞれ異
なるものをめざす実質的な平等を実現していくこと，そして，たとえある
程度経済的に非効率になっても，教育的に効率的な方がよいのだと考える
べきであるとしている[8]。

　このような教育史および当時の問題状況の把握は，高岡の論述[9]にも見
られる。そして，こうした教育改革の動きに位置づけて「新学力観」をと

15

らえた場合，文部省による「新学力観」の提唱は，教育改革を実現するための教育理念の改革を企図した政策的な戦略であったと考えられる。

(2)「新しい学力観」論争における態度主義学力批判

　このような「新学力観」に対しては，さまざまな批判がなされ，先に第四期とした，いわゆる「新学力観」論争へと発展した。その中で，駒林邦男の論を取り上げて学力概念批判論を検討してみたい。

　駒林は，現代における教育の問題に「学校知」という概念によって切り込む。駒林は，学校知を次のように定義する[10]。

　　　「学校知」とは，教師が教えようと意図した（また，計画・準備した，あるいは，だれか他人によるレディーメードの）知識・技能である。学校知は，学校が編成する教育課程・個々の授業の学習指導案に盛りこまれた目標・内容である。子どもたちの前には，教師が準備した資料・教材・教具として現れる。教科書がそのまま学校知になっている場合もおおい（「教科書学校知」）。

　駒林は，問題は「学校知」そのものにあるのではなく，その制約のされ方にあるとする[11]。

　　　学校知の中の，このような，国が「指導要領」によって全国画一に「これは，必要」と公定し，全国の教師に教えさせ，学校知の改善・開発を法制的に制約している部分――これが，私の言う「学校知の制度化・公定化部分」である。（中略）
　　　学校知の制度化・公定化部分の法制的規制が強まり，その内容が具体・細目化されればされるほど，学校知の第一次的起源は教師（また，子ども）から，ますます離れていく。逆に，教職が自律的プロフェッション（専門的職業）として確立していく度合いに応じて，また，教師の専門的力量の発展に応じて，学校知の制度化・公定化部分はますます狭められ，その基準性は弾力的なものになっていく。

　現代の教育における問題は，こうした「学校知の制度化・公定化部分」が，細部にわたって大量なものになり，過密なものになり，難解なものになった結果引き起こされていると駒林は論じる。そして，「新学力観」にお

16

ける関心・意欲・態度の重視の問題は，人格の領域にまでそうした「学校知の制度化・公定化」が進むことにより，その結果として，学習の阻害や意欲の減退がますます進むことが予想されることにあると指摘する。

(3) 学びの履歴論からの批判

学習の総体を「カリキュラム」としてとらえる考え方，「学び」論から見ても，「関心・意欲・態度」の対象が駒林のいう制度化された目標や内容のみに限られることは，批判の的となった。

学習者の学習を学校における教師の意図の枠内から脱した豊かなものと見る見方は，日本では 1990 年代から大きな動きになった。佐藤学は，そうした学習やカリキュラムに対する考え方を「学び」という概念によって再定義し，広め，学校再建・改革の運動として推し進めた。佐藤は，これまでの我が国における学力への信仰が産業主義における社会現象の一つであり，現在の問題を，労働市場における学力の経済的価値への信頼が薄れたことで，子どもによる学習からの拒絶と逃走という疎外が起きていることにあるとして学力概念を批判する。学力は「幻想の産物」であり「文化的・教育的な概念というよりも，むしろ市場経済の概念なのである」として，「貨幣」にたとえることで，学力概念の持つ問題性を暴き出そうとしている。それは，評価基準，交換手段，貯蔵手段，想像的表象という四つの機能について行われているとした上で，佐藤は次のように述べる[12]。

　　この「学力」という幻想に支配された授業は，学びの結果にのみ目を奪われて，一人ひとりの子どもがモノや対象や人に働きかけて探求する個性的で具体的な学びの経験を抽象化し，虚ろなものへと閉ざしてしまう。

ここでの「学力」への批判は，佐藤の学習に対する考え方に基づいている。佐藤は「学び」を次のように定義する[13]。

　　前記のような学びの伝統に立脚して，私は，「学び」をモノ（対象世界）と他者と自分との対話的実践として定義している。「勉強」と「学び」との決定的なちがいは，この「対話」の有無にあると言ってもよいだろう。「学び」は，モノ（教材，あるいは対象世界）と対話し，他者の考えや意見と対

話し，自分自身の考えや意見と対話する実践である。「学び」はその意味で，認知的（文化的）実践であるとともに対人的（社会的）実践であり，同時に自己のあり方を探求する実存的（倫理的）実践である。「世界づくり」と「仲間づくり」と「自分探し」の三位一体論として，私は，「学び」の実践を定義している。

　佐藤は，「学び」が他者を通して対象と関わる過程としてとらえられるのに対して，これまでの学校教育において学習の成果として追求されてきた「学力」は，そうした関わりや関係から切り離されたものであったと批判するのである。このことは，「情報」と「知識」との対比としても説明される[14]。

　　この視点から考えると，これまでの学校教育における「勉強」が，「学び」の本質を剥奪されていることは明瞭だろう。「勉強」においてはモノ（対象世界）との出会いもなければ，他者との出会いや異質な考えの交流もなく，自分自身のあり方を反省的に吟味する自分探しのプロセスも排除されているからである。さらに言えば，「勉強」においては「知識」もたんなる「情報」へと転落している。「知識」は学び手が経験を基盤として意味を構成する認識活動の所産であり，だれがどこで何によってどういうわかり方をしたのかを表現していなければならない。「知識」には人称関係と媒体と経験と文脈がその内側に込められているのである。それに対して「情報」は，人称関係も媒体も経験も文脈も捨象した知識である。このように「知識」と「情報」を区別するならば，これまでの「勉強」が扱ってきたのは「知識」ではなく「情報」に過ぎなかったことは明瞭だろう。わが国の学校教育で，これまで「知識」が「知識」としてまっとうに扱われたことは一度もないのである。

　学習が「知識」を身につけることだとして，それが本来の意味で「知識」となるためには，ヒトとモノ，そして自己との関わりが必要で，それらを欠いた学習は，「情報」をため込んだだけに終わるという。これを「学力」への批判に当てはめるなら，これまでの「学力」とは「情報」の蓄積に過ぎなかったということになる。佐藤自らは，学力という概念を「テストで測定された達成度」という意味に限定して用いるという。また，教育実践

18

第1章　説明的文章の読みの学力形成論の課題

においては，学力という用語を進学における意志決定のための情報サービスという要請に限って用いるべきだとする。

　この時期，佐伯も再び学力概念を批判している。佐伯は，学校における学習が，日常性から遊離し本来の学習とはかけ離れた，学校文化の中に閉ざされたものになっていることを指摘しているが，そのような状況を作り出しているのがこれまでの学習観・学力観であるとする。佐伯は，それらを次のように特徴づける[15]。

　　従来の学習観では，学習とは，学習者個人が，頭の中に，特定のまとまりをもった知識や技能を獲得することだ，としていた。ここで「特定のまとまり」というのは，「コレコレのことを学習した」ということが明確に「区切って」指摘できることであり，そのような学習内容は，あとで他の「まとまり」と組み合わされたり，次の「まとまり」がその上に積み重ねられたりするものだ，ということである。さらにこの「まとまり」は，あとで組み合わされたりすることができるように，特定の文脈や状況から切り離された一般的／抽象的なものでなければならない，とする。
　　（中略）
　　さらにここで前提とされることは，獲得された知識や技能が確実なものであれば，それは学習したときの具体的な文脈や状況を離れた，あるいはそういう具体的な状況性を取り去った一般的な状況で活用できるものになっているはずだ，ということである。そのような「学習によって獲得された，一般化された能力」のことを学力というのである。（後略）

　佐伯は，このように特徴づけられる学習観・学力観が，今日の教育現場のさまざまな問題の根源にあるとする。そして，それらの問題に対処するためには，学習観の転換が不可欠だとして，学習を「自分探し」「共同体への参加」「文化的実践への参加」の過程としてとらえることを提案する。

　ここで佐伯の主張する学習のとらえ方について検討を行うことはしないが，上に引用したこれまでの学習観・学力観の特徴づけには，いくつかの学力概念への批判が内包されている。それは，第一に，学力および学習が個人の頭の中のこととしてとらえられ，自己や他者，共同体との関わりにおいてとらえられていないことへの批判である。第二に，学習や知識およ

19

び学力を学習の状況や文脈から切り離し一般化・抽象化したものとしてとらえることへの批判である。そして第三に，そのように切り離され「特定のまとまり」としてとらえた知識や技能を他の新規の文脈や状況においても活用できる転移性のあるものととらえることへの批判である。

ここでは，学力概念批判論によって学力概念の解体へ向かうことを意図しているわけではない。学力概念は実際には解体されず，その後の論争においても登場してきている。「学力」という概念は，さまざまな意味や水準で使われながらも，学習者がそのときそのときの学習活動において経験した出来事を超えて，学習者主体の内側に形成され，将来発揮されうる能力という意味を共通して持っていて，それを繰り返しとらえ直すことが教育実践の構想や改善，教育学研究の進展をもたらす働きを担っていると考えられるからである。

しかし，このような学力概念批判論の提起した問題は，国語学力をとらえ直す際の前提とする必要があるだろう。その一つは，その国語学力を，文化や社会における現実や，人との関わりにおいて成立するものとしてとらえることである。そして，もう一つには，そのようにとらえられる国語学力が，授業においてそうした関係の中で形成される具体的な学習の過程としてとらえられる必要があるということである。

第2項　高次の学力形成論の展開

1　第五期学力低下論争期における態度的学力の止揚

1998年版学習指導要領においては，「生きる力」の育成ということが改訂の柱とされた。「新しい学力観」というスローガンによって改革を行おうとした前の学習指導要領の改訂とは異なり，「総合的な学習の時間」の導入，教科の学習内容の3割削減といったカリキュラムの具体的な改訂をともなっての改革であった。しかし，そのことが問題となって，次なる学力論争を迎える。

1998年版学習指導要領の改訂のねらいは，各学校が「ゆとり」のある教

育課程の中で，学習指導要領に示された基礎的・基本的な内容を確実に身につけさせるとともに，特色ある教育を展開し，自ら学び自ら考える力などの「生きる力」を育むことにあるとされた。具体的には，次の事項において大きな変化があった。

　　　・授業時数の縮減と教育内容の厳選
　　　・個に応じた指導の充実
　　　・体験的，問題解決的な学習活動の重視
　　　・総合的な学習の時間の創設
　　　・選択学習の幅の拡大

　本格的な施行を前に，学力低下論争が巻き起こり，学習指導要領の部分的な改訂へと展開するなど，この時期の学習指導要領の実施にはさまざまな問題や混乱があったが，前の時期に突如登場した「新しい学力観」は，「生きる力」を標榜したこの時期の学習指導要領において，具体的なカリキュラムの改革とともに実現へと向かおうとしたとも言えるだろう。そして，先の「学校知」批判や「学び」論の学習観を考え合わせると，「生きる力」の育成ということばで表現された教育観は，さまざまな困難や問題は孕みながらも，それぞれの学校で教師と生徒が地域と関わりながら，現実的な問題を追究する学習を全ての学校と教室において行おうとすることとして，大きな意味を持っていた。予め決められた教育内容ではなく，教師と学習者，地域の人々や専門家というさまざまな関係の中で授業が計画され，学習活動が行われることが教育課程として組み込まれたのである。そして，そうした学習に対する考え方は，教科の学習にも（国語科の学習にも），教科書教材のレベルで入り込んできた。

2　学力低下論争から高次の学力論への展開

　しかし，この時期に大学生の学力低下という問題からはじまった学力低下論争において，学習内容の3割削減を謳った学習指導要領は批判の対象となった。授業時間数の削減による教科の学力の低下が指摘される一方，教育課程実施状況調査などの結果から学力は低下していないといった反論

や，自ら学び考える力や表現力などの新しい学力は身についているといった反論も一部からなされたが，国際的な学力調査の結果が奮わなかったことに加え，我が国の経済の低迷，政治的混迷，国際的な地位の低下といった問題とも重なって，学力低下の問題は教育問題から，地域や社会的階層による学力格差の存在という社会問題，そして地方行政における学力調査結果による学校経営の管理といった政治問題へと発展した。

　その大きなきっかけの一つとなったのは，OECD（経済協力開発機構）が行っている15歳児を対象とした国際的な学習到達度調査であるPISA（Programme for International Student Assessment）の結果である。読解力（reading literacy），数学的リテラシー，科学的リテラシーの三分野が主な分野とされ，義務教育修了段階において，各分野の知識や技能を実生活でどれだけ活用できるかを見るものである。これまでの多くの国際的な学力調査では，常に世界のトップクラスであったが，2002年に報告されたPISA2000の結果において，日本は読解力が8位であった。その後，PISA2003で14位，PISA2006で15位と下がり続けた。当初，学力低下論争と同じ文脈で，すなわち分数の計算ができないといった基礎学力の低下を裏づけるものとして報じられたが，その後，調査問題が問うている学力がどのようなものであるかが明らかになるにつれ，より本質的な教育改革の議論へと発展することとなった。

　PISAにおいては，学力を効果的に社会に参加するためのツールと位置づける。そのため，数学的リテラシー，科学的リテラシー，読解リテラシーという主要な領域の調査問題も，これまでの我が国の「学校知」をそのまま測定するものではなく，それらを現実的な状況に適用する能力を問うものであった。それは，ブルームの教育目標のタキソノミーで言えば，表の右側の，より高次の能力に相当するものである[16]。文部科学省も，日本人生徒のそうした問題への不適応を重く受けとめ，2007年度から復活させた「全国学力・学習状況調査」においては，これまでの「基礎・基本」を問うA問題に加えて，「思考力・判断力・表現力」などの活用力を問うB問題を加えた。そして，毎年の悉皆の学力調査をテコとした教育改革が全

第1章　説明的文章の読みの学力形成論の課題

国で実施されていく。それは，2008 年の学習指導要領の改訂へもつながっている。

　このように，この時期の学力論争の経緯を追うことで明らかになるのは，より高次の能力である「生きる力」や「キー・コンピテンシー」などの「新しい能力」[17] が求められるようになり，そうした学力像をもって，教育改革が行われつつあるという状況である。

3　モデルとしての学力研究の可能性

　再び学力概念の問題に戻ると，こうした高次の学力，また，「新しい能力」が求められることで，「学力」という概念が不要になっているわけではない。むしろ「学力」という概念はキーワードにもなってきている。

　では，学力に対して，どのようなアプローチを行えばよいのか。ここで，改めて学力モデル研究の可能性について考えてみたい。中内敏夫は，教育実践と学力モデルの関係について次のように述べている[18]。

　　　じっさい，教師が抱く，期待される学力像である学力のモデルは，そのしごとのいたるところに姿をあらわしている。それはまず，学習指導要領の各教科「各学年の目標および内容」中の「目標」のところにあらわれ，教材（教科書）の構造とその分析の観点を規定してくる。（中略）

　　　それは，また，教師のつくる教案を規定し，授業のなかの発問や指示のひとつにまで構造的にあらわれてくる。同じひとりの人間が生産した文化材であっても，これを取扱う教師がもっているモデルがちがうと，その，子どもによる，違った消費のされ方が発生する。（中略）

　　　このように，意識するとしないにかかわらず，モデルとしての学力は，教師のしごとのかなり広い領域に，潜在，顕在に分布して教育実践の質を規定している存在であるにもかかわらず，これを自覚化して，系統化すべく科学的に研究するしごとは，十分に行なわれていない。もちろん，「学力とはなにか」という学力論のかたちで論じられはしてきた。しかし，それには，次に述べるような不満足な点があったし，また，一般的にあるべき学力像を論じても，それが教師のしごとのどの部分をあつかっているものであるかは，必ずしもはっきりさせられていなかった。反対に，「発問の研究」，「板書の方法」，「試験問題の工夫」などの研究が行われる場合には，今度は逆に全体

23

的な見通しを失って学力のモデルを問題にしているのだという自覚が失われがちであった。教育の政策や理論の教育学的当否を決定するのはなんといっても教育現場での検証である。発問や板書，試験問題の研究などは，指導要領と要録をよりのぞましいものに改善する有力な基礎データを提供する──そして最後にはひとつの教育学説までも導くところの──ものになりうるものである。そういう理論的な関心だけではなくても，こうした研究でえられる結論を教材編成のしごとや評価の観点をたてるしごとにまで一般化して，全教育過程に一貫性をもたせることは，教師のしごとに良心的になり，その結果に責任を負おうとすればするほど，つよく要請されてくることがらである。

　石井英真は，学力論争史をふまえた上で，中内の学力研究を再評価する中で，モデルとしての学力研究の考え方について，次のように述べている[19]。

　　さらに，中内において，「学力のモデルは，自分たちのしごとを，ああでありたい，こうしたいという教師の主観的な願望にしたがって構成すべきものではなく，その客観的に演じている役割と性格にしたがって構成すべきもの」（中内，1967，p.87）と把握されている点は重要である。これは，学力概念，およびその背後にある教育的価値の社会・歴史的性格を指摘し，近代学校教育の役割と限界に関する客観的把握に基づく学力研究の方法論を提起するものといえる。なお，こうした中内の学力研究のスタンスは，第五期学力論争の主役の一人であった教育社会学者の苅谷剛彦が，学力論を制度・政策論の地平において展開しようとしていたこととも通じるものであろう。すなわち，個々の教室や学校での実践の問題（教室でいかに実践すべきか）と，制度としての教育システム全体の問題（日本の学校制度全体でそれがいかに可能になるか）とが別次元に属することを自覚し，後者のような〈社会的 social〉な次元での教育論議を重視する点に，両者の共通性が見出せる（苅谷，2003）。

　教科教育の研究においては，個々の教師の学力モデルや，個々の教室での実践の問題を軽く扱うことはできないが，ここで石井が指摘するように，ひとりひとりの教師や彼らの教室における実践の持つ問題が，社会的あるいは歴史的な学力の問題といかに結びついているかという観点からと

らえることが必要であろう。

　また，学力概念を批判し，自らは限定的に「学力」という概念を用いることを宣言した佐藤は，学力論の展開をふりかえって，学力の概念について次のように述べている[20]。

　　　しかし，現実には「学力」概念はほとんどの人々がそれぞれの定義に沿って活用してきた。それらの概念は人によって千差万別というのが実情である。その多様性に対して一義的な定義を与えることは誰にとっても不可能である。一部には「学力」の定義のあいまいさを教育学研究者の責任とする意見もあるが，どのような学術研究においても「学力」を一義的に定義することは不可能だろう。「学力（基礎学力）とは何か」という問いは，「学力」概念が人それぞれの「見方」として提示されている以上，学問的には解決のしようのない問いである。

　　　したがって，「学力」の概念の扱いにおいて重要なことは，政策決定や実践の遂行において学力観の多様性を尊重することであろう。「これこそが学力」という単一の定義や規定は，教育政策や教育実践を画一化し，その多様性と創造性を制限することになる。とはいえ，多様な学力観に対するメタ分析は必要である。

　　　学力観におけるメタ分析において中心的な問いは，「現代という時代はどのような学びを学校に要請しているのか」「その要請に対して学校はどのように応えているのか」という問いかけである。この問いに対して，一連の学力調査や学力論議や学力政策は，どのように応えているのだろうか。

　「学力観の多様性」を尊重しつつ，それらをメタ的に分析することの重要性が指摘されている。基礎的，基本的な学力から高次の学力までを問題にすること。また，その学習過程を問題とすること。これらのことが現在求められる学力形成論の枠組みである。そうした観点から国語学力あるいは説明的文章の読みの学力の形成論的な課題をとらえるとどのような問題がそこには見出されるか。次節で検討したい。

第2節　説明的文章の読みの学習指導研究の課題

第1項　国語学力論の展開

1　国語学力観の展開

　前節のような学力論の展開から見ると，これまでの国語学力論は，どのように とらえることができるかということについて，本項では考えてみたい。

　まず，いくつかの立場によって目標の一覧として表されたものを検討し，背後にある典型的な国語学力観の違いを見てみたい。

　表1-1は，1951（昭和26）年版の中学校・高等学校学習指導要領（試案）に示された中学校2年生の「読むこと」の目標である[21]。最近の学習指導要領の指導事項とは表現されていることの水準が異なる。それぞれの目標が表しているのは，文字言語を用いて構成される媒体について，それらを読んで理解したり，場面や状況に応じて効果的に用いたりという言語生活における行動である。これは，言語生活主義的な国語学力観である。

　表1-2は，1958年に刊行されたスキルブックと言われる練習問題集における学年ごとに練習する読みのスキル（技能）を一覧として整理したものである[22]。挙げられている項目は，文学作品と説明的文章の構成要素を正確に読み取るという種類のものである。現在でも基礎的な読みの技能はこのようなものとしてとらえられることが多い。今日では言語技術という言い方もされるが，それも含めて，技能主義的な国語学力観と言い表すことができる。

　表1-3は，1970年代に民間教育団体である文芸教育研究協議会によって提示された「認識の方法の系統指導案」である[23]。言語表現の対象であるモノやコトの世界を認識する際に用いられる思考の方法や形式がパターン化され，系統化されたものである。これは，認識主義的な国語学力観である。

第1章　説明的文章の読みの学力形成論の課題

【表1−1】昭和26年版中学校・高等学校学習指導要領国語科編（試案）
　　　　中学校　第二学年「読むこと」「具体的目標」

1	規約や掲示文などを批判的に読む力を伸ばす。
2	新聞や雑誌などの中の重要な記事を拾って読む習慣をつける。
3	日記や伝記・記録などについて，記事の内容を確かめながら読む。
4	読書案内や序文や注意書・目次・索引などを利用する。
5	各種の辞書や参考書の使いわけができる。
6	社交的な手紙を読み，相手の心持をつかむ。
7	物語や小説の背景などに注意して読む。
8	脚本・台本・シナリオの読みに慣れる。
9	韻文の鑑賞に慣れる。
10	感想や随筆を読んで内容について考える。
11	説明的な文を詳しく読む。
12	注釈を利用したりしてやさしい古典の物語を読む。
13	文章の構成や修辞に注意して読む。
14	文学作品の内容を深く味わって読む。
15	楽しみのための読書の能力を伸ばす。
16	図書館などで良書を選択して読む。
17	ローマ字で書かれた書物を自由に利用する。

【表1−2】輿水実『国語スキルブック』（社光文書院，1958年）の
　　　　　スキル一覧

スキル	おもしろいところ
考えて読む	すきなところ
だいたいを読む	作品から読みとれるもの（主題）
まとめ（要約）	作者が言おうとしていること（意図）
叙述の正確な読み	気持ち（心情・心理）
事実と意見	人（人物・性格）
順序	ようす（場面・情景）
大事なところ（要点・用件）	文
必要な細部	文章
中心語句	語句
段落	文脈
	文章図解

言語生活主義や技能主義，認識主義，いずれが「本当」の国語学力かということが論争的に議論されることもあった。また，学習指導要領という官製の学力観に対して，民間教育団体によって対抗的な学力観として提示されたという側面もあったが，2008年に現行の小学校と中学校の学習指導要領が，2009年に高等学校の学習指導要領が公布されるに至って，上述のいずれの国語学力観も，国語科の指導事項や国語教科書の中に取り込まれ，国語学力のとらえ方が複合的になってきていると見受けられる。例えば，表1−1は国語科の学習指導要領における言語活動例と類似している。表1−2は小学校の「読むこと」の指導事項と共通する。表1−3は，国語教科書における特に説明的文章教材単元の学習目標や学習の手引きの内容に反映されている。こうした現在の事象も国語学力の歴史との関連においてとらえられるのである。

【表1−3】文芸教育研究協議会「認識の方法の系統指導案」（西郷竹彦による試案）

小学校
0　観点―目的意識，問題意識，価値意識
1　比較―分析・総合　分ける―まとめる
　　　　　類似性，同一性―類比（反復）
　　　　　相違性――――――対比
2　順序，過程，展開，変化，発展
3　理由・原因・根拠
4　類別
5　条件・仮定
6　構造，関係，機能，還元
7　選択（効果，工夫）・変換
8　仮説・模式
9　関連（連環），相関，類推

第1章 説明的文章の読みの学力形成論の課題

2 高次の国語学力の探求

(1) 現代的な諸能力と国語学力観

言語能力がどのような場面や状況，目的において使われるかという側面からとらえることで，より高次な能力はこれまでにも国語学力の中に取り込まれてきた。

まず，情報処理能力を取り上げてみよう。情報化社会ということは，1960年代から言われている現代社会の特徴であるが，おおよそ三つの時期に分けることができる。①テレビの普及や出版の増大などマス・メディアが発達した時期，②コンピュータなどの情報機器が普及した時期，そして，③インターネットが普及した今に至る時期である。それぞれの時期を経るにしたがって，必要とされる情報処理能力も拡張してきた。

①の時期においては，一つの文章を筆者によって貫かれた全体的な構成物として解釈する読み方から脱し，目録や目次を活用し，目的に応じて複数の図書から必要な情報を収集し，まとめ，報告するといったことが求められた。②の時期においては，加えて，コンピュータを用いて資料や情報を検索して調べ，成果について，機器を活用し表現の方法を工夫して表現することなどが求められた。今に至る③の時期には，さらに，文字による情報のみならず，画像や動画を含めた情報について，情報源を含め批判的に分析・検討し，発信することが求められている。

情報処理能力の取り込みによる国語学力の拡張は，学習が変化することも意味する。そうした学習に関連して，自己学習力の育成や学び方の学習といった側面から学力を拡張する議論が行われた。自らが課題意識を持つ，学習計画を立てる，調べる，ふりかえるといったことが，自己学習力として定義され，国語学力の中に位置づけられた。

国語科学習指導論におけるこうした国語学力の拡張への対応は，1980年代から1990年代において国語科単元学習に再び注目することによって果たされた面がある。それは，1998年版学習指導要領における「総合的な学習の時間」ともリンクしている。「総合的な学習の時間」の創設を契機に，国語科においても問題解決的な学習展開が教科書教材や単元のレベルで浸

29

透してきたことの意味は大きい。単元学習という学習指導理論を学んだ教師が持っていた言語生活主義的な国語学力観や問題解決的な国語学力観が，特に小学校と中学校の段階においては，国語教科書という媒体を通して，全ての教師と学習者に行きわたる機会が与えられたのである。

　同じ時期に，メディアをクリティカルに分析し生産する能力であるメディア・リテラシーも国語学力との関わりが大きいものとなった。現行のものを含めて学習指導要領の文言には入っていないが，中央教育審議会では育成の重要性が議論された。国語科の指導事項や言語活動例は，この考え方を含んだものである。国語教科書にもメディア・リテラシーの学習を意図した教材や単元が開発・掲載され，国語科カリキュラムの一角を既になしている。こうした文脈があって，PISA型「読解力」も受容された。

(2) 低学力論争期の国語学力論
——「これからの国語力」と「PISA型読解力」——

　2008年に告示された学習指導要領では，各教科や学校の教育活動全体で，言語活動を充実させることが総則において次のように示されている。

　　　各教科・科目等の指導に当たっては，生徒の思考力，判断力，表現力等をは
　　　ぐくむ観点から，基礎的・基本的な知識及び技能の活用を図る学習活動を
　　　重視するとともに，言語に対する関心や理解を深め，言語に関する能力の育
　　　成を図る上で必要な言語環境を整え，生徒の言語活動を充実すること。

　1998年版にも「学校生活全体を通じて，言語に関する関心や理解を深め，言語環境を整え，生徒の言語活動が適正に行われるようにすること。」という事項はあったが，ここでは「充実」と重みを増している。国語は，内言としてさまざまな領域における思考力や判断力の基盤をなすものであると同時に，外言としても，学習内容について話し合ったり，結果についてプレゼンテーションを行ったり，レポートを書いて報告したりと，各教科における思考や判断の過程や結果は言語による表現の行為と結びついている。したがって，国語学力は，国語科で意図的，計画的に形成されるものを基盤にするとともに，教科の枠組みを超えて育成されるものとされる

のである。

　このような規定の背景には，いくつかの要因がある。もともと言語が人間における認識と分かちがたく結びついていることが根底にあるが，重みづけがなされた背景には，行政的な手続きに沿った検討がある。一つは，2004 年 2 月に示された文化庁文化審議会の答申「これからの時代に求められる国語力について」の影響である。前年には，学力低下の社会問題化を受け，学習指導要領の一部見直しの方針が示されていたが，学力のみならず文化の基盤である「国語」について答申がなされた。ここでは，21 世紀を迎え，学校教育にとどまらず日本の社会においてこれから必要な国語に関する能力のあり方が示された。その中で，「国語力」一般ではなく，「これからの時代に求められる国語力」を示すとした[24]。

　このモデルにおいては，次の二つの領域が中核をなす。

　　①　考える力，感じる力，想像する力，表す力から成る，言語を中心とした
　　　　情報を処理・操作する領域
　　②　考える力や，表す力などを支え，その基盤となる「国語の知識」や「教
　　　　養・価値観・感性等」の領域

　①は，言語を用いて，論理的に分析し思考する「考える力」，言語表現や対象を感性的・情緒的に理解する「感じる力」，それら両面において明示されていないことを推し量る「想像する力」という，主体における内的な「理解する力」と，それを外に表現する「表す力」からなる。それらを常に支えるのが，②の語彙・文法・表記などの「国語の知識」や，思考や理解のもととなる「教養・価値観・感性等」である。そして，①の四つの力のはたらきが音声言語あるいは文字言語を媒介として具体的な言語活動として発現したものが，聞く・話す・読む・書くという行為とされる。このように国語力をとらえた上で，国語教育を社会全体の課題と位置づけ，学校教育においても，国語科を中心としながらも，他教科との連携によって国語科の枠を越えて「国語力」を育成することが必要と指摘した。

　もう一つ影響を与えたのは，前節でも述べたように，時を同じくして2004 年 12 月に公表された PISA2003 の結果を受けた一連の取り組みであ

る。PISA2003 の結果を受けて，文部科学省は，2005 年 12 月に「読解力向上プログラム」を提示するとともに，「読解力向上に関する指導資料——PISA 調査（読解力）の結果分析と改善の方向——」を公表した。その中では，PISA における「読解力（reading literacy）」の概念が検討されている。PISA による定義は次のようである。

　　　自らの目標を達成し，自らの知識と可能性を発達させ，効果的に社会に参加するために，書かれたテキストを理解し，利用し，熟考する能力

　調査問題は，文章のような「連続型テキスト」と図表のような「非連続型テキスト」を対象とし，それらの意味を統合的に理解するとともに評価し，自分の考えを述べることまでを含んでいて，これまで我が国で「読解力」と言われてきたものの範囲を超えている。そのことが"PISA 型「読解力」"という表記で表された。PISA における読解リテラシーの枠組みは，大きくは次のようなものである。

　　　情報の取り出し…テキストに書かれている情報を正確に取り出すこと。
　　　解釈…書かれた情報がどのような意味を持つかを理解したり，推論したりすること。
　　　熟考・評価…テキストに書かれていることを知識や考え方，経験と結び付けること。

このうち「解釈」と「熟考・評価」の設問，特に自由記述による問題の正答率が参加国全体の平均に比べて低いという分析結果があり，このことをふまえ，学習指導要領の見直し，学力調査の活用による授業改善といった施策の方針を打ち出したのである。

　これを受け，2007 年度から全国学力・学習状況調査が実施された。従来型の問題（A問題）に加え，B問題として「主として「活用」に関する問題」を出題し，授業改善への方向性のメッセージを発している。

　「これからの時代に求められる国語力」と PISA 型「読解力」は，考え方に共通する点が多い。いずれも，言語能力を思考や認識，知的活動の基盤とし，現実的な文脈の中で発揮されることを重視する。そうした考えに基づけば，国語科という教科を軸としながらも，他教科と関連した国語の学

習が必要となる。2008年に改訂された学習指導要領における言語活動例の提示や，他教科を含めた言語活動の充実といった方針は，こうした言語およびその学習に関する考え方の受容を背景とするものである。

　PISAの結果を契機として，読みの学力をとらえ直す研究が行われた。中村敦雄は，OECDによるキー・コンピテンシーやNCTE（全米英語教育者協議会）によるスタンダードなどの検討から，既存の教科の枠組みや言語と言語以外の区別にこだわらない，ポスト産業社会におけるリテラシーやカリキュラムのあり方を検討している[25]。また，足立幸子や中村，堀江祐爾は，国際的な学力調査や各国の学力調査の背景にある，調査問題への対応にとどまらない能力観や学習観の更新を求めている[26]。

(3) 教育評価に対する考え方の変化

　学力評価に関する考え方にも発展が見られる。より高次な学力について，より現実的な文脈においてできるだけ客観的な学力評価を行うべきだという評価の考え方が広がってきている。PISAの背景にもこうした教育評価の考え方の発展がある。つまり，「熟考・評価」という，従来は，育成のための教育的営みはなされていても，客観的な評価が難しいため，ペーパーテストという方法では測定しようとしなかったような能力について，課題を工夫し，明示的な基準を設定して評価する試みであるという側面をPISAは持っている。文部科学省が毎年実施している「全国学力・学習状況調査」のB問題もそうした試みの一つである。我が国の入試にも変化が見られる。1998年の「学校教育法等の一部を改正する法律」の成立以降，各県に設置された中高一貫校の中には，入試において思考力や判断力，表現力など「新しい能力」を問う問題を出題する学校がある。また，公立高校の入試問題にも一部に変化が見られる。入試問題というハイ・ステイクスな学力評価のあり方が具体的な水準で変化することは，教師だけでなく学習者の国語学力観の更新を迫るであろう。大学入試の変化の動向も含め，今後学力と同時に学力評価のあり方も検討していく必要がある。

3 現行学習指導要領における国語学力観

(1) 国語科の目標および学習領域と国語学力

　学習指導要領の本文には学力という用語は用いられておらず，目標や能力という概念が示される。2008年版中学校学習指導要領が示す国語科の目標は，次のようなものである。

　　　　国語を適切に表現し正確に理解する能力を育成し，伝え合う力を高めるとともに，思考力や想像力を養い言語感覚を豊かにし，国語に対する認識を深め国語を尊重する態度を育てる。

　「適切に表現し理解する能力」「伝え合う力」「思考力や想像力」「言語感覚」「国語に対する認識」「国語を尊重する態度」といった言語的能力の要素が含まれる。高等学校の目標も，能力の要素は共通し，「心情を豊かに」「言語文化に対する関心」が加わる。このように提示された目標の背後には，国語学力の把握の仕方がうかがわれる。まず，「表現」と「理解」という認知的な能力としてとらえていることである。二つ目に，そうした能力を現実的なコミュニケーションの場面において「伝え合う力」として発揮することを重視することである。また，「思考力や想像力」については，言語能力が思考力や想像力の下地となっているというだけでなく，現実的な問題解決を行う際に不可欠なものと考えられている。さらに，「国語」を言語文化という社会的な財としてとらえる考え方もうかがわれる。

　学習領域の設定についても，「A　話すこと・聞くこと」「B　書くこと」「C　読むこと」「伝統的な言語文化と国語の特質に関する事項」という構造は，言語能力の特定の見方を反映している。「話すこと・聞くこと」「書くこと」「読むこと」というのは，言語能力を理解や表現といった内的な能力としてのみ見るのではなく，外から観察可能な現実的な行為である言語活動を行う能力としても見る見方の反映である。一方で，言語能力を日本語の発音，発声や，書字，文字や単語，文の主述関係，修飾被修飾関係の把握といった言語的知識の体系として見る見方もされている。それは，「国語の特質」という学習領域の設定に反映している。さらに，個人の能力や活動を超えたものとして「伝統的な言語文化」を設定し，古典作品や短

第1章　説明的文章の読みの学力形成論の課題

歌・俳句などの言語文化を享受し，受け継いで再創造していくことも国語学力として想定している。

（2）指導事項および言語活動例と高次の国語学力

各学習領域の指導事項，今回の改定から加えられた言語活動例は，国語学力という観点からどのように受けとめることができるか。ここでは，2009年版高等学校学習指導要領の国語の科目「国語総合」の「読むこと」の指導事項を取り上げて考えてみたい。

ア　文章の内容や形態に応じた表現の特色に注意して読むこと。
イ　文章の内容を叙述に即して的確に読み取ったり，必要に応じて要約や詳述をしたりすること。
ウ　文章に描かれた人物，情景，心情などを表現に即して読み味わうこと。
エ　文章の構成や展開を確かめ，内容や表現の仕方について評価したり，書き手の意図をとらえたりすること。
オ　幅広く本や文章を読み，情報を得て用いたり，ものの見方，感じ方，考え方を豊かにしたりすること。

これらの項目の多くは，国語科の目標で言えば，国語を「正確に理解する能力」に対応したものであるが，情報を速く正確に受け取ることばかりを想定しているのではない。言語文化としての文章のジャンルや特徴に応じた読み方，味わい方をすること，文章の内容や表現を評価することという高次の能力がめざされている。さらに，自分の考え・ものの見方・感じ方といった人格的側面も国語学力の中に含み込んでいる。

こうした指導事項を学習させるために示された「言語活動例」はどうだろうか。

ア　文章を読んで脚本にしたり，古典を現代の物語に書き換えたりすること。
イ　文字，音声，画像などのメディアによって表現された情報を，課題に応じて読み取り，取捨選択してまとめること。
ウ　現代の社会生活で必要とされている実用的な文章を読んで内容を理解

35

し，自分の考えをもって話し合うこと。

　　エ　様々な文章を読み比べ，内容や表現の仕方について，感想を述べたり批評する文章を書いたりすること。

　ここでは，「読むこと」が，文章を読んで理解するという単独の行為としてではなく，「書き換える」「まとめる」「話し合う」「書く」といった行為との複合的な行為として記述されている。これは，社会における現実的な行為として発揮されることを重視し，高次なものとして国語学力をとらえるものである。そして，こうした言語活動は，他教科でも行われることで高次の国語学力が高められることが意図されている。

4　教師の持つ国語学力観

　これまで，国語学力の概念を拡張するような方向で，歴史，学習指導要領，学力評価および学習指導論と，国語学力観の関係を見てきた。こうしたことを一人の国語科の教師は，どのように受けとめればよいのか。

　全体的な国語学力観について，はじめの表1－1から表1－3にもどって考えてみよう。国語科教師に，これらを提示して，「いずれを毎日の授業で育てる国語学力の中心にしていますか」と問いかけると，例えば次のような回答がある。「日常生活に生きるような国語学力を育てたい」と答える教師は，言語生活主義的な国語学力観を自分の中心としている。「基礎基本をしっかりと身につけさせたい」と考える教師は，技能主義的な国語学力観を中心に持っている。「考える力を身につけさせたい」と答える教師は，認識主義的な国語学力観に立つと考えられる。これらは，登場した歴史的な順序はあっても，いずれも重要な国語学力であり，現代の教師が中心的に身につけさせたいと考えている国語学力は，だいたいはいずれかの立場でとらえることができるのではないだろうか。

　さらに問いかけると次のようなことばが付加される。「もちろん考える力も大事ですけど。」「漢字や語彙も豊かにしたいですね。」「最近は，論理的な思考力の育成にも力を入れています。」このように教師が持つ国語学力観は，一通りではない。中核となる国語学力観があり，その周辺には，

第1章　説明的文章の読みの学力形成論の課題

次に大事にしている国語学力観，発展的な学力観などが位置づいていると考えられる。

このように，一人一人の教師は，国語教育史に登場した国語学力観を自らの国語学力観の中に，意識的あるいは無意識的に取り込んでいる。しかもそれは一つではなく複数であり，中心と周辺，基礎と応用などの関係で結ばれていると考えられる。そして，教師として理論を学び，実践の履歴を重ねる中で，それらの位置づけや関係が変化する。学習者としての経験を通して素朴に抱く国語学力観から，国語科教師の信念としての国語学力観への更新を行うことは必要である。それが実現しなければ，授業は教師が学習者時代に経験した授業を再生産することにとどまってしまう。また，もし一つの国語学力観しか思い浮かばないようであるなら，拡張すべきである。そうでなければ，年間を通じて行われる授業は同じような学習の繰り返しになり，そうした授業を通して学習者が身につける国語学力は，偏ったものとなる。さらに，時代による社会の変化にしたがって求められる国語学力像が変化してきたことを考えると，これからも教師は自らの国語学力観を更新したり拡張させたりすることが必要となる。

しかし一方で，拡張するばかりがよいのではない。そこには核が必要である。「私は，生徒に○○を身につけさせる教師でありたい」と考えるとき，○○に入る国語学力観は，教師によって異なる。なぜならそれは国語教師としてのアイデンティティに関わるからである。授業作りの土台にもなる。授業の改善には，国語学力観の拡張，更新，中心化のいずれもが必要である。学力観の拡張は比較的実現しやすい。理論を学ぶことの意義の一つはここにある。授業を観察することも拡張につながるであろう。では，国語学力観の更新と中心化は，どのようにして実現するか。こうした問題も追及される必要がある。

国語学力論の課題は以上のようにとらえられる。続いて，これらをふまえた上で，説明的文章の学習指導に関する先行研究の検討から，説明的文章の読みの学力形成論の課題を再設定したい。

第2項　説明的文章の読みの学習指導研究の革新と課題

1　説明的文章の「文章の論理」の学習指導研究の展開

（1）説明的文章の学習指導論の拡張と「文章の論理」

　説明的文章の学習指導において，「論理」の理解は中心的な目標とされる。文章の論理は，「前提から結論を導き出すこと」というような論理学的観点からだけでなく，文章構成の型や説得の方法として修辞学的に，文間や段落間の連接関係として言語学的に，認識や思考方法の類型として認識論的にと，いくつかの観点からとらえられてきた。そうしたある種の混同をともなった「論理」のとらえ方の広がりが説明的文章の読みの学習指導研究の拡充をもたらしてきたという面がある[27]。

　「説明的文章の論理を理解する」という目標が現実的に指し示してきた内容には，次のような観点からのものがあったと考えられる。

　　①　論理学的観点
　　②　修辞学的観点
　　③　言語学的観点
　　④　認識論的観点

これらの観点に沿って，先行研究を見ていきたい。

①　論理学的観点

　論理学的観点によって「論理」を「前提から結論を導き出すこと」と定義するならば，前提と結論以外のさまざまな要素を含むいわゆる「文章構成」は「論理」ではない。そのことは，純粋に記号を扱う形式論理学によったとしても，また日常的な場面に対象を広げた非形式論理学によったとしても大きくは変わらないだろう。この観点からの「論理」は「論証」と言い換えることができる。そこでは，説明的文章において，筆者がどのような前提からどのような主張を導き出しているか，前提そのものや導き出し方に誤り（誤謬）はないかということが問題となる。

　分析哲学者のトゥールミンによって，日常言語の論理を六つの要素から

第1章　説明的文章の読みの学力形成論の課題

なる論証モデルが示されたことで [28]，日常言語による議論を対象とした
「論理」の分析が容易になった。また，ペレルマンによるレトリックの見直
しなどの動きとも合わさって，非形式論理学という実践的な研究領域が切
り開かれた。近年我が国でもさまざまな領域において見直されているクリ
ティカル・シンキングやクリティカル・リーディングといった領域のベー
スになっている。なお，トゥールミンのモデルおよび非形式論理学の中に
は，修辞学的な観点も入っている。

　国語科教育研究においては，井上尚美によってトゥールミンのモデルは
紹介されている [29]。中村敦雄は，トゥールミンの論証モデルを用いた説明
的文章の教材分析 [30] および実践研究 [31] を報告している。

②　修辞学的観点

　説明的文章教材の読みにおいては，論証をとらえ，その妥当性を吟味す
ることのみが問題になるわけではない。説明的文章を筆者が読者を「説
得」する過程ととらえるならば，文章の中にどのような説得のための要素
があるかが問題となる。これは修辞学的観点からの説明的文章の「論理」
の把握である。

　現代の修辞学の復権は，先のトゥールミンの仕事とともに，ベルギーの
哲学者ペレルマンによるところが大きいとされる。ペレルマンは，修辞学
を価値を対象とした議論における分析の方法として復活させた [32]。また，
言語に限らず，視覚的なデザインなどさまざまな領域に修辞的な見方は広
がっている。認知科学や認知言語学においては，人間の認知の根本的なと
ころで，修辞的な見方が働いていると考えられている。

　説明的文章の読みの学習指導研究においては，起承転結や序論・本論・
結論などの「文章構成の型」を「論理」と見なす場合も多い。これも修辞
学的な指導事項であるが，むしろ旧修辞学と言った方がよいかもしれな
い。ニュー・レトリックの観点からは，西郷竹彦による「説得の論法」[33]
の理解，小田迪夫によるレトリック認識 [34]，森田信義による「筆者の説明
の工夫」[35]，植山俊宏による「説得と納得」[36] などの研究が挙げられる。

③　言語学的観点

39

言語学的観点からとらえられる説明的文章の「論理」は，文章構造をその中身ととらえてきた。大きくは，文章論によるものと，テクスト言語学によるものとに分けてとらえられるだろう。

　文章論は，言語の形式に注目し，文と文の連接関係を分析し，統括機能によって文章の分類を行う[37]。頭括型や尾括型といった統括機能の位置による文章の類型的な把握は，ある程度「論証」をふまえたものであり，説明的文章の指導内容の主流となった時期があり，その影響は今も大きい。

　これに対し，テクスト言語学や談話分析では，「整合性」と「結束性」という二つの概念で，文章のつながりをとらえる[38]。「整合性」は言語的形式にしたがった連接関係を言い，「結束性」は必ずしも言語的要素にのみ依拠しない意味的なつながりをとらえるものである。意味的なつながりを分析するための概念に定着したものはなく，さまざまなアイデアが出されているという。国語科教育研究においては，難波博孝による研究がある[39]。

④　認識論的観点

　ここで言う認識論的観点とは，必ずしも科学哲学やエピステモロジーなどの学問領域に基づくものということを意味していない。説明的文章の学習指導論では，井上尚美における一般意味論[40]，渋谷孝における直接的認識と間接的認識の区別[41]，森田信義における筆者の原認識と表現者としての認識の区別[42]など，認識論的な前提が論じられる。これらは，教師が説明的文章の教材分析を行い，読みの学習指導を行うにあたってふまえておくべき前提である。それに対し，西郷竹彦は，「認識の方法」という概念により，教材に内在すると想定する筆者の世界認識の方法を説明的文章の読みの学習内容として位置づけた[43]。西郷による「認識の方法」の考え方は，非形式論理学的な観点や修辞学的な観点，言語学的な観点，そして科学哲学的な観点などが総合されたものと考えられる。難波がこれを「整合性」の一つの表現方法と位置づけているように[44]，「文章の論理」の一部とも考えうるものとなっている。「認識の方法」は，後の説明的文章の読みの学習指導研究において改変が行われ，櫻本明美による「説明的表現」の系統案[45]，長崎伸仁による系統指導試案[46]，河野順子による「セット教

第1章　説明的文章の読みの学力形成論の課題

材」[47] などが提案されている。

（2）論証への再注目

　このように，説明的文章の読みの学習指導研究は，「文章の論理」をとらえる観点を多様化させることで発展してきたが，むしろそうした過程において，「論理」をとらえる読みでは，「筆者の工夫」など表現方法や表現形式への関心が高まり，非形式論理学的な「文章の論理」である「論証」をとらえることから次第に離れていったようにも思われる。

　このことには，言語による「論理」あるいは「論理的思考」の概念がもともと広いものであることも一因であろう。しかし，説明的文章の読みの学習指導において，「論理的思考」を重要な要素として学習の対象としながらも，一方で文章の言語的構造を理解させ習得させることを国語科のより大きな役割と考えていることが影響しているものと思われる。だが，このことは問題も大きい。段落の要点をもとに「段落相互の関係」をとらえたり，おおまかな「文章構成」の把握，表現の形式を説明の工夫としてとらえたりすることでは，論証としての「論理」の理解には到達しない場合が往々にしてあるのである。

　こうした中，近年，論証という観点から説明的文章の論理をとらえ直す試みや再提案が見られる[48]。論証への再注目は，論理的思考や批判的思考（クリティカル・シンキング）の習得を，教科を超えた教育課題として，また社会的に必要とされる能力としてとらえようとする点において，現在的な展開がうかがわれる[49]。具体的な国語科の実践としては，クリティカル・リーディングの観点を取り入れた読み手の積極的な論証の理解や批評を行わせるもの，作文や討論など表現学習と関連させたものが見られる[50]。「論証」を問題とする説明的文章の読みの学習指導は，論理学やレトリックに関心の高い者によってずっと提唱されてきたが，近年，社会的にも「新しい能力」への関心や必要性が高まる中で，その学習指導の重要性が再認識されているように思われる。日常生活や自然言語で表現された「論証」を扱った論理学の解説書やテキスト，クリティカル・シンキングの解説書や

いわゆるビジネス書が日本語で多く出版されている。そうした中で，「論理」という複合的な概念が整理され，「論証」の位置がより明確になった面もある。さらに，PISA のような国際的な学力やその評価の枠組みが，「論証」や「推論」を前提にしていることも背景の一つにあると思われる。

　しかし，こうした研究や実践の様相を説明的文章の読みの学力形成という視点から見ると，読み手による論証理解の過程的な側面が十分にとらえられていないように思われる。また，学習者個人の思考や読みが中心となっていて，国語教室における学習者相互の関わりによる論証の理解という側面が位置づけられていないことが課題として設定される。

2　学習者に注目した説明的文章の読みの学習指導研究の展開と課題
(1)　学習者の認知を問う説明的文章の読みの学習指導研究の展開

　1980 年代後半から，国語科教育研究において，学習者の認知的過程やその発達に注目した読むこと，書くことの研究が行われるようになった。これは，認知心理学や認知科学において，文章理解過程や文章産出過程の研究が盛んに行われるようになったことを受けてのものであると言ってよい。

　説明的文章の読みの学習指導研究においては，先に見たように従来筆者の認識過程をいかにたどるかという形で文章の理解がとらえられていたのに対し，近年読み手としての学習者が既有知識を用いてどのように説明的文章を理解するかという方向からの探究が行われるようになった。また，発達段階によって，そうした既有知識の構造や理解過程がどのように異なるかということを明らかにする研究が国語科教育学的な観点から行われるようにもなった。ここで言う国語科教育学的な観点とは，具体的な教材の文章構造や内容と結びついた知識との関連において認知過程やその発達を追究するということである。従来も，思考過程を問題とする実践・研究は見られた。児童言語研究会の理論と実践においては，思考心理学の成果を取り入れ，分析と総合，詳しい言い換えといった読み方の教授が行われていて，記録の蓄積もある。そこでは，生活的な知識との関連といった観点でとらえられていた。最近の研究では，それらの知識に加え，文章構造に

42

第1章　説明的文章の読みの学力形成論の課題

関する知識や読み方に関する知識との関係において，文章の理解過程やその発達をとらえようとする点，条件を設定した調査によって得られたデータを通して分析を行う点などが異なる。

こうした研究的アプローチにおいては，説明的文章の文章構造に関する知識と，論理的な認識力の発達が具体的な研究テーマとなってきた。岩永正史は，小学生や中学生が持つ説明的文章の文章構造に関する知識（スキーマ）の発達と，文章理解過程との関係について追究している。実際の文章理解過程における内容や結論の予測が，発達段階によってどのように異なるかということを調査によって明らかにしている[51]。

植山俊宏は，説明的文章を読むことを通してどのように論理的認識が形成されるのかということを探究している。植山は，説明的文章の表現や内容に対する主観的な反応について，既知か未知か，疑問，予測，納得などに類型化するとともに，説明的文章の理解を通して形成される認識について，体系的・関係的・部分的というように段階的に類型化し，授業における反応の促進と，認識の形成との間にどのような相関関係があるかということを実験的な授業と調査を通して考察している[52]。

難波は，説明的文章を読む能力が，どのような言語的知識や論理的な認識力から構成され，それらがどのように発達するのかを追究している。難波は，文章理解能力をモジュール構造をなすものととらえる。調査問題には，内容に関する知識，語句の意味，漢字，意味の解釈，結論，感想を問う設問を設定し，それらの得点と発達段階の相関関係から，統計的分析によって，読みの能力の束（意欲，メタ認知的活動，言語知識，メタ認知意識，解釈1（表意の解釈），解釈2（推意の解釈））を導き出し，さらに発達段階によってそれらの相関がどのように変化するかをとらえることで，読みの能力の発達の様相をとらえている[53]。

河野順子は，小学校教師の立場から，実践の場面において，臨床的かつ長期的な説明的文章の読みの学習指導研究，発達研究を行っている。メタ認知の内面化モデルを理論的な枠組みとした，筆者の説明の工夫を批評的に読み取る実践的，理論的な研究の集大成を学位論文として示した[54]。小

43

学校の低，中，高学年とそれぞれの段階において，協同的な過程の中で論理構造がどのように把握されるのかを臨床的，継続的，実証的に明らかにしている。また，河野は，「世界・論理を捉える技能」を獲得させるため，動作化や対話活動による入門期の説明的文章の授業のあり方の探究も行っている[55]。

　教師の持つ説明的文章に関する知識を問題にする研究も行われている。守田庸一は，教師の持つ評論文の論理観と指導との関連を調査している[56]。

(2) 認知心理学における説明的文章理解研究の進展

　こうした研究に影響を与えたのは，認知心理学および認知科学における言語理解に関する研究である。さまざまな研究があり，それらをここで論じることはしないが，国語科教育研究に重要な意味を持つのは，メタ認知に関する研究である。秋田喜代美は，文章理解時に利用される知識について，子どもの持つ知識と大人のそれとは構造的には同じであるとした上で，その違いについては次のように述べている[57]。

　　では，理解時に利用する知識について，子どもとおとなでは何が違うのだろうか。(中略)
　　しかし，知識の利用の仕方は変化する。この質的違いとして，次の二点を挙げることができる。第一点は，持っている知識を柔軟に広範に使用できるようになり（multiple access)，さまざまな文脈で課題要求にあわせて適切に利用できることである。低年齢の子どもの知識は，自分の生活と密着した形で獲得され，具体的なものである。この点はおとなと違いはないが，発達とともにその知識を広く適用できるようになる。つまり，それらの知識を活性化するための手続き的知識も発達するのではないかと考えられる。
　　第二点は知識を使えるだけでなく，その知識について自覚的に考えることができる（reflective access）ことである。自覚的に使用できる安定的な知識はメタ認知的知識と呼ばれている。物語スキーマのところで述べたように，想起には利用されていても，重要度評定にはその知識が利用できないという現象は，メタ認知的知識の欠如を示しているものと考えられよう。

第1章　説明的文章の読みの学力形成論の課題

　　しかしながら，現在のところ，どのような過程を経て，自分の持つ知識を自
　　覚化し意識的に利用できるようになるのか，暗黙のうちに使っていた知識
　　がメタ認知的知識になるのか，その詳細は明かではない。

　ここでより重要なのは，二点目である。説明的文章の読みの授業におけ
る文章構成や認識の方法の学習指導は，このような，使われてはいるが自
覚的ではない知識を発達段階に応じて自覚的に使えるもの（メタ認知的知
識）にし，そのことによって文章の理解をより深めるということを目的と
するものである。国語科授業においては，メタ認知の水準において学習を
実現しようとするため，そうした水準での文章理解や読みの能力がどのよ
うに形成されるのかということが追究されることになった。

　説明的文章の理解についても，1990 年代には数は多くはないが，特に文
章構成の知識に関する研究が行われていた。岸学による一連の研究から，
児童は文章理解に際して文章構成についての知識を働かせていることが明
らかになっている[58]。

　2000 年代になると，論説文などさらにジャンルを特定した説明的文章の
理解に関する研究が認知心理学においても行われるようになった。大河内
祐子は，説明的文章における文章構造，論証パターン，読み手の既有知識
や特性を要因とした文章理解研究や論説文というジャンルを取り立てた研
究を行っている[59]。犬塚美輪は，高校生の持つ読解方略を対象とした研究
を行うなど[60]，説明的文章の読みの方略研究について新たな展開が見られ
た。より現実的な読みの過程が実証的にとらえられてきているように思わ
れる。

　ただ，認知心理学的研究においては，個々の文章内容に影響を受けない
理解方略が研究の対象の中心であり，そうした点に国語科教育研究の関心
との違いはある。しかし，こうした研究は，方略使用の傾向や特徴をもた
らす原因の説明に焦点があり，文章の意味内容と理解方略の関係に研究の
関心が向かう国語科教育研究に欠けた視点を補ってくれる。

　国語科授業にとって現実的な文脈という意味では，論証理解の社会的な
相互作用の面からの研究が心理学においても行われている。富田英司・丸

45

野俊一によってなされた詳細な研究レビューと彼ら自身による研究が参考になる[61]。富田らによれば，論証に関する理解は中学校段階で飛躍的な発達が見られるとともに，個人による差も大きくなるという。

これらの研究が一つの軸とするのは，文章構造と読み手の推論との相互作用である。国語科の授業においては，文章内の情報を再構成したり，学習者が持つ知識を用いて解釈を加えたりしながら教授と学習が行われる。説明的文章の論証理解についてもこうした側面をさらに考慮した分析を行う必要がある。

3　2000 年代における説明的文章の理解方略指導実践の進展

（1）1990 年代から 2000 年代への推移

認知心理学の研究成果と，国語科における読むことの学習指導との接点の一つに，理解方略の教授の有効性に関する研究がある。文章理解における認知過程としての方略の概念は，スキル（skill）との対比で説明される。ドールらは，次の四つの観点から説明する[62]。

　　意図性（intentionality）：方略は，読み手の制御の下での意図的な熟慮された計画を強調する。よい読み手は，どの方略を使うべきか，いつ使うべきかについて決定を下す。スキルは，ほとんど自動化された型にはまった手順である。

　　認知的洗練性（cognitive sophistication）：方略は推論を強調する。読み手は，テクストから発展させた意味を構築し，再現する際に，推論や批判的思考の能力を使う。

　　柔軟性（flexibility）：方略は，柔軟で順応性がある。読み手は，違った種類のテクストや目的に合わせて，方略を修正する。スキルは，様々なテクストへの適用に関して固さをともなう。

　　意識性（awareness）：方略は，メタ認知的な意識性を必ずともなう。よい読み手は，読んでいる間に自分が何をしているかを熟慮し，理解しているかどうかを意識している。この意識は制御と修復に至る。一方，伝統的なスキルのカリキュラムでは，練習の繰り返しやドリルによって読み手は何を読んでも学習したスキルを自動的に適用すると仮定されている。

第1章　説明的文章の読みの学力形成論の課題

　以上四つの理解方略の特徴は，優れた読み手（熟達した読み手）の認知過程から導き出されたものである。優れた読み手は，理解がうまく行われているかのモニタリングや，文章内の情報と既有知識との結びつけ，推論や自己質問などを頻繁に行うといった特徴がある。

　読み手が用いる理解方略は，文章のジャンルによって異なると考えられている。物語や説明文にはそれぞれ特有の言語的構造があり，そうした文章構造に応じて有効な理解方略を使用していると考えられている。こうした読み方は，ジャンルごとに具体的な理解方略として取り出され，教授と学習の対象とされる。

　技能やスキルとして表される読み方も，文章をよりよく理解しようとして行う行動の一つである。しかし，従来の固定化した読解力の把握や読解指導のあり方に変革をもたすためには，学力観のとらえ直しが必要であり，そのための読みの学力の再定義が，米国では 1980 年代から，我が国では 1990 年代に，方略概念の導入によって図られたと考えることができるだろう。1990 年代までの理解方略指導の状況はどのようなものであったか。岩永は，全国大学国語教育学会編『国語科教育学の成果と展望』（明治図書，2002 年）の「発達論的アプローチの成果と展望」の項で，実験授業によって理解方略の直接教授を行った二つの研究[63]を挙げ，次のように述べている[64]。

　　　　これら指導法改善の研究は，心理学では，以前から読みの理解を促進する研究として行われてきたし，教育実践の分野でも，海外では，ブルーア（Bruer, J. T.）（1997）のような組織的な取り組みがある。しかし，日本で，国語科教育学の研究として行われたものは少ない。これは，授業実践にあたって，学習指導要領の各指導事項が学習者の読みの実態よりも意識されがちだからではないか。

　また，浜本純逸は次のように述べている[65]。

　　　　メタ言語の獲得は確かに言語活動力を発達させる。学習者にとっては言語活動とメタ言語の獲得・適用とは同一活動の二側面である。実際の言語活動においては二重構造になっており複合的である。例えば，文学作品を読んで感動する，それを言葉で説明できない場合がある。両者は相互関連

47

的に発達すると思われる。その実際はどうか。言語活動能力を向上させる
ためのメタ言語の構造的把握とその発達のプロセスの解明が待たれる。

　こうした指摘は，1990 年代までの国語科教育研究における理解方略指導
研究の状況を言い表しているように思われる。

　では，2000 年代の理解方略指導研究はどのようなものか。方略研究の中
には，米国での動向に言及したものがある。山元隆春は 1990 年代から継続
的に方略研究に取り組んできているが[66]，山元は，米国における理解方略
指導の研究書を手がかりに，次のように指摘する[67]。

　　ブロックらは，2000 年以降の米国の諸研究を通じて，こうした諸「方略」
　のうち読みの学習に有効なものが選択されていったという。ブロックらの
　まとめる主要な「方略」は次の九つである。〔引用略：稿者〕
　　この「予測する」「モニターする」「質問する」「振り返り，再読し，確認
　する」「推論する」「主要な概念を見つけ出し，要約し，そして結論を導く」
　「評価する」「まとめる」という九つの「方略」は，先に挙げた 45 の「方略」
　に共通する中核的な，読みにおける認知行動を集約したものであると捉え
　ることができる。

　また八田幸恵は，米国において理解方略の特定が「読解のプロセス」と
「テキストのジャンルや類型」の二面からなされてきたとした上で，方略研
究の変化を次のように概括する[68]。

　　実際，八〇年代初期のアメリカにおける読解研究は，有効な方略を列挙する
　傾向にあった。しかし，国語科教育の目的は読解方略を習得することでは
　ない。自立した読み手として生涯にわたって発達していくことである。そ
　のため，九〇年代には，読解方略の発達，また発達を促す学習のプロセスの
　デザインへと研究の焦点は推移した。その結果，多様な方略が組み合わさ
　れて用いられる方が効果が大きいこと，学年が上がるにつれて次第に方略
　の組み合わせ方に熟達すること，クラス集団でお互いの読みに関して対話
　することによって方略の柔軟で適切な適用が可能になることが明らかに
　なってきた。さらに二〇〇〇年代には，読解活動が生じる文脈が重視され
　るようになる。そして，文脈のなかで要求される課題解決という目的のも
　とに没頭する（engaged）読み手は多様な方略を習得・適用することが主張
　され，より課題解決的で教科横断的な学習活動がデザインされるようにな

第1章　説明的文章の読みの学力形成論の課題

る。

　両氏のとらえる動向は共通する。これらを参考に，次に，2000 年代にお
いて，説明的文章の読みの学習指導の実践的研究がどのように進展してき
ているかについて，特定の理解方略の指導研究，授業や協同的過程におけ
る学習を扱った研究，他教科との関連をテーマとする研究等を順に取り上
げて見ていきたい。

(2) 説明的文章の読みの授業における理解方略指導

　説明的文章の読みの研究においては，文章の要約や，文章構造の把握な
ど特定的な理解方略指導の研究がいくつか見られる。

　舟橋秀晃は，要約に関して，状況に合わせた要約のあり方を考えさせる
実践を報告している[69]。要約の技能を方略的なものとして獲得させる指導
ととらえられる。

　吉川芳則は，小学校 6 年において，文章の展開構造のメタ認知的理解を
促す指導を 1 年間継続的に行った自らの実践を分析している[70]。当該教材
と既習教材の比較を通して，批評文を書かせるといった学習活動を繰り返
す中で，メタ認知的理解が成立したとする。また，吉川は，説明的文章の
読みにおける「図表化活動」について，小学校教科書の学習の手引きと実
践記録の分析を通して，その実態および有効な指導のあり方について論じ
ている[71]。こうした研究成果は博士論文にまとめられ，『説明的文章の学
習活動の構成と展開』（渓水社，2013 年）として刊行されている。

　光野公司郎は，論証能力を軸とした一連の研究を行っている。トゥール
ミンの議論モデルの「理由づけ」に当たる前提に注目し，その省略や「裏
づけ」の論証性に注目し，教科書の説明的文章教材の分類を行うとともに，
授業実践を報告している[72]。

　説明的，説得的な表現の理解は，2000 年代の説明的文章の授業における
主要なテーマと言えるが，こうした授業も理解方略指導の研究としてとら
えられる。

　批判的な読みは，説明的文章の読みの学習指導論においてずっと強調さ

49

れてきた指導内容であるが，先述した社会的状況とも結びついてこの時期研究成果の蓄積が進んだ。光野は，批判的思考力を育成するための説明的文章指導の報告を行っている[73]。濱田秀行は，ワークシートや話し合いの工夫により，高校においてクリティカル・リーディングの実践を行っている[74]。山本茂喜は，クリティカル・リーディングの観点を取り入れて実践された小学校4年の説明的文章の読みの授業を分析している[75]。

　クリティカル・リーディングあるいはクリティカル・シンキングという観点からの研究は，PISAの影響もあって，2000年代に成果をあげるに至った。「批判読み」は1950年代と比較的早くに提唱されたが，ようやく一般的に取り組まれる指導内容となってきた感がある。それは，文学の読みの指導に関しても同様である。濱田は，高等学校においてリライトという学習活動を通して，文学と評論の批判的読みを行わせている[76]。

(3) 他領域，他教科との関連

　他領域，他教科と関連させた理解方略の指導は，国語科と総合的な学習との関連指導が求められたり，読解力が現実社会への効果的な参加のために必要な能力としてとらえ直されたりする中で，方略指導の研究テーマとしての一角をなすような展開を見せている。光野は，作文指導や「総合的な学習」，メディア・リテラシーとも関連させた実践の報告および提案を行っている[77]。吉川は，国語科と社会科の教材の読むことの学習と関連について論じている[78]。中村暢は，社会科学的な説明的文章の理解と社会科との関連性について，トゥールミンの論証モデルを用いて理論的な考察を行っている[79]。

　学校カリキュラムの時代にあって，また新しい時代の教科構成のあり方を模索する中で，理解方略指導が再構築されている。舟橋は，「情報科」という枠組みで批判的思考の育成を行った実践を報告している[80]。井上尚美他は，「論理科」という新しい独自教科の枠組みで，論理的な思考方略の指導の実践的研究を行っている[81]。

　こうした研究も，理解方略指導研究の広がりの中に位置づけられるとと

もに，そこでは理解方略の拡張的なとらえ直しがなされている。

　国語科教育研究における理解方略指導の研究は，学習の文脈の中での読み深めの行動全般を方略的な行動としてとらえ，その学習過程を明らかにする方向で進められてきた。このことは研究の発展ととらえられる一方，理解方略の明示化という点では課題ともなる。理解方略の使用を具体化する言語活動の開発を行う一方で，理解方略を特定する研究も重要である。その際，学習者の認知過程や文章の意味構造が反映したものとして理解方略をとらえる必要がある。古賀洋一による研究は，実験的かつ臨床的にこうした課題に取り組むものである[82]。

　もう一つ課題となる方向は，評価と結びついた理解方略の研究である。学力調査を起点とする研究をのぞけば，これまでに見た理解方略指導の研究には評価の側面からの研究が見られない。方略が使用できたかどうかにとどまらない，理解方略指導がもたらす効果を明らかにする必要がある。中期，長期にわたる評価の観点からの理解方略指導の研究が求められる。

第3節　説明的文章の読みの学力形成論の枠組み

　ここまで，学力論争史における学力概念批判，高次の学力形成論，国語学力論の展開，説明的文章の学習指導研究，認知心理学研究，理解方略指導という六つの観点から，本研究に関わる先行研究の成果と課題を見てきた。

　こうした先行研究の成果をふまえるならば，学力の形成過程を分析するための形成論的学力モデルは，どのようにあるべきか。中内敏夫は，モデルとしての学力研究の可能性と役割を論じる中で，学力モデルの条件について次のように述べている[83]。

　　（一）教師の実践の，あとからの批評ではなく，その実践の当面する困難を
　　　　　打開できるものであること。
　　（二）対応する部分を，子どもの精神生理過程にもっているものであること。

51

（三）実現されたものとしての学力がつくりだす諸現象を，もらさず説明できるものでなければならない。

（四）学力史（ひいては教育史）を整合的に説明し，さらにはその未来を予測できるものであること。

　中内によるこのような指摘と，先行研究の成果から，説明的文章の読みの形成論的な学力モデルは，読み手の文章理解過程に沿ったものであるべきと考えられる。そして，それは，四つの軸，すなわち，現実的な説明的文章教材や学習者の読み，授業者としての教師の営み，授業における協同的な過程の特徴や傾向，課題を説明し，問題解決に導くものでなければならない。したがって，説明的文章の読みの形成論的な学力モデルは，テクストの持つ文章構造だけでなく，読み手が文章を理解する過程をふまえたものである必要がある。認知心理学や認知科学などの先行研究によって提示された文章理解モデルを検討し，学力モデルの基盤としたい。しかし，一方で，高次の教科学力の明確化という側面から考えると，説明的文章に特有な意味構造についても検討することで，文章理解モデルを補う必要がある。その際手がかりとなるのは，説明的文章の内容と対応した科学哲学や新しいレトリックの知見であろう。さらに，知識を社会的なものとみる知識社会学の知見も取り入れることで，授業という協同的な過程において形成される説明的文章の読みの学力をとらえるための学力モデルを構築する。

　こうしたことをふまえ，序章で設定した四つの研究の軸については，次のように再設定したい。

　第Ⅰ軸に設定した説明的文章については次の通りである。客体として教科の学力を規定する側面を持つのが理解の対象である説明的文章の文章構造である。したがって，説明的文章の持つ文章構造をどのようなものとしてとらえるか，記述するかということが，学力を規定することになる。しかし一方で，自然言語の特徴がそうであるように，文章は，自立的な意味構造を持つものというよりは，読み手主体が持つ既有知識や推論によって意味が補われることで意味や論理の理解が成立するものである。また，現

52

第1章　説明的文章の読みの学力形成論の課題

実世界の事象を扱うということでは共通しながらも，特定の領域を対象とをしたものではなく，かつて非文学や実用文という名称で呼ばれたこともあったように，いくつかのジャンルの総称である。本研究では，説明的文章をこのようなものとしてとらえる。

　第Ⅱ軸に設定した読み手としての学習者に関しては次の通りである。学習者は，自己の持つさまざまな水準の知識を用いて思考を行い，文章を推論的に理解する存在であるととらえる。したがって，説明的文章の読みの学力も，新しく獲得される知識や能力のみによって成立するのではなく，そうした学習者の持つ知識や思考力や推論の働きが合わさって成立するものである。また，文章を読む課題状況に応じて，ふさわしい読み方や理解方略を選択的に用いて文章を効果的に理解しようとする存在ととらえる。

　第Ⅲ軸に設定した国語科の教師は，説明的文章の読みの学力について意識的あるいは無意識的に持つ何らかの考え，すなわち学力観を持つ存在である。教師は，自らの持つ学力観に規定されながら授業を実践している。しかし，そうした教師の学力観は，国語科教育の歴史や社会において求められる学力像との関係においてとらえられる必要がある。

　第Ⅳ軸に設定したのは，授業における学習者相互の協同的過程である。学習者同士の協同的な過程は，個人の思考の結果が表出される場ではない。思考における役割や，また，共同作業を進める上での役割をお互いに果たしながら，他の学習者や自らが他者に発した問いを共有し対話しながら，思考を行い，文章を理解し，推論を行う過程である。

　こうした研究の枠組みにおいて，以下序章第1節で設定した（2）から（7）の研究課題に取り組みたい。

注

1）宇佐美寛『授業にとって「理論」とは何か』明治図書，1978 年，pp.133-135
2）佐伯胖『学力と思考』教育学大全集 16，第一法規，1982 年，p.13
3）佐伯同上書，pp.12-13
4）佐伯同上書，p.14
5）田近洵一「『新しい学力観』と国語科」『教育科学国語教育』第 478 号，1993 年 8 月，pp.8-9
6）小森茂『国語科授業の創造』明治図書，1993 年，p.75
7）臨時教育審議会「教育改革に関する第二次答申」第 1 部 二十一世紀に向けての教育の基本的な在り方，第 1 節 歴史の教訓，(2)「第二の教育改革」と戦後の教育，1986 年 4 月
8）第 14 期中央教育審議会「学校制度小委員会」『審議経過報告』第 1 章 根本の問題はどこにあるか，第 3 節 平等と効率のバランス，1990 年 12 月
9）高岡浩二「子供を中心にした学校の創造を目指して」『初等教育資料』第 580 号，1992 年 6 月号，p.49
10）駒林邦男『学ぶ意欲を育てる授業・抑える授業』あゆみ出版，1994 年，pp.14-15
11）駒林同上書，pp.18-19
12）佐藤学『学びの身体技法』世織書房，1997 年，p.103
13）佐藤同上書，p.91
14）佐藤同上書，pp.91-92
15）佐伯胖「文化的実践への参加としての学習」『学びへの誘い』シリーズ学びと文化 1，東京大学出版会，1995 年，p.2
16）石井英真『現代アメリカにおける学力形成論の展開』東信堂，2011 年，「はしがき」p.iii
17）松下佳代「〈新しい能力〉概念と教育」松下佳代編『〈新しい能力〉は教育を変えるか』ミネルヴァ書房，2010 年，p.3，表序 -1
18）中内敏夫『学力と評価の理論』国土社，1971 年，pp.36-39
19）石井英真「学力論議の現在」松下佳代編『〈新しい能力〉は教育を変えるか』ミネルヴァ書房，2010 年，pp.167-168
20）佐藤学「学力問題の構図と基礎学力の概念」東京大学学校教育高度化センター編『基礎学力を問う』東京大学出版会，2009 年，p.13
21）国立教育政策研究所ホームページ「学習指導要領データベース」より
22）『教育科学国語教育』1990 年 8 月号臨時増刊号，輿水実監修・風間章典・国語スキル研究会編『文章読解のスキルワーク』p.13
23）西郷竹彦『〈文芸研〉国語教育事典』明治図書，1989 年，p.29
24）文化審議会答申「これからの時代に求められる国語力について」より
25）中村敦雄「読解リテラシーの現代的位相——PISA2000/2003/2006 の理論的根拠に関する一考察——」『国語科教育』第 64 集，全国大学国語教育学会，2008 年 9 月
26）足立幸子「外国の読書力評価から我が国の国語学力を考える」『国語科教育』第 59 集，全国大学国語教育学会，2006 年　堀江祐爾「全米学力調査（NAEP）から読解力の学力調査を考える」全国大学国語教育学会編『国語学力調査の意義と問題』明治

第 1 章　説明的文章の読みの学力形成論の課題

図書，2010 年

27）拙稿「説明的文章の読みにおける「論理」の再検討」（『広島大学大学院教育学研究科紀要』第二部，文化教育開発関連領域，第 58 号，pp.103-111）において整理した。

28）Toulmin, S.（1958）. *The Use of Argument.* Cambridge: Cambridge University Press.

29）井上尚美『言語論理教育への道』文化開発社，1977 年

30）中村敦雄「論説文の文章分析研究——議論の型を中心に——」『学芸国語国文学』第 22 号，1988 年，pp.42-53　同「議論分析に主眼を置いた教科書の考察——An Introduction to Reasoning について——」『読書科学』第 32 巻第 3 号，1988 年，pp.119-125　同「トゥルミンモデルを国語科教材分析に応用する試みについて——論説教材「自然の破壊」を対象として——」『読書科学』第 33 巻第 4 号，1989 年，pp.139-146

31）中村敦雄『日常言語の論理とレトリック』教育出版センター，1993 年

32）ペレルマン（三輪正訳）『説得の論理学』理想社（絶版），1980 年

33）西郷竹彦『説明文の授業』明治図書，1985 年

34）小田迪夫『説明文教材の授業改革論』明治図書，1986 年

35）森田信義『筆者の工夫を評価する説明的文章の指導』明治図書，1989 年

36）植山俊宏「説明文における事実表現の読み——〈説得〉と〈納得〉を軸にして——」『国語教育研究』第 320 号，1998 年 12 月，pp.28-33

37）永野賢『学校文法文章論』朝倉書店，1959 年　同『文章論総説』朝倉書店，1986 年

38）亀山恵「談話分析：整合性と結束性」田窪行則他編『談話と文脈』岩波講座言語の科学第 7 巻，岩波書店，1999 年

39）難波博孝「テクストとしての説明的文章の教材分析」『国語科教育』第 36 集，1989 年，pp.35-42　同「「文の主題」の補充及び結束性獲得についての研究」『国語科教育』第 37 集，1990 年，pp.59-6　同「説明文テクストの顕在的構造と潜在的構造——母語教育のための分析」『表現研究』第 70 号，1999 年，pp.9-17

40）井上同注 29 書

41）渋谷孝『説明的文章の教材本質論』明治図書，1984 年

42）森田同注 35 書

43）西郷竹彦『〈文芸研〉国語教育事典』明治図書，1989 年

44）難波博孝『母語教育という思想』世界思想社，2008 年

45）櫻本明美『説明的表現の授業』明治図書，1995 年

46）長崎伸仁『説明的文章の読みの系統』素人社，1992 年

47）河野順子『対話による説明的文章セット教材の学習指導』明治図書，1996 年

48）光野公司郎『国際化・情報化社会に対応する国語科教育』渓水社，2003 年　難波博孝「論理／論証教育の思想（1）」『国語教育思想研究』第 1 号，2009 年，pp.21-30

49）岩崎豪人「クリティカル・シンキングのめざすもの」『京都大学文学部哲学研究室紀要：PROSPECTUS』第 5 号，2002 年，pp.12-27

50）濱田秀行『クリティカルな思考を育む国語科学習指導』渓水社，2007 年

51）岩永正史「ランダム配列の説明文を再構成する際に用いられる説明方略」『山梨大

学教育人間科学部紀要』第3巻第2号，2001年　同「小学校説明文教材系統案作成の試み（1）〜説明スキーマの発達とそれを支える表現力，論理的思考力を観点として〜」『山梨大学教育人間科学部紀要』第9巻，2007年　同「小学校説明文教材系統案作成の試み（2）〜小学校国語教科書6年分の説明文教材の分析を通して〜」『山梨大学教育人間科学部紀要』第11巻，2009年

52）植山俊宏「説明的文章の読みにおける児童の反応力と認識形成との関わり──発達論的考察を通して──」『国語科教育』第35集，1988年，pp.36-43

53）難波博孝「モジュール化した言語的自己の，複数の発達」井上尚美編集代表『言語論理教育の探究』東京書籍，2000年，pp.34-49

54）河野順子『対話による説明的文章の学習指導』風間書房，2006年

55）河野順子・国語教育湧水の会『入門期の説明的文章の授業改革』溪水社，2008年

56）守田庸一「国語科教師の論理観に関する考察」『静岡大学教育学部研究報告』教科教育学篇，37号，2005年

57）秋田喜代美「文章理解」内田伸子編『新・児童心理学講座6　言語機能の発達』金子書房，1990年，pp.123-124

58）岸学『説明文理解の心理学』北大路書房，2004年

59）大河内祐子「論説文におけるアーギュメントの理解」『東京大学大学院教育学研究科紀要』第40巻，2000年，pp.131-138 など

60）犬塚美輪「説明文における読解方略の構造」『教育心理学研究』第50巻第2号，2002年

61）富田英司・丸野俊一「思考としてのアーギュメント研究の現在」『心理学評論』第47巻第2号，2004年，pp.187-209

62）Dole, J. A., Duffy, G. G., Roehler, L. R., & Pearson, P. D.（1991）. Moving from the old to the new: Research on reading comprehension instruction. *Review of Educational Research*, 61, p.242　拙稿「米国における〈方略的読み〉の教授方法の検討」（『教育学研究紀要』第40巻，第2部，中国四国教育学会，1994年3月）から要約して述べた。

63）松崎正治・荻原伸「物語の理解と記憶におけるメタ認知方略の効果と発達」『国語科教育』第40集，全国大学国語教育学会，1993年3月　拙稿「説明的文章指導における方略教授の有効性──文章構造の把握を中心に──」『国語科教育』第42集，1995年3月

64）岩永正史「発達論的アプローチの成果と展望」全国大学国語教育学会編『国語科教育学の成果と展望』明治図書，2002年，p.302

65）浜本純逸「国語学力論の成果と課題」同上書，p.33

66）山元隆春「読みの「方略」に関する基礎論の検討」『広島大学学校教育学部紀要』第1部第16巻，1994年1月，pp.29-40

67）山元隆春「「読解力」育成のための支援に関する基礎的研究──米国の理解方略指導論を中心に──」全国大学国語教育学会『第117回愛媛大会研究発表要旨集』p.206

68）八田幸恵「国語科の目標を設定する──活動とスキル・トレーニングを乗り越えて──」『教育』第60巻第11号，国土社，2010年11月，pp.71-72

69）舟橋秀晃「「場」に応じた，言葉を「足す」要約を──「客観的基準」の限界を踏ま

えて——」『月刊国語教育研究』第 421 号，日本国語教育学会，2007 年 5 月

70) 吉川芳則「説明的文章の展開構造のメタ認知を促す学習指導」『国語科教育』第 54 集，全国大学国語教育学会，2003 年 9 月

71) 吉川芳則「小学校説明的文章の学習指導における効果的な図表化活動のあり方について」『国語科教育』第 58 集，全国大学国語教育学会，2005 年 9 月

72) 光野公司郎『国際化・情報化社会に対応する国語科教育』渓水社，2004 年　同『「活用・探究型授業」を支える論証能力』明治図書，2009 年

73) 光野公司郎「国語科教育におけるメディア・リテラシー教育——説明的文章指導（中学校第二学年）においての批判的思考力育成の実践を中心に——」『国語科教育』第 52 集，全国大学国語教育学会，2002 年 9 月

74) 濱田同注 50 書

75) 山本茂喜「説明的文章におけるクリティカル・リーディングの方法——「ヤドカリとイソギンチャク」の授業について——」『香川大学国文研究』第 33 号，2008 年

76) 濱田同注 50 書

77) 光野公司郎「論理的な文章における効果的な構成指導の方向性——論証の構造を基本とした新しい文章構成の在り方——」『国語科教育』第 57 集，全国大学国語教育学会，2005 年 3 月

78) 吉川芳則「小学校社会科教科書掲載の説明的文章を読むことに必要な学習内容」『国語科教育』第 62 集，全国大学国語教育学会，2007 年 9 月

79) 中村暢「社会科学的説明的文章の指導における「社会認識」の有効性」『国語科教育』第 63 集，全国大学国語教育学会，2008 年 3 月

80) 舟橋秀晃「「論理的」に理解し表現する力を伸ばす指導のあり方：本校「情報科」での実践を踏まえて考える，国語科で必要な指導法と教材」『国語科教育』第 66 集，全国大学国語教育学会，2009 年 9 月

81) 井上尚美・尾木和英・河野陽介・安芸高田市立向原小学校編『思考力を育てる「論理科」の試み』明治図書，2008 年

82) 古賀洋一「説明的文章の読みの方略指導における条件的知識の学習——中学生への実験授業を通して——」『国語科教育』第 75 集，2014 年，pp.40-47

83) 中内同注 18 書，pp.41-43

第2章　推論的読みを軸とした
説明的文章の読みの学力モデルの構想

第1節　説明的文章の読みの目的と推論・論証

第1項　説明的文章の読みの目的と「文章の論理」の理解

　言語生活における説明的文章を読むことの目的は，多くの場合，文章に表現された知識を獲得することにある。しかし，国語科授業において説明的文章教材を学習することの目的は，文章内容としての知識の獲得には置かれず，むしろそれを否定することで，前章で述べたように説明的文章の学習指導論は展開し，指導内容が明確になるとともに広がりを見せたという面がある。では，知識を得ることと，「文章の論理」の理解という学習内容にはどのような関係があるのか。

　説明的文章を読むことの目的は知識を獲得することにありながら，一方でそれを学習することの目的は，そこにある知識を知ることではなく，能力の獲得にあるとされる。しかし，目標の一つである文章の論理と「知識」とは切っても切れない関係にあるものである。それは知識と情報との違いでもある。単なる信念と知識の区別について，「知識とは正当化された真なる信念である」という古典的な定義を提示したのはプラトンである[1]。その定義は長く知識に関する哲学において支配的であった。現在，知識がこうした定義のままとらえられることは少ないが，説明的文章から知識を獲得することを考える上では，なお重要な点があるように思われる。

　蔵田伸雄は，「信念」と「知」「知識」との違いについて，プラトンの定義を引きながら次のように説明する[2]。

　　そして哲学的な知識論・認識論では，「知」とは「正当化された信念」（justified belief），つまり何らかの証拠などによって「正しい」とされた信

59

念を意味している。「信念」（belief）は「知っていること」を意味することもあるが，十分な根拠がなく，まだ正当化されていないものであり，その一方，「知」は科学的な知であれ，日常的な意味での「知識」であれ，それを正しいとするに足る十分な根拠を伴うと考えられている。科学とは，何らかの実験や観察によって正当化されたか，あるいは正当化可能・確証可能な命題の体系であり，共有可能な「知」である。また日常的な「知」についても，それが正しい「知」であるからには，何らかの証拠や証言を伴い，他者がその妥当性を確認できると考えられている。

　ここで蔵田は，日常的な知識に広げて，「正当化」ということの重要性を指摘している。この指摘にしたがえば，説明的文章とは，正当化を行いながら知識を伝達する文章と特徴づけることができよう。そして，いわゆる文章の論理は知識の正当化の過程であり，それを理解することは，文章の中にある情報を知識として受け取るために不可欠な行為となる。では，知識の正当化は，どのようにしてなされるものなのか。

　知識の哲学においては，正当化は推論によってもたらされると考えられている。推論とは，前提から結論を導き出すことであり，妥当な前提から妥当な推論を行えば妥当な結論が引き出される。したがって，こうした妥当な推論によって生み出された知識が正当化された知識ということになる。戸田山和久は，認識論的な妥当性を持つ推論の種類として，「演繹的推論」「帰納的推論」「アブダクション」を挙げる[3]。これらのうち確実な推論は演繹的推論である。前提が全て真なら，そこから引き出される結論も必ず真になるという推論である。しかし，演繹的推論では，導かれる知識が前提となる知識の中に含まれることになり，知識を拡張するという点では十分な力を持たない。そこで，知識を生産する際には，帰納的推論や仮説的推論（アブダクション）などの推論が用いられる。これらの推論は，誤りを含む可能性が常にあるが，近代科学は，こうした推論を用いて新たな知識を発見しながら，確証のための手続き的方法を発展させることで，確かな知識を手に入れてきたのである。

　知識における正当化の役割に注目すると，説明的文章における「論理」の役割がより明確になるように思われる。さまざまな知識を知識たらしめ

第2章　推論的読みを軸とした説明的文章の読みの学力モデルの構想

ているのが正当化の過程，すなわち推論であり，文章には筆者の推論の過程が反映している。それが「文章の論理」である。したがって，読み手が文章から知識を妥当なものとして受け取るためには，文章構造に反映した論理に沿って文章を理解することが必要となる。読み手は，文章の内容の妥当性を問わず「情報」として摂取することもできるが，国語科の読みの学習指導においては，より妥当な知識として受容する読み方を学習することが目標とされるのである。

　では，そうした筆者の推論が反映された文章を読み手はどのように理解するのか。

第2項　説明的文章の文章構造と文章理解モデル

　当然のことではあるが，説明的文章において知識と論理は，言語によって表されている。しかし，文章構造を明らかにすることがそのまま読み手の文章の理解のあり方を明らかにすることではない。読み手は，語彙や文法などの言語的知識を用いて言語処理を行うことで，文の統語関係をとらえ，意味を理解する。この単語と文の処理を繰り返していけば，文章の意味は理解できるのかと言えばそうではない。文章の理解には，こうしたボトム・アップの処理だけでなく，トップ・ダウンの処理との両方の過程によって成立すると考えられている。トップ・ダウンの処理は，文章構造に関する知識や説明の対象となっている内容に関する知識を用いて，そうした知識の備える枠組みにしたがって，予想を行いながら理解する過程である。文章理解の過程は，文章構造と読み手の行う処理方法の両面から明らかにされる必要がある。

　では，一方の説明的文章の文章構造はどのようにとらえられてきたか。

　これまで，説明的文章の文章構造のとらえ方には，およそ次の三つのものがあったと思われる。

　(1) 文章論による「統括」の機能を中心にした文章の分類

　(2) 事柄と事柄，概念と概念の間の関係を表す概念を用いた分析

61

(3) 論理展開を表す文章の「型」による分類

　かつて，説明的文章の文章構造の指導は，文章論を基盤としていた。文章論は，「統括」の機能を文章の中心構造としてとらえ，それが文章全体のどこに位置するかによって，文章構造を分類する[4]。しかし，第1章でも述べたように，説明的文章の読みの学習指導の研究では，こうした文章論による文章構造の把握からの脱却が図られてきた。寺井正憲は，文章論による文章構造の把握について次のように述べている[5]。

　　　この〔「フシダカバチの秘密」の：稿者〕文章構成は永野の類型によれば，展開型（「この型は，冒頭にテーマが示されたあと，そのテーマに関する事実や見解が次々に発展的連鎖的に述べられるもの，である」）に該当する。つまり，文章の冒頭で提示された二つの問題が，仮説の設定，仮説を検証する観察・実験，そして結果という順序で，次々に発展的連鎖的に解明されていく，という文章の論理展開である。

　　　しかし，読解指導を前提とした教材分析にあっては，先に図示した「事実への着目－問題提示－仮説設定－検証（観察・実験）－問題解決」という文章構成で捉えても，さらに抽象化した展開型という類型では捉えない。

　　　これは，「フシダカバチの秘密」におけるような論理展開を展開型と抽象化しても，学習者には具体的な論理展開が想起されず，読みとった内容を確信させたり，さらに理解を深めさせたりする指導とはなり得ないからである。逆に，「事実への着目－問題提示－仮説設定－検証（観察・実験）－問題解決」という文章構成の捉え方は，文章の論理展開を具体的に反映しており，学習者が読みとった内容をこの文章構成に沿って整理し秩序立てていくことに役立つ。

　ここで寺井は，(1)のような文章構造のとらえ方では学習者において文章の理解を促さず，(2)のようなとらえ方が文章の理解を促進すると述べている。

　認知心理学の文章理解研究には，文章構造をいくつかの構成要素のラベリングや論理的な関係によって記述するものが見られる。綿井雅康と岸学は，文章のあるまとまりの内容を構成要素としてラベリングする文章構造の分析を行っている。彼らの用いた構成要素のラベリングは次のようなものである[6]。

62

① 疑問提示・問題提起
② 疑問への解答
③ 実験と結果の報告
④ 事実の説明
⑤ 根拠の提示
⑥ 説明内容の統括

　また，岸学・綿井雅康・谷口淳一は，小学校教科書における説明的文章教材の文章構造を分析しているが，その際，「教材の分類」を「文章の統括の類型」と「事柄の配列の類型」という二つの観点から行っている。前者は文章論の展開型を用いているが，後者の「事柄の配列の類型」は，次のようである [7]。

　　順序にしたがって述べる関係
　　課題と解決の関係
　　提示と根拠の関係
　　事実と意見の関係
　　抽象的な内容と具体的な内容を示す関係

　これらの関係は，文章に表現されている事柄や概念間の関係を示すものであり，これらを組み合わせることで，説明的文章の文章構造をより具体的に記述することができる。

　説明的文章の読みの学力の形成という観点から見ると，こうした説明的文章の文章構造がどのようにとらえられるかという問題は，次のようないくつかの課題へとつながっていると考えられる。

　一つ目には，読み手は，どのような過程によって言語処理を行い，文章を理解するか。その中で，文章構造に関する知識がどのように用いられるかということである。このことは，先行研究において，文章理解モデルという形で表され，実証的なデータとも照らし合わされて検証されてきたことであり，次節で検討したい。

　二つ目に，正当化された知識を獲得するという説明的文章を読むことの目的から見た場合，どのような文章構造に関する知識を用いて正当化の過

程である推論をとらえることが，そうした目的に叶うのかという問題である。このことは，論証モデルという形で表され，検討されてきたことであり，第3節で検討したい。

　三つ目に，学習者が実際に説明的文章を理解する際に用いる文章構造に関する知識はどのようなものか。また，どの程度文章構造に関する知識を用いているのかという問題である。このことは，調査を通して検討すべきことであり，第4章で扱う。

　なお，筆者が文章に提示する推論と，読み手が文章を理解するために行う推論があり，両者が関わりながら，文章の理解が成立するというのが，先行研究をふまえた本研究の立場である。文章に提示された推論と論証という概念の関係については，次のような説明がある[8]。

　　「英語」で言えば，「論証」は argument である。議論とか論争と訳されることが多いが，哲学や論理学ではもっと狭い意味で使われる。一つまたは複数の理由から一つの主張へ至る過程を「推論」と呼び，この主張と理由をあわせて提示し，両者がきちんとつながっていることを示すことを「論証」と言う。

こうした用語の定義にしたがえば，文章に提示されている筆者が正当化の際に用いた推論は，「論証」として文章に示されているとおおかたにおいてとらえられるが，説明的文章においては，筆者が「一つまたは複数の理由から一つの主張へ至る過程」を記述していて，推論に焦点が当てられている場合がある。その場合は，「筆者による推論」といった使い方をする。また，読み手が理解するために行う推論については，そのまま「推論」という用語で表すのがよいであろう。

第2節　説明的文章の理解モデルの検討

第1項　ヴァン・ダイクとキンチュによる
一般的文章の理解モデルの検討

1　ヴァン・ダイクとキンチュの読解モデルの概要

　ヴァン・ダイクとキンチュは，文章の理解の過程を情報処理過程として
とらえた，図2-1のようなモデルを提示している[9]。

　このモデルは，大きくは，短期記憶，長期記憶，統制システムの三つの
部分からなり，これらが互いに作用し合って文章理解（情報処理）が行われ
る。短期記憶は，容量がごく限られた記憶の貯蔵庫で，長期記憶から活性
化された既有知識を利用して，テクスト情報を解釈し，解釈した情報を長
期記憶に送り込むという再帰的な処理を行う。長期記憶は，無限の容量を
持つ記憶の貯蔵庫で，短期記憶から送り込まれた情報をエピソード記憶
（特定の時間や場所に依存した記憶）として貯蔵する。また，短期記憶での情
報処理に利用される意味記憶やスキーマといった知識を貯蔵している。統
制システムは，これらの処理過程を制御する働きをするものである。

　秋田喜代美は，このモデルにおける文章理解過程の概要を次のように説
明している[10]。

　　(1)　私たちは文章を読む際，まず視覚的情報を字として，聴覚的情報を音
　　として知覚し，それを意味情報へと変換する。その文脈にふさわしい意味
　　を長期記憶の中にある辞書のような語彙的知覚から呼び出し，単語として
　　意味を同定する。（表層構造を分析）。
　　(2)　次に，長期記憶内の文法についての知識を使って，それらの単語のつ
　　ながりを，文や句として解析する。そしてその文や句が何を意味している
　　のか表す命題を構成する。（命題を構成）。
　　(3)　それらの命題を，近接する命題と関連づけ，統合していく。命題間を
　　結合するためには，指示詞のような文章内にある手がかりとスキーマ

（schema）と呼ばれる読み手の持つ既有知識が，利用される。（命題を統合）。

　（4）読み進むうちに，命題の集まりとしての段落で書かれていることは何か，さらにその段落が文章全体の中でどのような位置づけにあるのか，要点は何かを順次理解していく。つまり一つ一つの命題から，末梢的命題は削除したり，一連の命題を意味的に統合し，上位の命題に置き換えたりしながら，要点（マクロ）構造を構成していく。（1）から（4）の処理を経て，文章に書かれたことの意味表象，テキストベース（textbase）と呼ばれるモデルを構成する。

　（5）さらに，テキストベースをもとに，文章が述べているのは具体的にどのような状況であるのかを個人的経験に基づいて想像し，状況モデル（situation model）を構成する。

　統制システムは，これらの処理過程に対し，1から8のような観点からモニター操作を行い，理解方略や想起の過程，構成したモデルを監視・統制している。

　ヴァン・ダイクとキンチュの文章理解過程のモデルは，テクストの意味表象がテキストベースと状況モデルという二つの形式で形成されるということを表しているところに特徴がある。

　テキストベースは，命題から成るところにその特徴がある。言語は，テクストの表現形式のまま理解されるのではなく，それを意味表象として抽出され命題構造として理解されるというのである。そして，テキストベースは，さらに，ミクロ構造とマクロ構造から成る。ミクロ構造は，節や文といった単位での部分的な命題構造である。ミクロ命題はマクロ・ルールによって一般化されたり，削除されたり，構造化されたりしてマクロ構造にまとめられる。マクロ構造は，要旨に相当するものである。

　状況モデルは，命題構造として表された意味表象が具体的にどのような状況なのかを，心的なモデルとして表象したものである。

　これらの二つの表象は，段階的，つまり，テキストベースが全て構成された後に状況モデルが構成されるというようなものではない。テキストベースは状況モデルを利用しながら，また，状況モデルはテキストベースをもとに，相互に作用しながら構成されるものと考えられる。

66

第2章　推論的読みを軸とした説明的文章の読みの学力モデルの構想

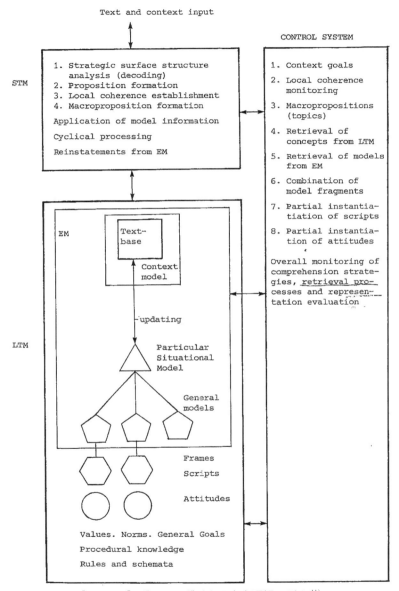

【図2-1】ヴァン・ダイクの文章理解モデル[11]

2　表象の形成過程

　これらの二つの意味表象の形式が，どのような過程で構成されるのかをヴァン・ダイクの説明からもう少し詳しく見てみる。

〈テキストベースの構成〉[12]

1. 談話理解は，初めに，テキストベースという形での，言語使用者による，入力された談話の意味表象の構築を含むが，そのテキストベースは，部分的な，あるいは全体的な一貫性のある一連の命題からなる。

2. この構築的な解釈（interpretation）の過程は，短期記憶において起こるが，短期記憶の許容量の限度のために，この過程は周期的に行われる。つまり，入力された節は，命題として解釈され，命題は緊密に結合されて，次第にエピソード記憶に蓄積され，その後，新しい節が解釈される。この繰り返しである。

3. 部分的な，あるいは全体的な解釈の過程もまた，例えばフレームやスクリプトとして組織されるような（シャンク＆エイベルソン，1977），言語使用者の記憶内に仮定されるさまざまな知識を必要とする。

4. 理解に含まれるさまざまな過程は，制御システムによって監督されるが，そこでは，解釈過程のそれぞれの時点で，関係のあるトピック（マクロ命題）や，読み手／聞き手の当面の目標，そしてその時働いている知識のスクリプトが表象される。

5. 最後に，ヴァン・ダイク＆キンチュ（1983）において，我々は，理解過程は（構造的，あるいは規則支配的特質よりむしろ）方略的特質を有することを，理論的に実験的に詳しく強調し証明した。すなわち，理解は，漸進的であり（gradual），オンラインの，不完全な情報を利用しており，いくつかの談話レベルやコミュニケーションのコンテクストからデータを獲得し，そして，個人的な変化しやすい価値や信念によって制御されているのである。そのような方略的な理論は，より柔軟性を持つことが意図されており，談話を理解するときに実際にしていることにより近いものであるはずである。

第2章　推論的読みを軸とした説明的文章の読みの学力モデルの構想

〈状況モデルの構成〉[13]

1. コミュニケーションのコンテクスト　まず，人々は，彼らが読んだり，聞いたりする談話が解釈されなければならないというコミュニケーションのコンテクストに参加し，また，理解する。したがって，例えば，仕事のインタビューや講義（後に見る）といった，以前のよく似たコンテクストの，個別のあるいは一般的なモデルを検索する。この時点では，コミュニケーションのコンテクストのモデルは，それだけで，そのようなコンテクストにおける談話に関係する状況モデルを検索するために使われるということが問題とされる。例えば，仕事のインタビューというモデルは，以前の仕事のインタビューの経験のモデルを検索するだろう。つまり，新聞を読むということは，社会政治的で公的な出来事のモデルを活性化する。

2. 目標や興味　より明確には，コミュニケーションの出来事だけでなく当面の目標や興味も，それだけで——つまり談話をまだ読んだり聞いたりしなくても——個別の状況モデルを活性化あるいは検索するのに使われる。私は，中央アメリカにおける最近の開発についての新しい情報を得るという意図を持って新聞を読むだろうし，そして，そのような明確な目標は，すでに，私の個人的な中央アメリカのモデルを誘発しているだろう。

3. 題，短い告示，そしてはじめにある主題に関する文　例えば，題やはじめにある主題に関する文の中の，談話のマクロ構造（トピック）の断片についての表現は，テクストのマクロ構造を方略的に形作るために使われるだけではなく，特定の出来事についての関係のある知識を活性化するためにも使われる。したがって，もし，新聞の見出しに「レバノンにおける新しい戦い」とあれば，我々は，新しい出来事の要約を手に入れただけではなく，レバノンにおける戦いについての先行するモデルを検索するための強力な手がかりを手に入れたことになる。

4. 文　談話の一つ一つの文を理解することは，命題のスキーマの方略的な構築によって起こる。これらは，例えば事実や同一の議論の間の仮定

69

的な関係を基盤に，先行する命題と緊密に結合される。もし，コンテクストや目標，先行する（マクロ）情報によって状況モデルの断片が活性化されていなければ，テクストのはじめにある命題がそれを活性化する。もし，はじめの命題が新しい情報を供給したら，適切なモデルが探求され，新しい情報がそれに加えられる。文と文の間の一貫性は，モデルの中の部分的な情報との一致を要求する。すなわち，仮定的な結合が可能なら，我々は示された事実の仮定的な結合を構築する。同じことが，談話参加者の関係的な同一化のために行われる。つまり，今の記述が，今我々が話している，あるいは読んでいるモデルにおける同じ人物にも適当か。文や命題における時間，場所，そして出来事の範疇が，可能な継続性あるいはモデルのそれぞれのエピソードの中の変更を監視する。

5. モニター　部分的そして全体的な理解，モデルやスクリプトあるいは他の知識の検索や活性化や，テクストとコミュニケーションのコンテクストとの間の永続する一致といった複雑な過程は，例えば制御システムによるモニタリングが必要である。この制御システムは，言語使用者の当面の目標や興味，そして最終的には談話の断片の当面のマクロ命題などだけでなく，例えばコミュニケーションの状況の種類，談話のジャンル，参加者の特性といったコミュニケーションのコンテクストについてのマクロ情報を供給されている。我々は，この制御システムは，必要とされる，あるいは，活性化される現時の個人的モデルだけでなく，短期記憶における過程に今必要とされる一般的なスクリプトの情報もずっと得ていると仮定する。いくつかの状況モデルの方略的な結合に責任があるのは，この制御システムである。つまり，制御システムは，短期記憶，またはエピソード記憶のテキストベースからの局所的な情報を使い，これを一般的スクリプトとだけでなく全体のコンテクストや目標情報とも調和させ，それから探索，あるいは活性化されるべきモデルの断片の種類について，またそれらがどのように結合されるべきかについての効果的な仮説を作る。

6. 更新　方略的なモデルの使用は，ある状況についての全ての個人的な

70

知識を活性化する必要があるという意味を含まないし，関係のある情報が一度に全て活性化されるという意味も含まない。むしろ，理解のオンラインの特質は，個別モデルが新しい情報と古いモデルの両方からだんだんと築かれることを暗示する。このことは，新しい情報が，随意のやり方ではなくそれが関係するまさにぴったりのところに，付け加えられることもまた認める。いくつかの場合においてだけ，例えば我々が前に似たような状況と完全に間違えたと分かるといったときに，そのような更新の過程において，前のモデルを完全に変形することが必要であるだろう。

7．評価　談話の理解には，二つの大きな構成要素があると思われる。つまり，一貫性のあるテキストベースの構築と，例えば古いモデルの断片の再結合や更新の過程といった変形による個別モデルの構築とである。もう一つ問題がある。我々は，また，入力する情報と，この情報が引き起こす可能なあるいは現実のモデルの変形を評価しようとしている。例えば，我々は，情報が本当か嘘かを知りたいと思う。正しくない命題も，もちろんテキストベースに表象される。なぜなら，それらは言われたことや意味されたことの一部であるからである。しかし，それらは，もし情報が既に持っているモデルにある情報と食い違えば，個別モデルに取り入れる必要はない。文や談話を事実あるいはもっともなことと見なす重要な決定のために，我々はエピソードモデルを引き起こす認知的な理論を持っているに違いない。

　同様に，談話は単にその真実性の価値において評価されるのではなく，個人的な規範あるいは価値との関係において，つまり言語使用者の現在の考えに基づいてもまた評価される。その上，談話あるいはテキストベースが評価される（よい，悪い，おもしろい，ばかげているなど）だけでなく，それが指し示す事実もまた評価される。個別モデルのいくつかのところでは，さらに，読み手／聞き手は，個人的な価値を参加者あるいは出来事，行為に付与する。これは，モデルが本質的にエピソード的でしかも個人的であることのもう一つの理由である。後の段階では，

我々は状況の詳細は憶えていない。憶えているのは状況あるいはエピソードの肯定的なあるいは否定的な評価だけである（フォーガス，1979）。バウアー（1980）では，結びついた態度は，それだけで同じ態度で記録された経験を選ぶための検索の手がかりとして受け取られるに十分であることが示された。

3　国語科授業との対応

ジョンソン＝レアードは，理解の段階性について次のように述べている[14]。

　　空間記述の記憶に関する我々の実験結果（第7章参照）は，理解が二つの段階から成るとする理論を示唆している。第1段階では，発話の表面的な理解によって，文の表層的な形式に非常に近い命題表現が作り出される。この記号的表現は，自然言語と同程度に語彙が豊富な心的言語で構築される。この仮説は，キンチ（Kintsch, 1974）とフォーダーら（Fordor, Fordor, & Garrett, 1975）とが独立に提唱したものである。命題表現は，短時間の間は，元の逐語的な情報を想起するのに十分なだけの情報をコード化している。この表現は，談話，特にあいまいな記述を経済的に表現できる。また，この表現は，発話そのものの音声的（文字的）なコピーというよりは，表面的な形式の方に似ているようである。というのは，母語話者にとって，単語の同定をしないとか何らかの構文関係の復元をしないでいるとかということはほとんど不可能だからである。理解の第2段階は必ずあるとは限らないが，メンタルモデルを形成するための基礎の一部として，第1段階で作った命題表現を利用する。メンタルモデルの構造は談話中に語られている事態と似かよっている。したがって，命題表現を復元することはメンタルモデルを形成するのに必要な前段階なのである。また，この形成の過程では文脈的な手がかりや一般的な知識に基づいた暗黙の推論なども働いている。発話は，モデルを設計するための設計図というよりは，むしろ単なる手がかりに過ぎないのである。

（中略）

　　これから見ていくように，メンタルモデルの理論によって理解のこの第2段階の仕組みが明らかになる。発話の本質的な文脈はメンタルモデル内に表現されるので，その発話の命題表現をモデル，および一般的な知識と関連

づけることによって発話の意義は確定される。指示対象が同定されると，その発話がもたらした新しい情報をモデルにつけ加えてモデルを更新する。ただし，この過程は，完全な文のレベルではなく，節単位，もしくは構成素単位で行われる。

　ジョンソン＝レアードの言う「メンタル・モデル」は，ヴァン・ダイクとキンチュのモデルにおける状況モデルときわめて近い概念であり[15]，彼らのモデルは，ここに述べられている理解の段階性と談話理解の過程をよく表したものと言えるだろう。また，状況モデルとテキストベースは，これまで国語教育で「書かれていることの理解」「字面の理解」と言われてきた読みと，「認識的な理解」と言われてきた読みのレベルの違いを，理解過程における構造的な違いとして説明するものであると考えられる。

　こうした三段階の処理過程を軸に文章の理解過程をとらえる考え方には，次のような国語科の読みの授業過程との対応関係を見出すことができる。

　1）言語形式の処理…本文に書かれていることの確認

　2）テキストベースにおけるマクロ命題の形成…段落の要点の理解や文章の要約，書かれていること同士の関係の確認

　3）状況モデルの構築…どういうことを表しているかの解釈や内容理解

　こうしたことから，ヴァン・ダイクとキンチュの文章理解モデルは，説明的文章の読みの学力の中身をとらえるための基本的な枠組みとなり得ると考えた。しかし，テキストベースと状況モデルの関係に焦点を当てた談話理解を説明するためのモデルであるため，国語学力モデルの観点からは，いくつかの点において十分ではないところがある。

　一つには，文章理解過程における学習の側面がよく表されていないということである。モデルにおいては，「更新」と「制御システム」がそれに相当すると考えられるが，この過程は，うまくいった場合を想定して説明されており，状況モデルの形成に失敗した場合，あるいは，誤った状況モデルを形成した場合，どのようにして修正するのかということについては，「調和させる」「付け加える」「変形する」とあるだけで，それらがどのように実現するのかは説明されていない。

73

もう一つには，彼らのモデルは，日常的な談話一般の理解過程をモデル化したものであり，国語の授業における説明的文章の読みに特徴的な過程については十分表し得ていないと考えられることである。認識の方法や論理的な関係，修辞的な関係の理解過程を組み込む必要があるように思われる。

第2項　B. J. F. マイヤーによる説明的文章の理解モデルの検討

1　B. J. F. マイヤーによる説明的文章の文章構造の分析方法

　米国の教育心理学者である B. J. F. マイヤー（Meyer）は，談話研究の方法によって，説明的文章の具体的な内容と論理的な関係を組み合わせた文章構造の分析方法を示すとともに，文章構造に沿った説明的文章の理解過程をモデルとして表している [16]。

　マイヤーは，文章の階層構造を次の三つのレベルによってとらえる。

　　　ミクロ命題（micropropositions）

　　　マクロ命題（macropropositions）

　　　トップレベル構造（toplevel structure）

　ミクロ命題は，句や文のレベルの意味構造であり，細部の叙述に相当する。一方，マクロ命題は，およそ段落のレベルの意味構造であり，段落の要点に相当する。マクロ命題のレベルでは，文や段落の集まりにおける概念間の修辞的・論理的関係が問題となる。トップレベル構造は，「時間的順序」や「問題－解決」というような文章の全体的な構造を表すものである。各レベルの構造は，次の五つの修辞的・論理的関係（rhetorical or logical relationships）を表す概念によって表される [17]。

　　集合（collection）

　　　いかに概念および出来事が，ある共有を基盤としたグループに一緒に関連づけられているかを示す関係。

　　因果関係（causation）

　　　先行する概念（すなわち**原因**となっている概念）と後のもの（すなわち**結**

果となっている概念）との間の因果関係を示す関係。

呼応（response）

　問題と解決は，問題が解決に先行しているという点で因果関係に似ている。しかし，話題内容には，問題と解決の間に何らかの重なりがなければならない。つまり，少なくとも解決のある部分は問題のある相と一致してい

【表2−1】マイヤーの示す「修辞的・論理的関係」[18]

〈集合〉
　　集合：時間的順序（timeorder）
〈因果関係〉
　　因果関係：分散：原因／結果（covariance: antecedent / consequent）
　　因果関係：理由説明（explanation）
〈呼応〉
　　呼応：問題／解決（problem/solution）
　　呼応：疑問／解答（question/answer）
〈比較〉
　　比較：選択的（alternative）
　　比較：対比的（adversative）
　　比較：類比（analogy）
〈説明〉
　　説明：属性（attribution）
　　説明：詳述（spesific）
　　説明：同等（equivalent）
　　説明：方法（manner）
　　説明：証拠（evidence）
　　説明：関係の設定（setting relationships）
　　　　：時間設定（setting time）
　　　　：場所設定（setting location）
　　　　：経路設定（setting trajectory）
　　説明：特定の関係（identification relationships）
　　　　：代表化による特定（representative identification）
　　　　：言い換えによる特定（replacement identification）
　　　　：構成要素をなす特定（constituency identification）

なければならない。

比較（comparison）

　二つ以上の話題の間の違いと共通点を示す。

説明（description）

　属性や細部，習慣，事件の場所・日時を述べることによって話題についてのより多くの情報を与える。

　五つの修辞的・論理的関係は，さらに表2-1のように下位の関係に分けられている。そして，これらの概念を用いて，ミクロ命題，マクロ命題，トップレベル構造の各レベルにおける文章の表現内容の構造を記述するのである。

2　構造的方略による方略的読みの過程

　こうした文章構造は，例えば，「対象的に」（比較）や「注目すべき年である 1985 年には」（集合：時間的順序）といった文章中にある合図句（signaling），修辞的・論理的関係を直接的，間接的に示す語句によって読み手に把握される。

　マイヤーは，上のような文章構造の分析方法とともに，文章構造に沿った説明的文章の読みの過程を方略的読みの過程として，モデル化している（図2-2）。彼女は，説明的文章の方略的読みとして次の三つのものを想定している[19]。

　　構造的方略（structure strategy）：前節で考察したような文章の構造にしたがって，文章を理解しようとする読みの方略である。

　　デフォールトリスト方略（default list strategy）：書き手とコミュニケーションしようとする気はあっても，構造的方略を用いることができない読み手のとる読みの行動である。構造的方略が，計画的であるのに対して，この方略はそうではない。読み手は，計画を持たず，単に文章から何かを記憶しようとする。

　　他の方略（other strategies）：読み手は，書き手の視点から文章を読まないことを選ぶこともできる。この場合，読み手（例えば，ある分野の専門家）は，文章の示唆するスキーマとは異なる，よく構造化されたスキーマ

第2章　推論的読みを軸とした説明的文章の読みの学力モデルの構想

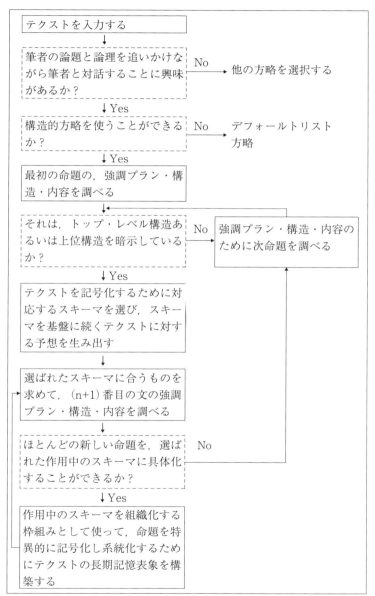

【図2-2】文章情報をスキーマに取り入れるモデル[20]

を持っている。

　上の三種類の方略のうち，文章構造に沿った読みは，構造的方略を用いた読みである。構造的方略では，読み手は，書き手とコミュニケーションをすることを選択し，文章構造に関する知識を用いながら図2-2のような過程をたどって計画的に文章を読み進める。

　マイヤーの提示する「修辞的・論理的関係」は，説明的文章の読みの学習指導論における連接関係の理解や認識の方法などと共通性を持つものであるとともに，ヴァン・ダイクとキンチュのモデルがテキストベースにおける命題間の関係をとらえるための枠組みを持たなかったことを補うものと位置づけられる。

第3項　説明的文章の読みにおける読み手の用いる推論と知識の種類

　ヴァン・ダイクとキンチュによるものと，マイヤーによるものという二つの文章理解モデルを検討してきた。マイヤーのモデルでは，説明的文章の文章構造に沿った過程を表していた。文章の表象も説明的文章における修辞的・論理的な関係を理解するものとなっていた。それに対し，ヴァン・ダイクとキンチュのモデルでは，文章構造の表象は，命題の階層構造としてとらえられるテキストベースと，具体的な内容のイメージとしてとらえられる状況モデルの二種類であった。それぞれの表象はいずれも実際の読みの過程に対応している。説明的文章の理解過程には，どちらの過程もあるだろう。

　こうした違いはあったが，二つのモデルでは，共通して読み手の行う推論が文章の理解過程において重要な役割を果たしていた。そして，そこでの推論には，二種類の推論が見られた。一つは，明示的な命題間を何らかの関係で結ぶ推論であり，もう一つは，状況モデルを形成するときに文章に明示されていない部分や細部を補う推論である。甲田直美は，文章理解において働く推論を整理しているが，多くの研究に共通するものとして「橋渡し推論」と「精緻化推論」の二つを挙げ，それぞれ次のように説明す

る[21]。

- 橋渡し推論とは，現在処理中の文と先行の文の意味内容の整合性を確立したり，文間の意味内容の統合のためになされる推論です。
- 精緻化とは，文章に明示されていない情報を補う操作です。文章をより詳しく理解するための推論は精緻化推論と呼ばれます。

こうした定義によれば，マイヤーにおける表象は，橋渡し推論に焦点が当てられたものである。状況モデルは，精緻化推論によるものである。

また，文章理解過程において，読み手が用いる知識はどのようなものか。二つのモデルにおいても「知識」は位置づいていたが，アレクサンダーらは，いくつかの文章理解モデルの検討から，文章理解において用いられる読み手の知識の種類を図2-3のように整理している[22]。

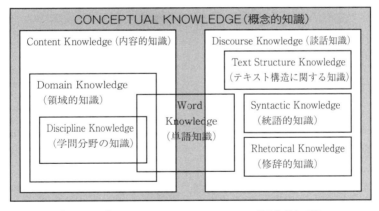

【図2-3】Conceptual knowledge（概念的知識）

読み手は，内容に関する知識と談話に関する知識を用いて，言語処理を行い，幾種類かの表象を形成し，文章を理解する。メタ認知的過程において形成された表象のうちどの表象に焦点が当てられるかは，課題状況によるであろう。文章の要点の把握や情報の整理が課題となる状況においては，テキストベースに焦点が当てられるだろう。また，内容の理解が優先される課題状況においては，状況モデルの精緻化に焦点が当てられるであ

ろう。そして，妥当な知識を獲得するという課題状況の場合には，マイヤーのモデルにおける構造的方略に沿った過程のように，修辞的・論理的関係による表象が形成されるだろう。

　では，第1章で把握された高次の学力，すなわち説明的文章を批判的に理解したり，評価したりする課題状況においては，どのような表象が形成される必要があるのだろうか。また，それは，読み手によるどのような認知過程によって実現するものなのか。ここで問題になるのは，一般的あるいは実験的な読みにおける表象の問題ではなく，国語科の教室における教授と学習における問題である。しかし，この問題を考えるためには，筆者の「論理」と読み手の「推論」に関して，さらに検討する必要がある。

　説明的文章は，自然科学や社会科学などの科学的な知識を中心としている。筆者によるそうした知識の正当化には，科学の方法に沿った推論形式が用いられていることが考えられる。その他にも，説明的文章には，専門的知識を一般的な常識と結びつけることで読み手にわかりやすく説明する局面や，科学的知識を現実社会における問題解決のために適用することを主張する局面もある。そこで用いられているのは，実践的な推論や論証である。

　一面において，読み手は，こうした説明的文章の文章構造に沿って筆者が用いた推論をたどることで，文章を理解しているものと考えられる。文章構造に内在する筆者による推論がどのような構造を持つのかについて検討を行う必要がある。もう一面においては，こうした筆者の推論を相対化するような批判的な読みは，読み手によるどのような推論によって成立しているかという問題がある。こうした読み手による推論についても検討を行う必要がある。

第3節　説明的文章における知識と論証の階層的枠組み

第1項　説明的文章における「説明」の階層性と論証の種類

　日常的には，「わかる」ということにはいくつかの種類がある。例えば，山鳥重は，日常における「わかる」という感覚について分類しているが，要約して示すと次の通りである[23]。

　　全体像が「わかる」…自分のいる場所や時間について見当をつける
　　整理すると「わかる」…分類する
　　筋が通ると「わかる」…因果関係を説明する
　　空間関係が「わかる」…視空間的な能力
　　仕組みが「わかる」…みかけの世界を作り出している全体の仕組みがわかる
　　規則に合えば「わかる」…先人の明らかにした規則に適応させる

　日常的な「わかる」という感覚が，説明的文章における筆者と読み手による「説明」と「理解」というコミュニケーション行為を支えていると考えられる。一つの文章の中でも「説明」の水準や種類がいくつか見られることは，こうした日常的な「わかる」の感覚に対応したものと思われる。

　本節では，はじめに，こうしたさまざまな水準における「説明」に汎用的な推論の形式について検討するために，トゥールミンによる論証モデルを取り上げる。すでに数多くの研究において取り上げられているので，ここでは，他の論証モデルと比較することで，その特徴を明らかにする。

　次に，「科学的説明」に見られる論証や推論のあり方について，科学哲学を手がかりに検討したい。科学においては，新しい知識を発見する局面と，発見された知識の確証を得る局面とで，用いられる推論が異なる。まず知識の確実な妥当性をもたらすのは，演繹的推論である。したがって，発見された因果法則の妥当性を証明する際，あるいは，ある事象を因果法則によって説明する際には，演繹的推論が用いられる。しかし，演繹的推論は，新しい情報を生み出す種類の推論ではない。したがって，科学的な

事実の発見の局面では，帰納的推論やアブダクション（仮説的推論），アナロジー（類似による推論）など，情報量を増やすようなタイプの推論が用いられる。こうした推論によって仮説的に導かれた因果的法則は，実験などによって検証され（仮説演繹法），新たな正当化された知識となる。説明的文章においては，こうした発見の過程，確証の過程，そして確証された法則による事象の説明のいずれもが文章内容となり得るが，こうした科学的説明の区別は，そこで用いられている推論の違いを明確にすることになる。

　そして，多くの場合説明的文章の結論部分に見られる価値的な主張において見られるレトリックによる論証について検討する。

　これらの検討をふまえ，説明的文章において，知識がどのように構成されているのかを総括的に考察する。

第2項　トゥールミンによる論証モデルの検討——汎用的な論証——

1　説明的文章とトゥールミンによる論証モデル

　トゥールミンによる論証（argument）モデル（図2-4参照）は，多くの実際的場面，あるいは研究的場面において論証や論理的な思考過程をとらえる際に用いられている。日常的な言語による論証を扱い，議論における説得力が何によってもたらされるのかということを説明可能な点が評価される。主張（claim），事実・データ（data），理由づけ（warrant），裏づけ（backing），限定（qualifier），反証（rebuttal）の六つの要素から構成される。六つの要素は次のようなものである[24]。

　　「データ」は「根拠」とも呼ばれることがあるが，要するに「主張」の出発点の「事実」だ。提出された「事実」が十分強力であれば，そのまま「主張」を導いてもよい。日常の会話ではこのケースが多い。

　　データだけでは説得力が不足する場合に初めて「理由づけ」が必要になる。データからどうして主張が出てくるのか，データが主張の根拠になる理由を提示するわけである。日常の議論では相手が「なぜ」と質問してくる

場合に当たる。「理由づけ」を説明してもまだ相手が納得しない場合にはさらに強力な理由づけが必要で、それを「裏づけ」と呼ぶ。

「限定」は「必ず」「おそらく」「たぶん」などの修飾語で表され、「議論の強さ」を表す。

「反証」は付帯条件、例外と考えて差し支えない。

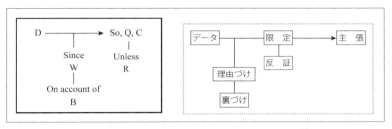

【図2-4】トゥールミンによる論証モデル[25]

2 論証モデルの比較検討

論証とは、トゥールミンのモデルに適合するもののみを指すのではない。ここでは、日常言語による論証をとらえるための二つのモデルを比較検討することで、説明的文章の論証構造および学習者による読みの過程を分析する際の観点を設定したい。

野矢茂樹は、論証を「理由と帰結の接続関係によって構成されているもの」と定義し、基本的な構造を次のように表している[26]。

　　A　…　根拠
　　↓　…　導出
　　B　…　結論

野矢は、論証における「導出」の重要性を強調するとともに、そのあり方の違いにより、「単純論証」「結合論証」「合流論証」の三種に分類できるとする[27]。図2-5は「②を根拠として①を導く」単純論証、図2-6は「①と③が組み合わさってひとつの根拠を作り、そこから②が導出されている」結合論証、図2-7は「ひとつの結論を導くのに複数の根拠が提示され、それゆえ複数の導出がなされているような形式の論証」である合流論

証を図示したものである。

【図2-5】単純論証　　【図2-6】結合論証　　【図2-7】合流論証

「単純論証」は一つの根拠から一つの結論を導くものであるとし，他の二種については，次のような例題を挙げてその違いを説明している[28]。

　　例3　①彼女はイスラム教徒だ。だから，②豚肉は食べない。だって，③イスラム教徒って，豚肉食べないんだろ。
　　例7　①子供の教育にとってはテレビなんかない方がいい。②家族の会話の時間が少なくなるし，それに，③子供が受動的な人間に育ちがちだ。

例3は「結合論証」の例であり，「①と③が組み合わさって一つの根拠を作り，結論②が導出されている」とされるのに対し，例7は「合流論証」の例であり，「結論①を支持するのに，②と③がそれぞれ独立の根拠として提示されている」とされる[29]。さらに野矢は，論証における「根拠」の種類として，「意味規定」「事実認識」「価値評価」の三つを挙げ，それぞれについて下位の分類を試みている[30]。「事実認識」に関しては「個別的主張」と「一般的主張」の二分類を示していて[31]，これにしたがえば，例3における①は個別的，③は一般的と考えられる。

　野矢のモデルは，言語表現による明示的な要素としては根拠と結論によって構成される簡潔なもので，適用の範囲が広い。野矢が提示する論証の定義や分類は，学校や教室を含めた言語生活における談話による論証のほとんどを分析することができ，論証の記述的なモデルと言うことができよう。

　一方のトゥールミンによる論証モデルは「法律の論証手続き（立証活動）」をベースにしているとされ[32]，要素が多く複雑である。「データ」「理

第 2 章　推論的読みを軸とした説明的文章の読みの学力モデルの構想

由づけ」「主張」の三要素のみに注目し，「三角ロジック」と簡略化されることもあるが，野矢の論証モデルからトゥールミンのモデルをとらえると，「事実・データ」と「理由づけ」から「主張」が導かれる部分は「結合論証」であり，それに「裏づけ」から「理由づけ」が導かれる「単純論証」が組み合わさって全体の論証が構成されているということになる。さらに言えば，このモデルを用いると，「個別的主張」としての「データ」と，「一般的主張」である「理由づけ」が合わさって「主張」が導かれるという考え方をとることになる。逆に言うと，野矢における「結合論証」の二つの根拠の関係性や，複数の根拠を組み合わせて行う全体的な論証の望ましい形を他の条件も加えて示したのがトゥールミンのモデルであるとも言え，そういう意味でトゥールミンの論証モデルは規範的である。

　では，説明的文章の論証構造の分析にどちらのモデルがより有効であるのか。このことを判断するためには，日常言語で書かれた説明的文章教材における論証的表現の特徴を考慮する必要がある[33]。説明的文章教材においては，論証は明示的であることが重視される。しかし，論証を全て明示することが説得的なコミュニケーションにおいて常に有効なわけではなく，意図的に，あるいは暗黙のうちに「根拠」が省略される。したがって，読み手はさまざまな推論を行いながら文章の読みを行う必要がある。これは自然言語理解の一般的な特徴とも重なる[34]。

　こうした説明的文章の読みにおいて，適用する二つのモデルの違いによって論証がどのように異なってとらえられるかを考えてみたい。野矢のモデルでは，一方の根拠が十分に明示されない暗黙の結合論証であっても，一つの根拠による論証という分析が成り立つ。一方のトゥールミンのモデルにしたがえば，そうした暗黙性に対して，データが隠されているのか，理由づけあるいは裏づけが隠されているのかというように，必要な情報の欠如をとらえようとするとともに，何を補えばよいかという観点からの分析が促される。したがって，このモデルへの適合性のみから論証を評価することには問題があるが，トゥールミンの論証モデルは，説明的文章の読みにおいて論証を読み手が理解し，評価する過程をとらえる枠組みと

85

して有用なものと位置づけられる。

第3項 説明的文章における科学的説明の検討──学問的知識の論証──

1 科学的説明の類型

科学における「説明」とはどのようなものか。内井惣七は，科学哲学に関する概説書において「科学的説明」という章を設けて整理している[35]。内井は，「何らかの形で「科学的説明」とみなされるものをすべて救い上げることができるような一元的な「説明理論」の可能性は，現状では見通しが暗い」[36]と述べながら，「科学的説明」についておおよそ次のような軸を設定し概説している[37]。

一つ目の軸は，「因果的説明」である。内井は，現在有力視されている説明理論の一つとして，ウェスリー・サモンの「因果的説明」を挙げる。これは，「科学的説明」とはある現象や法則を生み出す世界の因果的構造を明らかにすることであると考えるものである。こうした考え方は，19世紀のハーシェルらの議論に既に見られたという。また，フリードマンによる最近の説，「科学的説明」の本質が個々の現象や法則を全体的な世界像の中へ統合することにあると見なす「統合説」も，考え方としてはハーシェルらの中にもあったという。

ところが，20世紀中頃になって，ヘンペルは，研究方法として仮説演繹法を前提としながら，「科学的説明」の焦点を因果関係から確証された法則による演繹という推論の問題へと移し換えた「演繹的-法則的モデル」を提示する。これは，ヒュームによって提起された因果関係に対する疑義の解決を図るためである。ヒュームの提起した問題とは次のようなものである[38]。

> 原因・結果の関係と根拠・帰結の関係とが明確に区別されるようになったのは，少なからずヒュームのおかげであろう。しかし，それとともに新たな問題が生じてきた。おそらく，すべての因果関係は事実的であろう。だが，すべての事実的関係が因果的であるとはかぎらないということも，まった

く確実である。すると，因果関係をその他の関係から区別する特徴として，──経験的であるということの他に──どのような特徴があるのか。こうした問題が生じてくるのである。ヒュームによれば，原因・結果の関係は，類的事象（の実現）の時間的な規則的連鎖である。また，この規則性が未来においても成立するということは，過去の経験に基づく帰納的一般化である。

　因果関係の認識に帰納が含まれるということは，結論に誤りの可能性があるということであり，ヒューム以降，因果関係は科学哲学にとって難問となった。この問題を回避するために提出されたのがヘンペルのモデルだったのである。ヘンペルのモデルに対しては，さまざまな反論が出されるとともに，克服が試みられた。また，自然科学の本質は，因果関係の解明にあるという実感は大きかった。さらに，次に触れる確率論が研究の方法としても認められるようになり，帰納に対するとらえ方も変わってきた。こうして現在では，因果関係を中心に据えた説明理論が受け入れられるようになったのである。

　二つ目の軸は，「統計的説明」である。ヘンペルは，確率・統計的な「説明」に関しても重要な研究を行っていて，統計的法則が含まれる「演繹的－統計的モデル」を提示した。というのも，19世紀以降の科学では，メンデルの遺伝学をはじめ統計を基盤とした「説明」を無視できない。統計的な法則が自然現象のみならず社会現象などにも見られることが見出されると，新たな研究領域や研究方法も拓かれた。ヘンペルのモデルでは扱うことができなかった因果関係についても，サモンらによって，「統計的説明」における説明力の源泉は，被説明事項としてのある事象が高確率に出現することにあるのではなく，統計的な有意性によって示唆される因果的な適切性にあるのだという議論へと進められた。

　三つ目の軸は，「目的論的説明」である。生物学などでは，例えばある器官の機能の進化を「～のために発達してきた」というように目的によって説明することがある。内井によれば，こうした「目的論的説明」を排して，「統計的‐因果的な説明」で置き換えることに貢献したのがダーウィンやウォレスの自然淘汰説だという。内井は，キャンバスに肖像画を描くとい

う例によって，アリストテレスの原因の分類を紹介する。すなわち，1）白いキャンバスが肖像画へ変わったということが「形相因」，2）肖像画を物質的に構成している絵の具が「資料因」，3）キャンバスを肖像画へと変化させた画家の一連の筆の動きが「作用因」，4）人物を半永久的にイメージにとどめるという目的が「目的因」であり，「目的論的説明」とは，目的因を用いて事象の変化の原因を「説明」することであると定義する。その上で，ウォレスの研究の意義について，次のように述べる[39]。

> さて，目的論的説明の解説が長くなったが，前述のウォレス論文の最後から二つ目の段落で彼はキリンの例を取り上げ，自然淘汰の原理と作用因のみに訴えた説明（統計的−因果的説明）を素描している。キリンの首が長いのは，「その祖先型の間で生じた普通より首の長い変種が，そうでない変種に比べて同じ地域で新しいえさの領域を確保したので，最初の食糧不足が訪れたときに，彼らよりも長生きすることができたから」である（Wallace, 1958, 32）。自然淘汰の原理を別にすれば，ここで持ち出されている原因は作用因であることに注意されたい。自然淘汰説では，「餌が多ければ生き延びられる」，「俊足であれば敵から逃げられる」といった作用因に基づく因果関係だけに訴えて，進化の事実が説明できることになる。（中略）

> このように，ウォレスは，自説による説明が物理学における説明と同様，作用因だけに訴えたものであり，ラマルク説による説明よりも優れていることを強調する。しかし，すでに前節で指摘したように，ウォレスの説明は，作用因に加えて自然淘汰の原理という統計的法則を持ち込んでいるのである。「作用因プラス統計的法則」という説明の道具立ては，この時代にはまだ目新しいものであった。（後略）

ここでの因果法則は，他に生き残る可能性はないというような決定論的なものではなく，統計的なものである。

2 「説明」と「理解」

　説明的文章の中には，自然現象ではなく，人間の社会や歴史，あるいは自然と人間の関わりをテーマとしたものも多く見られる。中学校段階について言えば，むしろそうした文章の方が多く，高等学校段階の評論に至ってさらにその傾向は強まる。では，人間科学における「説明」はどのよう

第2章　推論的読みを軸とした説明的文章の読みの学力モデルの構想

にとらえることができるのか。

　「説明」と「理解」という概念は，しばしば自然科学と人間科学の違いを表すものとして用いられる。自然科学は，自然を対象としてその中に見られる因果的な法則性を「説明」し，一方の人間科学は人間によって作り出された精神的世界を対象として意味的な連関性を「理解」するというようにである。しかし，事象の間に因果関係を見出すことは，人間科学の研究の目的ともなる。また，現代では，自然科学と人間科学の方法を必ずしも対立的な関係にあるものとは見なさない。

　ウリクトは，「説明」と「理解」の概念について，両者を学問領域に固有のものとするのではなく，両者がどう関わるのかをとらえようとする。ウリクトは，原因と結果が，同時的に起きる場合，遡及的に起きる場合等を論理的に分析し，因果の概念の拡張を行っている。その上で，「説明」と「理解」の相互の関連について，次のように述べる[40]。

　　　また，理解（解釈）と説明という二つの活動は，独特なしかたで，たがいに結びつき，支え合っていると思われる。このことが，方法論において両者を分離するもうひとつの理由である。ある段階において説明が行われると，その説明によってしばしば，より高い段階での再解釈の道が拓かれる。

　「理解」が「説明」に先行することについても，次のように述べている[41]。

　　　ところで，説明を始めるまえに，説明の対象（被説明項）が，記述されていなければならない。記述というものはすべて，何で「ある」かを明らかにするといえよう。何であるかを把握する作用を，すべて「理解」と呼ぶとすると，理解は，因果的説明と目的論的説明とを問わず，あらゆる説明の前提条件である。

　さらに，都市の発掘における都市崩壊の原因を明らかにするような歴史的研究を例示しながら，ヒューム的な「因果的説明」とヒューム的でない「因果的説明」すなわち歴史的説明との関係について次のように述べている[42]。

　　　したがって，一般化しまた単純化していえば，十分条件を求めるような因果的説明は，歴史や社会の研究と直接的に関連するのではない，といえるだ

89

ろう。（ここで「歴史」というとき，宇宙，地球，種の進化などの「自然史」
は，計算に入れていない。）しかしその種の因果的説明は，間接的には二と
おりのしかたで，歴史的研究と関連している。第一は，被説明項が，それ以
後の人間的事柄に，興味ある「結果」をもたらす場合である。第二は，説明
項が，それ以前の人間的行為や人間的条件の中に，興味ある「原因」を有す
る場合である。そこで，説明項のヒューム的でない原因と，被説明項の
ヒューム的でない結果とを結びつけるということが，しばしば本来の因果
的説明の役目となる。

　ウリクトは，歴史的研究における原因の探究が「ヒューム的な原因」で
はないが正当なものであるとする。また，歴史的説明を「因果的説明」と
呼ぶことも，被説明項と説明項との法則的な結びつきが問題になっている
のではないとした上で認めている。

　説明的文章には，歴史的な事象に「説明」を与える局面が多く登場する。
以上のウリクトによる議論から，こうした局面における説明も，因果的説
明ととらえられることが明らかとなったと考える。

第4項　説明的文章におけるレトリックによる論証——価値の論証——

1　レトリックによる説明・説得

　説明的文章における知識をとらえる上で，もう一つおさえておきたいの
は，レトリックによる論証である。今日レトリックは，人間にとっての世
界認識の基底にあるものとしても見直されているが，ここでは，二つの問
題について考える。一つは，文章の中に登場する専門的知識と一般的な常
識との関係である。もう一つは，価値の論証についてである。

　浅野楢英は，古代ギリシャのレトリックについて論じる中で，レトリッ
クによる説得において用いられる知識について，次のように述べる[43]。

　　　アリストテレスは，『トピカ』で，大衆（多くの人々）を相手に話し合う
　　には，「エンドクサ」（通念）に基づいて言論を展開することが有効だとして
　　います。大衆を相手にした場合，大衆の「ドクサ」（見解・思いなし）を枚
　　挙して，ほかの人たちの意見にではなく，かれら自身の意見に基づいて論ぜ

よ，ということです。

　アリストテレスは，『弁論術』でも，同じようなことを言っています。ある人たち（つまり大衆）に対しては「（専門的）知識に基づく言論」によって教授することはできないので，そういう人たちを説得するためにはむしろ「人々に共通な見解を通じて説得立証（説得するための証拠立て）と言論（弁論）をおこなわなければならない」というのです。

　浅野によれば，一般的な聞き手に対して用いられるのは，「常識」ということになる。もともとは専門的な知識であったものも，大衆に対してわかりやすく伝えられることで新たな常識となり，そういう意味で常識は議論の基盤となるという。説明的文章においても，読み手が日常生活を通して持つ経験や常識は大きな役割を果たしている。特に書き出しの部分は，常識から始められることが多い。説明的文章には，レトリックが欠かせないのである。

　しかし，説明的文章教材における書き手の目的は，読み手に，例えば自然科学的な知識などの専門的知識を紹介することにとどまらず，ある行動へと導くことが付け加わるなど複合的である。例えば，自然や動物において見られた法則性を類似関係によってつなぐことで人間の社会や生活世界に当てはめ，あるべき理想の姿を主張するというのが，その場合に見られる論証のパターンである。説明的文章において，常識だけでなく専門的知識が扱われることについて，どのようにとらえればよいのか。

　浅野は，レトリックとは通念（エンドクサ）を用いて人を説得する術であり，専門的知識を探究した場合それは専門の議論になるとする一方で，常識とレトリックの発展について次のように述べる[44]。

　　レートリケーもディアレクティケーも，その取り扱う事柄に関するエンドクサに基づく『言論の知識』です。そして言論の「知識」であるからには，それを研究する専門家もまた存在することになります。しかしレートリケーもディアレクティケーも，それ自体がその取り扱う事柄に関する専門的知識となることはできません。専門的研究の成果としての知識をエンドクサのかたちで共有することができるだけです。しかしまた，そのエン

ドクサの内容も，専門的知識の発展に応じて，より豊かに，かつ蓋然性の高いものになっていくはずです。レートリケーにもディアレクティケーにも，それについていく努力が求められるのです。

近代において，学習者は「大衆」であると同時に，学校という制度において学問を学ぶ初学者でもある。各教科で学ぶ知識は，初歩的な専門的知識の一部であり，説明的文章を理解する際にも用いられる。説明的文章教材においては，そうした知識を背景としながら，常識を用いた専門的知識の説明がなされ，読み手は言語を媒介として理解を形成する。説明的文章教材は，科学的知識や学問的知識と日常的知識が融合した現代におけるレトリックの新しい姿を示しているととらえることができるであろう。学校教育においてこうした種類の文章を素早く，ときには批判的に理解する能力を育成することは，さまざまな場面において文字言語を媒介として知識が獲得される近代において不可欠なことである。

2　レトリックによる価値的論証

次に，レトリックの論証としての側面を取り上げ，説明的文章において科学的事実の説明から価値の論証への展開がどのように行われるかについて検討したい。

ペレルマンはレトリックについて著した書の「はじめに」において次のように述懐している[45]。

価値についてどう論じたらよいのか。悪よりも善を，不正よりも正義を，独裁よりも民主制を，より良しと判断させる，理性的に承認できる方法が存在するのか。実証主義者の懐疑的な回答に満足できなかった私は，価値判断の論理を自ら追究しようと思い立った。（中略）

私がオルブレクツ＝テュテカ夫人と共同で始めた長い仕事は，われわれにとって啓示といってもよい，思いがけない結論に導いた。それは，価値判断特有の論理学は存在しない，しかし，現在は忘れられ軽蔑されているあの古い学問，すなわち説得説伏術としてのレトリックに，我々が求めるものがすでに展開されている，との発見だった。この発見はジャン・ポーランの評論集『タルブの花』の読書中にひらめいた。彼はこの書の付録に，ダンテ

第2章　推論的読みを軸とした説明的文章の読みの学力モデルの構想

の師であるブルネット・ラチニのレトリック教科書からの抜粋をのせている。われわれはこの抜粋から直ちにアリストテレスのレトリックへ，さらに，レトリックとトピックとのギリシア，ラテンの伝統へと遡った。そしてわれわれが確認したことは，事の優劣，適否，理の有無に関する推論は，形式的に妥当な演繹でも，個別から普遍へ向かう機能でもなく，ある主張への人びとの同意を求めてなされるあらゆる種類の議論そのものだ，ということだった。

　説明的文章が，科学的事実を説明するだけでなく，何らかの「価値」について述べているのなら，それはレトリックによる論証を頼りにしたものであろう。さらに言えば，専門的知識に関する「説明」においても，日常言語による論証は，形式化された記号による論証と違って，自ずとレトリックの側面を持たざるを得ない。このことをペレルマンは次のように指摘する[46]。

　　　議論にはそれに先だって選択がある。それは事実や価値の選択であり，ある述べ方の選択であり，何らかの言語の選択である。これらのいずれを重視するかで力点も変わってくる。用件の選択，叙述と提示様式の選択，価値と重要性の判断，これらの持つ態度決定としての性格は，それらに別の選択，提示，価値判断を対立させることができればできるほど，明瞭になる。主張や事実の提示は一見客観的で公平に見えるが，その意図的性格，あるいははっきりとした意図がないまでも傾向的性格は，対立する側の別の証拠とつきあわせると明らかになってくる。（後略）

　直接的に価値を論じようとしていなくても，読み手に，ある事実を根拠として受け入れさせることが，現にそれが選択されているという現在感を通して価値を受け入れさせることになる。科学的知識の説明におけるそうした選択の一つに，具体例の提示がある。ペレルマンによれば，「具体例は法則のいわば挿画，図解例として働いて，法則が意識の中に鮮やかな現在感を持つようにする」[47]ものとされる。このように説明的文章における科学的説明は，常にレトリック的側面を帯びていることになる。具体例は，先のレートリケーで言えば聴衆にとっての「通念」（常識）とされるものであるが，科学的説明におけるレトリック性という観点からとらえると，科

93

学的知識に対する「生活世界」[48]から引用されたものととらえることができる。学問以前に，読み手を含めた全ての人々が経験し生きられる「生活世界」は，科学が成立する基盤でもある。

3　レトリックによる論証の類型

　では，そうしたレトリックによる論証は，どのような構造を持っているか。生活世界における「通念」は，レトリックによる論証において論拠として重要な役割を果たす。

　アリストテレスは，実にさまざまな論拠の型（トポス）を挙げているが，ここでは，それらを論証の類型としてとらえ直すことが必要であろう。ペレルマンは，現代的な観点から整理している。野内良三によってまとめられた説明とともに示す[49]。

> (1) 準論理学的議論…「非両立性」「同一性」「公平原則」「相互性」「関係推移」「全体と部分」などによる議論。
> (2) 現実在の構造に根拠を持つ議論…「原因」「結果」「目的」「手段」など継起関係，「人物」「権威」など共存関係に基づく議論。
> (3) 実例による議論法，図解例，模範…「例証」「模範」「アナロジー」などによる議論。
> (4) 概念の分割…この議論のみ。

　論拠の型について，先に取り上げたトゥールミンの論証モデルにおいて，推論（reasoning）の主要な分類として，次のものを挙げている[50]。

> アナロジー
> 一般化
> 兆候（sign）
> 原因
> 権威

　野内は，これらはトポスと見なすことができるとするが[51]，類型の仕方を見ようとした場合には少ないとし，むしろペレルマンによる30ほどの類型を評価する。その上で，それらを野内自身の独自の類型を含めて再整理

94

し，下記のように 22 種類のパターンとして示し解説を行っている[52]。ペレルマンによる用語は，独特のものがあり，翻訳からだけでは理解しにくいところがあり，野内による説明の方が一般的にはわかりやすいと言えよう。

(1) 類似性を原理とする議論…「同一性」と「差異性」の中間領域。なんらかの意味で似ている「部分的」同一性が問題になる。
　　①「定義」による議論　　　　　②「公平原則」による議論
　　③「相互性」による議論　　　　④「全体と部分」による議論
　　⑤「より強い理由」による議論　⑥「例証」による議論

(2) 結合性を原則とする議論…現実世界に深く関わり，どれも具体的論拠（事実）に基づいている。(i) 物（事物）にかかわるものと (ii) 人間（人事）に関わるものとに分けられる。因果性の確認が要諦である。
　(i) 物（事象）に関わるもの
　　⑦因果論　　　　　　　　　　⑧目的論
　　⑨実用主義的　　　　　　　　⑩浪費
　　⑪方向性
　(ii) 人間（人事）に関わるもの
　　⑫人物　　　　　　　　　　　⑬人物描写
　　⑭権威

(3) 対立性を原理とする議論…他の二つの議論法に較べてかなり複雑で屈折した様相を呈するが，これは依って立つ原理（隠喩）の本質を反映している。
　　⑮対当　　　　　　　　　　　⑯非両立性
　　⑰排中立　　　　　　　　　　⑱オートファジー
　　⑲逆ねじ法　　　　　　　　　⑳両刀論法
　　㉑喩え　　　　　　　　　　　㉒分離

　学力形成論という立場から見ると，これらの類型を全て記憶させ，そうしたレトリックに関する知識を用いて，分析を行わせるということにはならないため，ここでは，これ以上の検討は行わない。しかし，「科学的説明」が価値の主張につながっていくという説明的文章における大まかな道筋，そして，それがどのように行われているかを批判的に理解する上では，

95

これらの大まかな分類をおさえておくことは有効であろう。その点，トゥールミンによる五つの論拠の型は限定されていて，むしろ評価される。

第4節　推論的読みを軸とした説明的文章の読みの学力モデルの構想

第1項　説明的文章における知識空間の階層性と推論的読み

1　説明的文章における知識空間の階層性

　前節における知識と推論および論証の種類の関係の検討から，説明的文章の理解においては，筆者が説明を行うにあたって想定する知識空間の階層性がうかがわれる（図2-8参照）。

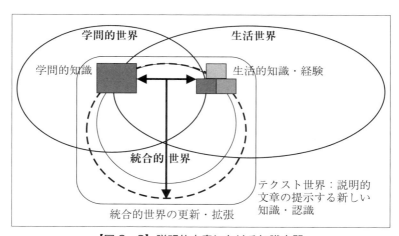

【図2-8】説明的文章における知識空間

　まず，土台となるのは，筆者と読者がともに共通して直接的あるいは可能性として体験可能な生活世界である。次に，因果法則や原理，理論によ

る説明を可能にするのが一般化され抽象化された学問的世界である。さらに，筆者が説明的文章を通して読み手に伝えようとするのは，二つの世界の知識が統合されることでもたらされる統合的世界の実現や更新である。

　ここで，統合的世界の実現は，生活世界が学問的世界に従属することを意味しない。また，学問的世界を構成するのは，自然科学的な知識ばかりではない。社会科学，工学などの制作知も含まれる。

　読み手は，説明的文章の読みの過程において，こうした筆者による説明の対象である学問的世界を背景とした知識と，事例として筆者によって引用される生活世界における知識や読み手自身がこの世界において持つ知識や経験とを関連づけながら，状況モデルを形成し，文章を理解するものと考えられる。

2　中間的な表象としての修辞・論証モデル──論証とレトリックの理解──

　こうした階層的な関係にある説明的文章における知識は，文章において論理的な論証関係やレトリックによる論証関係で結ばれて，言語化されている。それを読み手は，言語の解析を行いながら，表象化するわけであるが，多くの場合生活世界を背景とした知識を論拠とした論証は，暗黙のうちに理解される。トゥールミンによって提示されたような論証モデルや，マイヤーによって提示された修辞的・論理的関係によってとらえられた概念関係は，そうした暗黙の関係を意識的なものにする。では，そのように意識化された修辞的・論理的な表象は，文章理解モデルのどこに位置づくのか。

　ヴァン・ダイクとキンチュは，テキストベースと状況モデルの心的実在性を実験によって実証している。では，論証的モデルや修辞的・論理的関係による表象は，心の中に実在するのか。完全な形で実在することは想定しにくい。次章で見るが，要点を把握し，論証の要素となる命題以外の命題を削除し，また，不足している命題を補うなど，文章全体の論証構造をとらえるのはとても大きな認知的労力を要する。「トゥールミンの論証モデルで言えば，どの命題が根拠で，どの命題が理由づけか？」という問い

97

は，大学生という熟達しているはずの読み手をさえ，しばしば混乱に陥らせる。心の中に表象化されるのは，部分的なものであり，その一部は，読み手自身が描く図やテクスト本文に書き込む線や記号として外在化されることが多いと考えられる。また，そのことが，論証構造の理解を精緻なものにしたり，文章全体に及ぶものにしたりと，読み手を助けるものとも思われる。こうした外在化された表象としての図表が理解に及ぼす効果については，図表を含んだ文章の理解における図表の効果に関する研究が参考になる[53]。

　これまでの検討をふまえ，説明的文章の理解において，読み手が自らの既有知識を用いて，暗黙の部分を補いながら，筆者の科学的説明における正当化の過程や価値的主張にむけての論証をたどる読みを「推論的読み」と定義する。推論的読みは，文章理解モデルに照らしてとらえると次のような過程として記述される。

① テキストベースの命題間を修辞的・論理的関係を補ってつなぐ過程
② 状況モデルにおいて階層的な知識空間を形成する過程
③ 課題状況に合わせて，両者を統合し，修辞・論証モデルを形成する過程
④ 課題状況と環境に合わせて，修辞・論証モデルを外在化する過程
⑤ これらの過程をメタ認知的にモニタリングする過程

　こうした過程によって確かめられ理解される知識は，妥当性の検証をどのように行えばよいのか。文章理解モデルにおいては，メタ認知もしくはモニタリングの働きに位置づけられようが，教室においては，他者との協同的な過程が加わる。他の学習者との相互交渉の中でこうした理解が確かめられる。このことは，読みの学力の形成においてどのような意味を持つのか。知識の正当化が筆者の推論によってもたらされるとすると，文章において筆者によって提示される知識は，それ以上遡らなくてもよいようにも思われる。教室において確認されるのは，筆者の認識が正確にとらえられたかどうかということなのか。これらのことについては，真なる知識に対する考え方（知識観）によって，こうした読み手個人の過程と，集団で

の過程をどのように位置づけるかということが異なってくるように思われる。次項で検討する。

第2項　国語科授業における推論的読みの協同性

1　社会構成主義的知識観と授業における協同的過程

　真なる知識の成立に対する考え方には，いくつかの立場がある。島崎隆は，次のように整理している[54]。

　（1）真理対応説または真理適合説。これは存在するものを存在しないといい，または存在しないものを存在するというのは偽であり，存在するものを存在するといい，または存在しないものを存在しないというのは真である，というアリストテレスの定式に由来する。要するに，意識が対象に正確に合致し適合すれば真である。中世風にいえば，「知性と事物の適合（adaequatio intellectus et rei）」が真である。

　（2）真理の意味論的定義。ポーランドの数学的論理学者Ａ・タルスキーによって正確に定義された。タルスキーはアリストテレスの心理概念の再定式化を試みたのであって，言語分析と意味論の観点からこれを行った。たとえば，次のごとくである。〔例は略：稿者〕

　（3）真理整合説。数学，数学的論理学などの形式的体系の構築に強い関心を寄せた論理実証主義によって提唱された。或る命題の真理性は，それの属する体系の別の命題と矛盾なく両立するときに確証される。ここでは，真理は現実的対象と関わることなしに，体系の無矛盾性との関連でのみ主張されることになる。

　（4）プラグマティズムの真理観。真理はここでは何らかの実践的色彩を帯びる。Ｋ・ローレンツによれば，Ch・Ｓ・パースによって，或る言明または判断に関するすべての研究者の合意が真理を決定する。さらに周知のように，Ｗ・ジェームズにとっては，言明の有用性（役に立つこと）が真理を真理たらしめる。現代では，真理合意説は単純にプラグマティズムの枠にはいらない広がりをもち，ローレンツェンらのエアランゲン学派，ハーバマス，アーペルらのフランクフルト学派によって明確に主張され，またペレルマン，レッシャーら，対話・レトリック哲学に属する論者によっても暗黙の前提にされている。

島崎は，対話・レトリックを探究する立場から四つ目の真理合意説を支持し，対話とレトリックが真理の合意のみならず，探究においても重要な役割を果たすとする[55]。

　　真理合意説は最初プラグマティズムによって唱えられた。ここでは真理は準理論的要素をもつのでなくて，一定の実践性や社会性によって測定される。Ⅳの第四節で述べるように，ローレンツェンもまたプラグマティズムに近似した操作主義の立場から真理合意説に接近した。操作主義的にみると，真理は天下り的に与えられるのでなくて，或る認識の審議を確証するためにそこに関与している人々によって用いられた一連の手続きこそが心理概念そのものと同一視される。ここでは，対話の状況，話者と聴者などが必然的に関与する。真理の形成および伝達（＝社会的確立）はつねに間主体的である。ケラーが指摘したように，真理合意説はすぐれて「社会的次元」の中で成立する。（中略）

　　真理合意説の積極性は明らかである。それは真実や真理を獲得し，それに社会的承認を与える現場としての対話や議論を重視することによって，民主主義の基礎をなす対話能力の形成と密接に関わる。もし真理が議論を回避する権威やドグマになってしまえば，それは再び議論の俎上に乗せられる必要がある――真理合意説はまさにそのことを要請する。そこではタブーは存在しえない。

　ここで島田は，真理の承認における議論の重要性を指摘する。議論のプロセスが十分であることが，真理が真理であることを保証する。ただし，その場合の議論とは，理想的な能力を有した参加者同士によるものである。専門家のようにこうした議論に直接参加する資格や機会，理想的な能力を有していない一般の市民である「素人」にとってはどうなのか。専門家から提供される情報を受け入れるしかないのか。

　認識論において知識とは何かを問うてきた戸田山は，認識論が個人の信念の中にとどまるべきではなく，新しい認識論は，社会的ファクターを科学の認知上の本質的構成要素と見なすべきだとする[56]。では，専門家と素人の関係はどうか。「認識論的依存」の関係に甘んじるしかないのか。そうではない。まず，学会や出版，図書館といった知識の正当性を確かめるための手続き的なシステムがあり，そうしたシステムが適切に構築され，活

第2章　推論的読みを軸とした説明的文章の読みの学力モデルの構想

用されることが一般の人々にとっての知識の正当性を社会的に保証している。

　では，知識を得るために説明的文章をふと手にする次元ではどうか。また，国語科の教室という間接的に知識を得ることを学習する場においてはどうか。

　知識の社会性に関する考え方を積極的に進めているのは，知識社会学の分野である。ケネス・J・ガーゲンは，知識の社会構成主義の立場から新しい科学的知識の産出について，ラトゥールによる研究を紹介する形で次のように述べる[57]。

　　　では，混沌の中から科学的事実がいかにして生まれるのでしょうか。それは精巧な「徴用（conscription）」のプロセスを通してです。科学者がいくら「真理の卵」を主張しても，言説だけでは説得力をもちません。ある言説を批判したり，問題点を指摘したり，そもそもの前提を否定したり，主張の根底にある動機を攻撃したりする方法は無限にあります。それと同時に，その言説を支持したり，賞賛したり，評価したりする方法も無限にあります。科学者にとって大事なのは，いかに支持者を集め，反対者を減らすかということです。そこで，科学者は，自分の主張を守ってくれるものを徴用しなければなりません。その可能性は，ラトゥールのいうようにたくさんあります。例えば「喫煙はガンの原因である」という「事実」について考えてみましょう。これを事実にするために，科学者は少なくても次の四つの領域から徴用を行う必要があるはずです。

　認識論が，対象を知識として認識する過程を問題とするのに対し，知識社会学的な立場からここで問題とされるのは，対象の認識そのものというより，それが承認されていく社会的なプロセスである。ガーゲンの挙げる徴用の四つの領域とは，「味方（協力者）」「既存のテキスト」「レトリック（修辞的な工夫）」「「記録」の工夫」である。このうちレトリックについては，次のように述べられる[58]。

　　　科学的な記述に，特定のスタイルや工夫を用いることによって，その記述の「真理を語る能力」を高めることが可能になります。例えば数値を盛りこむことによって，「正確である」「細かいところまで注意が払われている」と

101

いう印象を読者に与え，自分の論点が依拠する明確な違いを示すことができます。図やグラフの使用は，単に数値を表現するだけにとどまらず，読者に「現象を自分の目で見ている」という意識を与えることになります。科学者は読者に向かって，「自分の言葉をうのみにする必要はありません。ほら，自分の目で確かめてごらんなさい」といっているのです。もちろん実際には，読者は現象そのものを目にしているわけではなく，グラフという形をとった科学者の言葉を信じているのです。

ここで指摘されているのは，論証としてのレトリックについてではない。特定のフィギュール（文彩）としてのレトリックについてでもない。ことばやデータなど記号の使われ方が読者の説得において持つ効果が指摘されている。説明的文章の読みにおける知識の正当性の判断には，こうした側面からの吟味も必要である。

　知識の生成や獲得という点から見て，教室という協同的な空間は，学習者と教師にとってどのような場所か。岡田敬司は，真理合意説と教室という知識空間との関係について，討論と発達という観点から次のように述べている[59]。

　　真理は自力では到達できない形で，もっぱら他者の語りの中に存在する。他者の語りの中で，真理は実在と対応しているはずだと信じる。これが真理対応説の真理観の下にあるこの時期の子どもの考え方である。（中略）
　　これに対して，真理合意説型の真理観は思春期以降の自律的，批判的思考様式と親和性を持つ。そして，この時期のコミュニケーションは討論型を多用すべきだというのがわれわれの考えである。この場合も，討論型コミュニケーションが原因となって自律的，批判的思考を，そして真理合意説型真理観を産出するのか，あるいは逆に，成熟によってそうした思考様式が出現し，それが討論型コミュニケーションを可能にするのか，の問題が出てくる。二者択一はこの場合も無意味である。ある思考様式とそれに対応したコミュニケーション様式は，互いに支え合いながら発展していくのである。見分け，コト分けの視点からすれば，この自律的，批判的思考というのは，生活世界の言分け構造化を基本的に完了した子ども（青年）のものだと言えよう。世界の言分け構造化はさらに先へと進行していくのだが，生活

世界の言分け構造化の完了で，子ども（青年）はひとまず文化人となったのである。

　岡田によれば，発達段階に応じて，教室において学習者が知識を獲得することに対して教師が果たす役割が変化するという。中学校段階においては，特に学習者自身が討論によって合意を形成しつつ知識を受け入れることが重要とされる。当然その準備段階として小学校においても必要であるが，教師が知識を伝達することの意味もとらえ直される。

　こうした考え方は，説明的文章の文体や形式の把握とも対応する。すなわち，小学校段階の高学年において，探究型の説明的文章が増えることと，学習者の真理観が合意説型に向かうこととは対応関係にあるのである。とするならば，授業における読むことの学習指導もそのような知識観に対応した指導過程を取るべきである。そこでの「合意」の過程は，二重の意味を持つ。一つは，説明的文章の中での筆者による論証過程に対する読み手の合意を協同で検証する過程である。もう一つは，読み手のテクストの意味の解釈，推論的読みの妥当性について，協同で検証する過程である。

2　推論的読みと批判的読み

　改めて前節で整理してとらえた橋渡し推論と精緻化推論という二つの推論の働きから，説明的文章の論証の理解過程において読み手の行う推論について考えてみたい。トゥールミンによる規範的な論証モデルから見ると，説明的文章の論証には，明示的に示された要素と示されていない要素とがある。前者については，明示された文や段落を論証的な関係にあるものと認証し，そうした関係で結んでやればよい。これは橋渡し推論による論証理解である。一方，後者については，論証のうちどの要素が欠落しているかを特定した上で，欠落している要素としてふさわしい命題を補うことになる。これは精緻化推論による論証の理解である。国語科授業においては，前者の理解段階から後者の段階へと進むことが授業過程の展開としてとらえられる。

　また，甲田は，キンチュが推論を整理するにあたって設定した二つの軸，

「自動的処理」と「統制された処理」について，次のように述べる [60]。

> 自動的というのは特別な読み方でなくても文章の理解として自然に生じる
> ということで，操作した処理というのは「あえて推論するならば」というこ
> とです。（中略）自動的処理のほうが文章の理解に不可欠であり，ある意味
> 文章それ自体に「書いてあること」の理解といえます。一方，統制された処
> 理は何らかの条件を加えることによって生じるものです。

　今度は上の二つの軸で論証の理解過程をとらえてみよう。明示的で単純
な論証であれば，「だから」といった標示的表現を手がかりにして，自動的
な処理のうちに論証関係を把握することが可能であろう。また，身近な内
容や事象であれば，暗黙のうちに理由や主張が補われることもある [61]。一
方，たとえ明示的な情報であっても，文や段落の結束性や整合性を何らか
の論証モデルに当てはめてとらえようとすれば，読み手は十分な動機を持
ち，相当な時間と労力を費やさねば処理には至らない。欠落する論証の要
素を補う場合も同様である。論証モデルを論証理解の手がかりとして推論
を行う場合は，統制された処理となると考えられる。これを授業における
指導過程に置き換えると，論証理解の自動的な処理は初読時の個人の読み
において行われ，統制された処理は，再読時の教師や他の学習者との協同
的な読みにおいて行われると言える。

　こうした過程は，「批判的読み」や「クリティカル・リーディング」とし
てとらえられる過程であるが，批判的読みについては，早くに提唱されな
がら学校現場では依然として浸透しにくいという実践史的現状がある。学
習者に批判的な態度に終始してほしくないというのが教師の抱く率直な感
覚である。こうした感覚は，米国の大学教育におけるクリティカル・シン
キング教育に関する議論の中にも見られるようである。岩崎豪人は次のよ
うに述べる [62]。

> 　非形式論理学では，日常的な議論を扱うため，形式論理学のような基礎か
> ら一歩一歩積み上げていくという手法はとれない。現実の複雑な議論を分
> 析する典型的な方法の一つが，陥りやすい過ちを見つけ，分類していくこと
> である。このような方法は伝統的に誤謬論と呼ばれてきた。よくある過ち

第 2 章　推論的読みを軸とした説明的文章の読みの学力モデルの構想

を識別し，避ける方法を教えることは，非形式論理学やクリティカル・シンキングの手法として代表的方法であると思われる。しかし，誤謬論的アプローチには批判もある。

まず，Hitchcock[63] は誤謬論的なアプローチをクリティカル・シンキングのコースの進め方として採用しない方がよいと言う。それは次の理由からである。

　1　ある議論のタイプを使うのがいつ正当で，いつ正当でないかを決めることは難しい。
　2　誤謬の研究に主として基礎を置くようなクリティカル・シンキングのトレーニングは，学生を過度に批判的な態度を育み，よい議論も誤謬と判断させてしまう。
　3　誤謬をよく知ることは，議論を構成することを教える際にはほとんど役に立たない。

そこで，Hitchcock は，悪い推論の種類の特徴を教える誤謬論的なアプローチよりも，よい推論の基準を教えることに時間をかけるべきである，と言う。

説明的文章教材には，「推論のよい基準」が示されることも期待されるが，現実の教材は必ずしもそうではなく，日常言語の特徴を反映し暗黙性や欠落を多分に含む。そうした教材に対していわゆる「批判的読み」にとどまらない読みの観点は設定できないものだろうか。

道田泰司は，「批判的思考」に関する一連の検討の中で，その本質が文字通りの「批判」にあるとする[64]。しかし一方で，「強い意味の批判的思考」あるいは「soft heart」という概念を提示しながら，批判的思考における「好意の原則」「共感的理解」の重要性を次のように述べている[65]。

　　したがって，批判的思考を行うためには，「好意に基づく理解」，つまり，相手を正しいとみなし，相手の言うことをつじつまが合うように解釈しなければならないのである。「共感的理解」とも言うことができる。それは結局，相手を批判する前に自分の理解自体を批判の対象にする，ということである。

これを説明的文章の論証の理解に引きつけてとらえれば，暗黙性を含めて推論的読みを通して文章を理解するということになるのではないか。次

105

章では，こうした側面から説明的文章教材の論証構造および学習者による推論的読みを分析することにする。

3 読みの授業における協同的過程と仮説的推論

　では，読み手による理由づけの推論的読みは，どのような認知的過程によって生成され，検証されるのか。それは，「仮説的推論（アブダクション）」として特徴づけられる推論の過程であると考えられる。佐藤佐敏は，これを文学作品を事例とした文章の解釈および授業論に援用しているが[66]，本研究では，説明的文章の論証理解の過程を説明する枠組みとしてとらえ直したい。

　仮説的推論は，パース（Peirce, C. S.）が演繹的推論，帰納的推論の他に重要な科学的な推論の方法として唱えたもので，次のような推論形式をとる[67]。

　　驚くべき事実Ｃが観察される。
　　しかしもしＨが真であれば，Ｃは当然の事柄であろう。
　　よって，Ｈが真であると考えるべき理由がある。

　説明的文章の読みにおける仮説的推論は，書き手と読み手の二つの相において想定される。まず書き手は「驚くべき事実」として事実や具体例を発見し，それをもとに主張を述べる。しかし，多くの場合言語的な記述としては「理論的説明」が十分明示化されていない。それを補うのが，読み手による推論である。読み手は，事例と主張を表層的に受け取ることも可能であるが，より確証を抱いて理解するためには，事例を説明する「理論的説明」を本文全体を参照して再構成する必要がある。この解釈は，読み手が文章を理解するにあたって形成する仮説（解釈仮説）である。

　ところで，米盛裕二は，仮説的推論における仮説の形成過程について次のように述べる[68]。

　　いいかえると，パースはアブダクションによる仮説形成は二つの段階を踏まえて行われると考えているのです。つまりアブダクションは最初にいろいろな仮説を思いつく示唆的（洞察的）段階とそれらの仮説について検討

し，そのなかからもっとも正しいと思われる仮説を選ぶ（あるいは，それらの仮説の他にもっと適切な仮説がないかどうかを考える）熟考的な推論の段階からなっています。

これまで見たように，読み手は，読みの過程において様々な推論を行うが，同時に「現実には読み手は怠惰で最小限の推論しか行いません」[69] とも指摘される。すなわち，解釈仮説はいくつも立てられるわけではなく，ともすれば一つも立てられず，字面の理解に終わってしまうこともある。とすれば，国語科授業において，パースの言う仮説的推論の段階的な過程が十分に成立する，熟考的な推論が成立しやすいのは，協同的な過程（話し合い）を通してではないだろうか[70]。

第3項　推論的読みを軸とした
説明的文章の読みの学力モデルの構想

これまでの議論をふまえ，国語科授業における説明的文章の推論的読みを分析するための形成論的な学力モデルを構想した（図2-9参照）。本学力モデルは，ヴァン・ダイクとキンチュによる文章理解モデルを基本的な枠組みとし，前項までの知識と推論・論証に関する検討の成果を組み込んだものである。本モデルは，大きくは，読み手である学習者の外側の学習環境と，内側の理解過程とに分かれる。各要素・過程の概要は，次の通りである。

〈学習環境〉

　Ａテクスト…学習の対象となる説明的文章。文字情報と図表などからなる。筆者に関する情報も含まれる。

　Ｂ読みの表出…学習者が文章を読んで表出した文字または音声による文章の意味の解釈や自分の考え。板書に，文字や図で表されることもある。

　Ｃ課題状況…授業過程において，教師によって与えられる発問や学習課題。学習者が発した問いも相当する。また，解釈や回答を行う際の条件も含む。

107

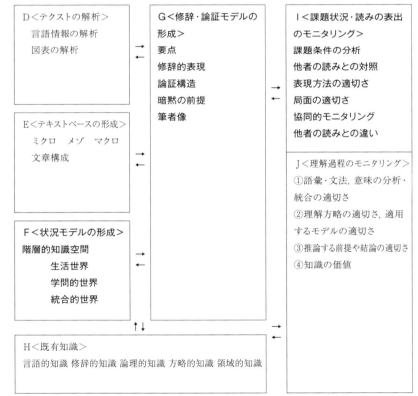

※ 強調文字は新たに組み込んだ過程を示す。

【図2-9】推論的読みを軸とした説明的文章の読みの学力モデル

第2章　推論的読みを軸とした説明的文章の読みの学力モデルの構想

〈理解過程〉

　　Ｄテクストの解析…文章の言語情報を文字や単語，文として解析する。
　　　図表を読み解く。

　　Ｅテキストベースの形成…文の意味，段落の要点をとらえ，文章構成を
　　　把握する。

　　Ｆ状況モデルの形成…文の意味に，細部を補い，説明対象の心的イメー
　　　ジを形成する。形成された心的イメージを階層的知識空間（生活世
　　　界，学問的世界，統合的世界）に振り分け，意味・知識を整理する。

　　Ｇ修辞・論証モデルの形成…課題状況に応じて，テキストベースと，状
　　　況モデルにおける各知識空間にある知識のイメージを関連づけなが
　　　ら，命題同士を修辞的・論理的関係で結び，必要な前提となる命題
　　　や知識を生成して補い，修辞・論証モデルを形成する。筆者情報と
　　　本文に表現される筆者の記述から，筆者像を形成する。必要に応じ
　　　て，読みを表出し，明示化する。

　　Ｈ既有知識…Ｄ～Ｇ，Ｉ・Ｊの過程で必要な知識や信念を長期記憶から
　　　想起する。

　　Ｉ課題状況・読みの表出のモニタリング…課題状況を解釈し，理解過程
　　　が課題に沿ったものになるようにコントロールする。また，課題条
　　　件に合わせて，形成された表象を表出する。他の学習者が表出した
　　　読みと自己の読みとの違いや適切さを評価する。

　　Ｊ理解過程のモニタリング…次のことをモニターする。①語彙・文法・
　　　文章構成の知識に照らして，適切にテクスト分析が行われている
　　　か。②どのような理解方略を適用するか。③明示的な言語情報と推
　　　論との関係は適切か。④形成された知識はどのような価値がある
　　　か。目的に適合しているか。

　なお，形成論的な国語学力モデルととらえられるものに，言語活動の全
領域を対象とした難波博孝・牧戸章による「言語活動の心内プロセスモデ
ル」[71] がある。本研究における学力モデルは，次のような点に違いがある
と考えられる。

109

- ・国語学力全般ではなく，説明的文章の読みという個別領域的な学力モデルである。
- ・線条的なプロセスをとらえるものではなく，再帰的な過程をとらえるものである。
- ・説明的文章の理解を内的な表象と表出された読みとの両面からとらえている。
- ・客観的なモデルとして定立するものではなく，読みの事象の分析，還元を繰り返すことで，拡張し，教師自身のものとなることを意図している。

注

1) プラトン（田中美知太郎訳）『テアテイトス』岩波文庫，1996 年
2) 蔵田伸雄「信と知」『知識／情報の哲学』岩波講座哲学 4，岩波書店，2008 年，p.232
3) 戸田山和久『知識の哲学』産業図書，2002 年，p.24
4) 例えば市川孝『学校教育のための文章論概説』教育出版，1978 年
5) 寺井正憲「自然科学的な説明的文章における文章構成モデル——問いに対する解決過程としての説明・探求の論理に着目して——」『人文科教育研究』第 14 集，1987 年，p.85
6) 綿井雅康・岸学「児童における文章構造の知識について（1）——児童が保持している説明文構造の検討——」『日本教育心理学会第 29 回総会発表論文集』1987 年，p.124
7) 岸学・綿井雅康・谷口淳一「説明的文章の構造とその理解について——小学校国語教科書の分析に基づく検討——」『東京学芸大学紀要』第 1 部門，第 40 号，1989 年，p.80
8) 鈴木美佐子『論理的思考の技法Ⅱ』法学書院，2008 年，p.5
9) van Dijk, M. E.（1987). Episodic models in discouse processing, In R. Horowitz, and S. J. Samuels（Eds.）*Comprehending oral and written language.* New York: Academic Press, pp.161-196
10) 秋田喜代美「文章理解」内田伸子編『新・児童心理学講座 6　言語機能の発達』金子書房，1990 年，p.115 から引用。（同上論文には，p.184 に掲載）
11) van Dijk 同注 9 論文，p.184
12) van Dijk 同上論文，pp.164-165
13) van Dijk 同上論文，pp.179-181
14) ジョンソン＝レアード（ＡＩＵＥＯ訳）『メンタルモデル』産業図書，1988 年，pp.290-291
15) van Dijk 同注 9 論文，p.168
16) Meyer, B. J. F.（1984). Text dimensions and cognitive processing. In H. Mandl, L. S. Stein, & T. Trabasso（Eds.), *Learning and comprehension of text.* Hillsdale, NJ:

Lawrence Erlbaum Associates. pp.3-51 他，以下の注に掲げた論文。

17）Meyer, B. J. F.（1985）．Prose analysis: Purposes, procedures, and problems. In B. K. Britton, & J. B. Balack（Eds.），*Understanding expository text*. Hillsdale, NJ: Lawrence Erlbaum Associates, p.17

18）Meyer, B. J. F.（1985）．Prose analysis: Purposes, procedures, and problems（Part 2）．In B. K. Britton, & J. B. Balack（Eds.），*Understanding expository text*. Hillsdale, NJ: Lawrence Erlbaum Associates. pp.270-277

19）Meyer 同注 16 論文，pp.8-13

20）Meyer 同上論文，pp.10-11

21）甲田直美『文章を理解するとは』スリーエーネットワーク，2009 年，pp.62-63

22）Alexander P. A., Schallert D. L. & Hare V. C.（1991）．Coming to terms: How researchers in learning and literacy talk about knowledge. *Review of Educational Research*, Vol.61, 3, pp.315-343

23）山鳥重『「わかる」とはどういうことか』筑摩書房，2002 年

24）野内良三『レトリック入門』世界思想社，2002 年，p.140

25）Toulmin, S.（1958）．*The Use of Argument*, Cambridge: Cambridge University Press, p.97。右の図は野内同上書の 139 頁より転載した。

26）野矢茂樹『論理トレーニング』産業図書，1997 年，p.41

27）野矢同上書，pp.42-44

28）野矢同上書，pp.43-44。なお，2006 年刊の新版ではこれらの区別はなされているが，用語は提示されていない。

29）野矢同上書，pp.43-44

30）野矢同上書，p.54。新版では「価値認識」とされる。

31）同書新版，p.62

32）野内同注 24 書，p.139

33）中村敦雄『日常言語の論理とレトリック』（教育出版センター，1993 年）における議論を参考にしている。

34）西山佑二「発話解釈と認知：関連性理論について」石崎俊他編『認知科学ハンドブック』共立出版，1992 年，p.467

35）内井惣七『科学哲学入門』世界思想社，1995 年，pp.85-122

36）内井同上書，p.120

37）内井同上書における内井の概説を集約した。

38）G. H. ウリクト（丸山高司・木岡伸夫訳）『説明と理解』産業図書，1984 年

39）内井同注 34 書，p.119

40）ウリクト同注 38 書，p.176

41）ウリクト同上書，p.177

42）ウリクト同上書，p.179

43）浅野楢英『論証のレトリック』講談社，1996 年，p.22

44）浅野同上書，p.201

45）ペレルマン（三輪正訳）『説得の論理学』理想社，1980 年，pp.12-13

46）ペレルマン同上書，p.83

47) ペレルマン同上書，p.160

48) フッサール『ヨーロッパ諸学の危機と超越論的現象学』中央公論新社，1995 年

49) ペレルマン同注 45 書，pp.7-8 の目次の項目に，野内同注 24 書，p.173 における説明を加えて示した。

50) Toulmin, S., Rieke, R., & Janik, A. (1978). "An Introduction to Reasoning." においては，レトリック的な論証を含んでいる。

51) 野内同注 24 書，pp.173-174

52) 野内同上書，第 7 章，pp.176-251

53) 岩槻恵子『知識獲得としての文章理解：読解過程における図の役割』風間書房，2003 年

54) 島崎隆『増補新版　対話の哲学』こうち書房，1993 年，p.162

55) 島崎同上書，pp.164-165

56) 戸田山同注 3 書，第 7 章，pp.217-238

57) ケネス・J・ガーゲン（東村知子訳）『あなたへの社会構成主義』ナカニシヤ出版，2004 年，p.83

58) ガーゲン同上書，p.84

59) 岡田敬司『コミュニケーションと人間形成——かかわりの教育学Ⅱ——』ミネルヴァ書房，1998 年

60) 甲田同注 21 書，p.69。原典は以下のもの。Kintsch, W. (1998). *Comprehension: A Paradigm for Cognition*. Cambridge: Cambridge University Press.

61) 拙稿「説明的文章の読みの学力における暗黙の推論の位置」『国語科教育』第 45 集，1998 年，pp. 左 51-60

62) 岩崎豪人「クリティカル・シンキングのめざすもの」京都大学文学部哲学研究室『PROSPECTUS』第 5 号，2002 年，p.21

63) 原著論文は，次のもの。David Hitchcock (1995). Do the fallacies have a place in the teaching of reasoning skills / critical thinking? In H. V. Hansen, & R. C. Pinto (Eds.), *Fallacies classical and contemporary readings*. Pennsylvania State University.

64) 道田泰司「強い意味の批判的思考に関する覚書」『琉球大学教育学部紀要』第 66 集，pp.75-91 他

65) 道田泰司「批判的思考における soft heart の重要性」『琉球大学教育学部紀要』第 60 集，p.162

66) 佐藤佐敏「解釈におけるアブダクションの働き—— C. S. Peirce の認識論に基づく「読みの授業論」の構築——」『国語科教育』第 67 集，2009 年，pp.27-34

67) 米盛裕二『アブダクション』勁草書房，2007 年，p.54

68) 米盛同上書，p.50

69) 甲田同注 21 書，p.60

70) 拙稿「説明的文章の読みにおける論証理解の協同性」（『国語教育研究』第 51 号，2009 年，pp.56-65）において，論証の批判的読みを目的とした協同的過程について事例的な考察を行っている。

71) 難波博孝・牧戸章「「言語活動の心内プロセスモデル」の検討——国語学力形成の科学的根拠の追求——」『国語科教育』第 44 集，1997 年，pp.59-66

第3章　推論的読みを観点とした
中学校説明的文章教材の文章構造の分析

第1節　中学校説明的文章教材の文章構造の分析の観点

　第2章では，説明的文章が表象として読み手の内面に形成される過程を
ひとまず理解ととらえた。そして，説明的文章の表象は，文章の形式的な
構造をある程度反映したテキストベースと，読み手の推論の働きによって
知識と結びついてイメージとして形成される状況モデルという性質の異な
る二種類の表象に加え，国語科授業においては，口頭や文字や図として表
出しながら，テキストベースにおける命題間の修辞的あるいは論理的な関
係をより明示化したり，状況モデルにおいて必要な前提を補ったりして第
三の表象，修辞・論証モデルが形成されることを説明的文章の読みの学力
モデルとして示した。

　本章では，こうした学力モデルを用いて，中学校段階における具体的な
説明的文章教材がどのような構造を持つのかを分析することで，読み手に
おいてどのような修辞・論証モデルが形成されるかを想定する。

　文章構造には，文字，語，文，文章という単位での構造があるが，本研
究において特に問題となるのは，文章単位での構造をどのようにとらえる
かということである。テクストを対象とした言語学では，文章単位での構
造について，結束性と整合性という二つの階層でとらえる[1]。結束性とは，
指示表現や代用表現，接続表現など何らかの言語形式による談話のつなが
りを指す。一方，整合性は，常識や推論，連想や情報配置など，非言語的
要素を含めた談話の意味的なつながりを指し，さまざまな概念が提唱され
ているという[2]。

　こうしたことをふまえると，教材の分析にあたって，いくつかの観点が
設定される。

113

一つは，説明的文章教材における言語形式的な構造に沿った文章構造の分析である。テキストベースよりの修辞・論証モデルの分析と言える。命題間を修辞的・論理的関係で結ぶことで，文章全体の整合性を分析するものである。文章理解における読み手の推論の種類で言えば，橋渡し推論が軸となる。そうした文章構造の把握において，何が表象形成の手がかりとなるかについて考察したい。

　二つ目に，修辞的・論理的関係の中でも，特に筆者における推論と読み手における推論の関係に注目した分析である。これは，結束性の分析と整合性の分析の両面からの分析になると思われる。現実の説明的文章教材では，暗黙の前提も多く，それらを補うためには，状況モデルの形成による精緻化推論が大きな役割を果たすであろう。また，そうした推論において何が手がかりになるのかも重要な観点である。

　三つ目は，学習段階や学年段階，発達段階などによって教材の文章構造がどのように異なるかを問題とする場合がある。中学校段階において発達段階や説明的文章教材の系統性を明確に論じることは難しいが，重要な課題となる。

第2節　中学校説明的文章教材の文章構造の分析

第1項　中学校説明的文章教材の整合性の分析
——「自然のシステムに学ぶ」（中3）を事例として——

1　分析の目的と方法

目的　前章では，マイヤーの説明的文章の文章構造の分析方法と，文章構造に沿った説明的文章の読みの過程のモデルを把握したが，実際の説明的文章の文章構造に沿った読みの過程において，どのように文章構造はとらえられるか。本項では，マイヤーの文章構造の分析方法と読みの過程のモデルを用いて，中学校の教科書に採録された説明的文章を取り上げ，その

文章構造に沿った読みの過程を分析する。

対象　対象とする教材は，宮脇昭稿「自然のシステムに学ぶ」（『国語3』学校図書，1992年文部省検定済み）である。

分析の方法　第2章第2節で検討したマイヤーの方法に基づいて分析を行うことにした。用いたのは，一つには，修辞的・論理的関係を表す次の五つの概念である。詳細な概念は用いなかった。

> 集合…いかに概念および出来事が，ある共有を基盤としたグループに一緒に関連づけられているかを示す関係。
> 因果関係…先行する概念（すなわち原因となっている概念）と後のもの（すなわち結果となっている概念）との間の因果関係を示す関係。
> 呼応…問題と解決は，問題が解決に先行しているという点で因果関係に似ている。しかし，話題内容には，問題と解決の間に何らかの重なりがなければならない。つまり，少なくとも解決のある部分は問題のある相と一致していなければならない。
> 比較…二つ以上の話題の間の違いと共通点を示す。
> 説明…属性や細部，習慣，事件の場所・日時を述べることによって話題についてのより多くの情報を与える。

　もう一つは，文章構造把握の手がかりとなる合図句（signaling）という考え方である。マイヤーは，例えば，「対象的に」（比較）や「注目すべき年である1985年には」（集合：時間的順序）といった文章中にある合図となる言語的表現によって，文章構造における修辞的・論理的関係が直接的，間接的に示唆され，読み手が文章構造を把握するとしている。日本語による説明的文章において，どのような表現が合図句となって，修辞的・論理的関係がとらえられるかについて，考察を行いたい。

2　文章構造の分析

(1) トップレベル構造の分析

　分析の結果，「自然のシステムに学ぶ」の文章構造は，図3−1のようにとらえられた。以下にこうした文章構造がとらえられる過程をトップレベル構造，マクロ構造の順に示す。

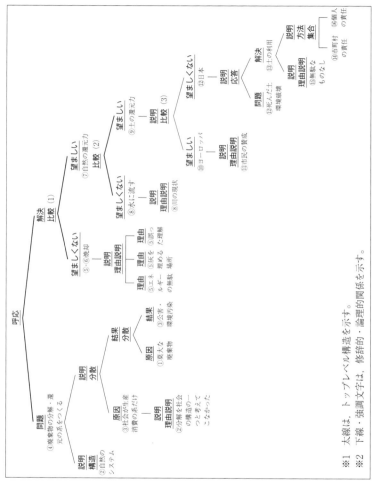

【図3-1】「自然のシステムに学ぶ」の文章構造

　この文章のトップレベル構造（全体構造）は，問題－解決と比較が組み合わさったものである。まず，問題－解決の関係をとらえる過程を分析する。

　問題－解決は，①段落が，問題となるほどの廃棄物が出されていることを内容としていることから示唆されている。ここでは，例えば「問題」と

いった語などの直接的な合図句はないが，「莫大な量」「……てしまうほどの量である」といった廃棄物の量の多さを強調した表現から，この事実が社会において問題となっていることを推測することができ，その推測が文章全体の問題－解決の構造を予想させる。

しかし，全体構造を決定的に示すのは，④段落の次の問いである。

では，わたしたちはただ捨てるのではなく，自然に学び，分解・還元の系をどのようなシステムとしてつくり出していったらよいのだろうか。

この構文（疑問文）は，問題－解決という関係を示す合図句となっており，ここで読み手は，問題－解決という全体構造をほぼ確信する。

問題に対する解決は，いくつかの比較を経由している（この部分の教材本文は掲載していないが，過程のみを記す）。まず，⑤・⑥段落の焼却と⑦段落の自然の還元力の比較である。この部分では，直接的に比較の構造を示す合図句はない。ここでは，次のような否定的，あるいは，肯定的な強調表現や語彙が意味的な対立をなしており，それを手がかりに比較の構造を認識する。

〈否定的表現〉

⑤**困難なものを**

わざわざ

すら

もまた，いろいろと**問題**となっている

問題がある。

⑥**実はそうではない**

むだ

危険な方法だからである。

〈肯定的表現〉

⑦**こそは**

最も間違いのない方法ではないだろうか

⑦段落は，自然の還元力という一般的な解決の方法のよさを述べているが，この解決方法は，さらに「水の還元力」と「土の還元力」という二つの機能が比較されて説明が行われる。

117

解決の部分のうち，最終的な結論を述べているのは，説明−比較（3）の箇所である。この部分では，まず，土の還元力を利用する廃棄物の処理の見本となる方法として⑩・⑪段落でヨーロッパの例を挙げる。⑩・⑪段落では，次のような肯定的な意味を持つ表現がヨーロッパが見本となる望ましい例であることを示唆する合図句となっている。

　　　⑩役立てようとしている
　　　　積極的に
　　　　みごとな
　　　⑪現在よりもはるかに安定したみごとで立体的な
　　　　反対しないばかりでなく，むしろ共鳴してくれているのである

　続く⑫段落では，日本の問題点が指摘されるが，ここにもやはり，例えば「これに対して」「一方」といった比較を直接示すような合図句は，登場しない。⑫段落のはじまりの「しかし」という接続詞がそれを示しているが，同時に，同段落中の以下のような否定的表現と前掲した肯定的表現との意味的な対立が間接的な合図になっている。

　　　⑫殺してしまうことを平気で行ってきた
　　　　ほとんど何もいない
　　　　さらに
　　　　すら
　　　　しかも
　　　　貧弱な姿をさらしている状態を，各地で見かける

　このようないくつもの比較を経て，いよいよ⑬段落で④段落で提示された問題を解決する方法が述べられる。⑬段落が解決の部分であることを示唆する合図句は，次のような表現である。

　　　⑬ためにも，また
　　　　ためにも
　　　　非常に重要な基礎となる
　　⑭段落以下⑯段落までには，次のような強調表現が繰り返される。
　　　⑭なければならないのではないか

118

第3章　推論的読みを観点とした中学校説明的文章教材の文章構造の分析

　　いったらよいのではないだろうか
　⑮はずである
　　すべきである
　　強く望まれる
　⑯できるところから始めていこう
　　着実な第一歩につながるはずである

　また，ここでは，⑬段落で述べられた解決方法が反復して登場する。したがって，これらは，集合の関係になっていると判断される。

(2) マクロ構造の分析

　ここでは，問題を設定するまでの部分（①〜④段落）について，マクロ構造を把握する過程をとらえる（図3−1を参照のこと）。

　①段落は，②段落の原因によって引き起こされた結果となっているが，同時に，③段落の「公害や環境汚染」の原因でもある。これは，③段落の「さまざまな問題」を①段落の「莫大な量」といった強調表現を用いて述べられている廃棄物に関する事実と関連づけた上で，次のような合図句から推論できる。

　　　③　わたしたちの社会は，自然界における分解・還元の系がなく，生産と消
　　　　費という系だけで成り立っている**ため**，さまざまな**問題**が引き起こされ，
　　　　公害や環境汚染の**原因となっている**といえるだろう。

　②段落は，自然の生産，消費，分解の「構造」の説明となっている。それは，次のような合図句によって示されている。

　　　システム　　　構造

　また，②段落の「ところが」以降は，①段落の問題の理由説明となっている。

　このように，実際の文章では，一段落を一つのマクロ命題，すなわち一つの要点に要約することのできないこともある。②段落は，この文章では説明（「構造」）と原因−結果という二つの関係から成り立っているのである。また，⑤段落は，廃棄物処理方法としての焼却を提示した後，その問

119

題点をいくつか挙げている。したがって，全体構造としては「比較」に関係しているが，この段落は，問題点の集合となっている。

3　説明的文章の修辞的・論理的関係の把握における知識と合図の役割

このように見てくると，この文章では，トップレベル構造を直接的に示すような合図句はあまり出てこない。登場するのは，肯定的あるいは否定的な意味を持つ表現といった間接的なものが多い。

桃内佳雄は，ダルグレン（K. Dahlgren）の連接関係の理解に関する研究を紹介する中で，連接関係の解析に影響を及ぼす要因として次の四つをあげている[3]。

> 手がかりとなる句（cue phrase）：ある種の言語表現は，ある特定の連接関係を強く導く。たとえば，目標関係に対する「in order to」，原因関係に対する「because」などは決定的な手がかりとなる。また，対照関係に対する動詞「contrast」や「oppose」なども強く示唆する手がかりとなる。しかし，このような手がかりは実際には数少ない。
> 統語情報（syntax）：ほとんどの構文的手がかりは，単に示唆的なものである。しかし，決定的な役割を果たすいくつかの手がかりもある。（中略）
> 意味情報（semantics）：時制（tense）は連接関係を把握する上であまり有効な情報を与えないが，時間順序（temporal order）は有用な情報となる。アスペクト（aspect：相）はより決定的な情報を与え，節のアスペクトは有用な情報となる。ただし，時制は時間的関係の解析にとっては，アスペクトとともに重要な手がかりを与える。
> 知識（knowledge）："ナイーブ意味論"によって表現された単語の意味の中に含まれる手がかり。

上の分類によれば，本教材において多く登場する合図は，「知識」すなわち文章中の単語の意味を手がかりとするものである。したがって，この文章では，読み手は，間接的な合図である単語の意味を手がかりとしながら，およそ五つの修辞的・論理的関係に関する知識を先行的に用いて（いわばトップダウン的な処理によって），トップレベル構造や述べられている事柄と事柄の関係を理解するという過程をとることになる。

第3章　推論的読みを観点とした中学校説明的文章教材の文章構造の分析

　先のマクロ構造の分析から，文章の部分あるいは全体の構造の把握は，文章構造の理解というだけでなく，文章に描かれている事象がどのような状況であるかを心的なモデルとして思い描くこと，すなわち状況モデルを形成することであることがうかがわれる。そして，こうした文章の理解は，文章の部分的な要約および文章構造の理解と描かれている事象の構造的な理解とが相互に結びついた理解であると言える。

第2項　中学校説明的文章教材の論証構造の分析
——「モアイは語る」（中2）を事例として——

1　分析の目的と方法

目的　近年，非形式的な論理学や批判的思考（クリティカル・シンキング），そしてレトリックへの再注目ということとも関わって，「論理」の中核を「論証」に据えた説明的文章の読みの学習指導の営みが見られる[4]。しかし，説明的文章の読みの指導は，「論証」の観点のみでなされるわけではない。説明的文章における「論証」の構造は，これまで読みの目標ともなってきた他の観点による「論理」との関係においてとらえられる必要がある。

対象　安田喜憲「モアイは語る——地球の未来」（光村図書）は，中学校2年生の国語教科書（2004年文部科学省検定済み）に掲載された説明的文章教材である。

分析の方法　次のような手順で具体的な説明的文章教材における「論証」とその他の「論理」との関係を分析する。

　1）論証の解釈に関しては，「主張」「根拠」「論拠」「裏づけ」「反証」「指標」の六つの要素からなるトゥールミンの論証モデルを用いるが，はじめの三つの「主張」「根拠」「論拠」の関係を中心に分析を行う。

　2）文章構造の単位として，次の三つのレベルを設定し，それぞれにおいて論証をとらえるとともに，文構造，文の連接関係，段落の連接関係と論証との関係を分析する。

　　　ミクロ構造…文，段落レベルの構造（まとまりではないが連接する段

121

落を含む）。

　　メゾ構造…文章全体には及ばないが，一定のまとまりをなす段落の
　　　　　　集まりの構造。

　　マクロ構造…文章全体を範囲としてとらえられる構造。

3）文章の全体的な整合性（マクロ構造）を考慮しながら，中間的なまと
　　まり（メゾ構造）をとらえたものを文章構成としてはじめに示した上
　　で2）の分析を述べる。

2　「モアイは語る」の文章構成

　安田喜憲「モアイは語る」は，イースター島に数多く存在するモアイ像
のなぞを解きながら，イースター島の歴史における森林破壊と文明崩壊と
の関係が説明され，そのことから，現在の地球において人類が飢餓を避け
生き延びるために森林を守ることが必要だと論じられる。これを文章構成
として示すと次のように表すことができる。

　Ⅰ　①〜②　　問題設定部：イースター島の紹介

　Ⅱ　③〜⑮　　問題解明部：イースター島の文明崩壊の原因の解明

　Ⅲ　⑯〜⑳　　結論部：現代文明への示唆

「君たちはモアイを知っているだろうか。」という読者への問いかけから
始まるⅠの問題設定部は，①段落で，モアイ像の巨大さと数の多さ，イー
スター島の位置，大きさといった情報を読み手に与えた上で，②段落にお
いて，次のように四つの「なぞ」を挙げる。

　　②　いったいこの膨大な数の巨像をだれが作り，あれほど大きな像をどう
　　　やって運んだのか。また，あるときを境として，この巨像モアイは突然作
　　　られなくなる。いったい何があったのか。モアイを作った文明はどう
　　　なってしまったのだろうか。実は，この絶海の孤島で起きた出来事は，わ
　　　たしたちの住む地球の未来を考えるうえで，とても大きな問題をなげか
　　　けているのである。これまでにわかってきたイースター島の歴史につい
　　　て述べながら，モアイの秘密に迫っていきたい。

　ここでは，何を解き明かすのかという問いだけでなく，それを解き明か

第 3 章　推論的読みを観点とした中学校説明的文章教材の文章構造の分析

すことが地球の未来を考える上で重要な示唆を与えるという結論について
も触れ，Ⅱの解明部からⅢの結論部へと至る文章の展開を予告する役割を
果たしている。

　Ⅱの解明部は，モアイ像に関わる「なぞ」を解明する過程となっている
わけであるが，②段落では次の四つの問いが提示されている。

　1）モアイをだれが作ったか

　2）どうやって運んだか

　3）突然作られなくなったのはなぜか

　4）文明はどうなったか

　これらの問いは，文明の起こり，発展，崩壊という区分になっており，
これらの問いの配列も解明部の文章展開を示している。1）の問いは③〜④
段落で，2）の問いは⑤〜⑪段落で，3）および4）の問いは⑫〜⑮段落で
解明されているとおおまかにはとらえられるが，実際には問題設定部での
問いが解決されるのみではない。

3　論証構造の分析

（1）ミクロ構造における論証構造の分析

　ここでは，Ⅱの解明部のミクロ構造における文や段落の整合性と論証と
の関係を見ていこう。

　筆者は，「だれが」というなぞを意外にあっさりと解決してしまう。

　　③　絶海の孤島の巨像を作ったのはだれか。なぞがなぞを呼び，宇宙人が
　　　やって来て作ったのではないかという説までが飛び出した。しかし，最
　　　近になって，それは西方から島伝いにやってきたポリネシア人であるこ
　　　とが判明した。墓の中の化石人骨の分析や，彼らが持ってきたヒョウタ
　　　ンなどの栽培物の分析から，明らかになったのだ。さらに初期の遺跡か
　　　ら出土した炭化物を測定した結果，ポリネシア人が最初にこの島にやっ
　　　て来たのは，五世紀ごろであることも明らかになった。

　Ⅰの問題設定部で設定した問いは「なぞ」として強調されながらも，モ
アイ像を作ったのがポリネシア人であること，また彼らの到来が 5 世紀で

123

あることは，論証されているわけではない。「判明した」結果が述べられる
ばかりである。解明の手順は述べられているが，なぜそう判断されるのか
は論証されていない。過去長きに渡って解明されなかった「なぞ」が最近
解明されたというように，過去－現在，なぞ－解明という連接関係によっ
て，この段落はまとまりをなしている。

　続く④段落は，次のようである。

　　④　そのころ，人々はポリネシアから運んできたバナナやタロイモを栽培
　　　し，豊かな海の資源を採って生活していた。そして，十一世紀ごろ突然巨
　　　大なモアイの製造が始まる。同じ時期に，遺跡の数も急増しており，この
　　　島の人口が急激に増加をはじめたことがわかる。人口は百年ごとに二倍
　　　ずつ増加し，十六世紀には一万五千から二万に達していたと推定されて
　　　いる。

　この段落では，文頭の「そのころ」によって，時間軸が導入される。そ
れは，2文目の「そして，十一世紀ごろ突然」，3文目の「同じ時期に」，4
文目の「百年ごと」「十六世紀には」というように各文に含まれた時間や継
起を明示する語句によって受け継がれる。

　この中にあって，第3文の次の語句は，時間軸を異にする。

　　遺跡の数も急増しており

　これは，「同じ時期に」という語句によって，前文の「モアイの製造が始
まる」と結ばれているが，「遺跡」という語は，現在からある文化の痕跡を
意味づけるものであり，現在の判断が入ったものである。ここでの「遺跡」
の語は，前の③段落で，「墓の中の化石人骨の分析や，彼らが持ってきた
ヒョウタンなどの栽培物の分析から，明らかになったのだ。」「さらに初期
の遺跡から出土した炭化物を測定した結果」といった文を引き継いでいる
ものであり，こうした調査結果を元にした考古学的な推論の結果を示す文
ととらえることができる。第3文[5]は，前提を補えば，次のような論証と
してとらえることができる（本文からの引用は「　」で，補った命題は｜｜
で，また本文の明示的な情報を要約したり，語順等を入れ替えたものは［　］で
表すこととする。以下同じ）。

124

第3章　推論的読みを観点とした中学校説明的文章教材の文章構造の分析

〈根拠〉「同じ時期に，遺跡の数も急増しており」
〈論拠〉｜人口は遺跡の数に比例する｜
〈主張〉「この島の人口が急激に増加をはじめたことがわかる」

　この文では，修飾部と述部との間に，論証的な関係を補って理解することができるが，文そのものは論証として述べられていない。このように，説明的文章の中には，論拠を補えば，一文の中に論証関係を見出すことができるものがあるが，それは，論証以外の連接関係（この場合は時間的な関係）で結ばれた文の集まりの中に，埋め込まれている。

　次の⑤段落には，連続する二文の間に，論証関係が見出される。

　　⑤　大半のモアイは，島の東部にあるラノ・ララクとよばれる石切り場で作られた。このラノ・ララクには，モアイを作るのに適した柔らかい凝灰岩が露出していたからである。人々は硬い溶岩や黒曜石でできた石器を使って，モアイを削り出した。

　この段落は，「モアイの製造」の製作場所や材料，道具や製造方法を説明しており，マイヤーの段落相互の連接関係を示す概念で言えば，④段落に対する「説明：詳述（specific）」[6]とでも表される。こうした中に，論証的な関係でつながる二文が存在する。1文目と2文目がそれであり，次のようにその論証構造を表すことができる。

〈根拠〉［このラノ・ララクには，凝灰岩が露出していた］
〈論拠〉［柔らかい凝灰岩はモアイを作るのに適している］
〈主張〉「大半のモアイは，島の東部にあるラノ・ララクとよばれる石切り場で作られた。」

　ここでは，三つの論証の要素は全て明示的ととらえられるが，その関係は埋め込まれている。論拠は「モアイを作るのに適した凝灰岩」という修飾語として述べられるのである。前の段落で言及されたトピックについて場所や方法を詳述する段落の中で，場所の特定については論証的に説明しているのだが，その他の事柄は論証的な説明にはなっていない。

　⑨・⑩段落には，二つの段落間に論証的な関係を見出すことができる。この前に遡ることになるが，⑦段落で，モアイをどのようにして運んだの

125

かという興味深い問いに対して，方法に関しては，「木のころが必要不可欠である」と筆者はすぐに答えを出してしまう。その上で現在のイースター島に存在しない森について，「モアイが作られた時代，モアイの運搬に必要な材木は存在したのだろうか。」という問題を再設定し，次のように続ける。

　　　⑨　このなぞを解決したのが，わたしたちの研究だった。わたしはニュージーランドのマセイ大学Ｊ・フレンリー教授とともに，イースター島の火口湖にボーリングをして堆積物を採取し，堆積物の中に含まれている花粉の化石を分析してみた。すると，イースター島にポリネシア人が移住した五世紀ごろの土の中から，ヤシの花粉が大量に発見されたのだ。このことは，人間が移住する前のイースター島が，ヤシの森に覆われていたことを示している。
　　　⑩　まっすぐに成長するヤシの木は，モアイを運ぶためのころには最適だ。島の人々はヤシの木をころとして使い，完成したモアイを海岸まで運んだのであろう。

　⑨段落では，筆者は，まず「ヤシの花粉が大量に発見されたのだ」と自分たちが発見した新事実を述べるが，これをすぐに「ヤシの森に覆われていたことを示している」と意味づけ，設定した問題を即座に解決する。これは，先の「遺跡」の場合と同じように ｛花粉の量は木の量と比例する｝といった仮説を基にした推論と思われるが，筆者はその結論のみを調査から得られたデータの意味づけとして述べている。

　⑩段落では，ヤシの木をころとして使ってモアイを運んだという結論を，「ヤシの木は，モアイを運ぶためのころには最適だ。」という前の文と，前段落の「イースター島が，ヤシの森に覆われていた」から導き出している。以上の論証をトゥールミンのモデルを用いてとらえると，次のように表すことができる。

〈根拠〉「イースター島は，ヤシの森に覆われていた」
〈論拠〉「まっすぐに成長するヤシの木は，モアイを運ぶためのころには最適だ」
〈主張〉「ヤシの木をころとして使い，完成したモアイを海岸まで運んだ

第 3 章　推論的読みを観点とした中学校説明的文章教材の文章構造の分析

のであろう」

　このように，⑨・⑩の二つの段落の連接関係は，根拠－結論といった論証関係としてとらえられるが，後に述べるように，これらは，⑦段落からのつながりの中でもう一つ大きな論証として，すなわちメゾ構造としてとらえなおすことが可能である。

　続く⑪段落では，予め問題が設定されてはいなかった森の消滅の原因と途中で投げ出されたモアイ像について述べられている。

　⑪　わたしたちの花粉分析の結果から，もう一つの事実も浮かび上がってきた。ヤシの花粉の量は，七世紀ごろから，徐々に減少していき，代わってイネ科やタデ科などの草の花粉と炭片が増えてくる。このことは，ヤシの森が消滅していったことを物語っている。人口が増加する中で家屋の材料や日々の薪，それに農耕地を作るために伐採されたのだろう。さらに，モアイの製造が始まると運搬用のころや支柱としても使われるようになり，森がいっそう破壊されていったのだと考えられる。

　⑫　ラノ・ララクの石切り場からは，未完成のモアイ像が約二百六十体も発見された。なかには作りかけの二百トン近い巨像もあった。運ぶ途中で放棄されたモアイも残されている。おそらく森が消滅した結果，海岸までモアイを運ぶことができなくなったのであろう。

　⑪段落では，ヤシの森の存在を証明した「わたしたちの研究」から「もう一つの事実」がもたらされることを述べる。ここでの論証は，次のようなものと解釈できる。

〈根拠〉「ヤシの花粉の量は，七世紀ごろから，徐々に減少していき，代わってイネ科やタデ科などの草の花粉と炭片が増えてくる」

〈論拠〉｜イネ科やタデ科などの草は栽培される｜

　　　　｜炭片の存在は炊事の結果である｜

　　　　｜森林の伐採と食料となる植物の栽培との間には因果関係がある｜

〈主張〉「人口が増加する中で家屋の材料や日々の薪，それに農耕地を作るために伐採されたのだろう」

　筆者が述べる結論と「花粉分析の結果」の間には，容易に推測できない飛躍がある。それを結ぶには，上のような論拠が必要と思われるが，これ

127

らは明示されず，暗黙のものとされている。「イネ科やタデ科などの草の花粉」が増えた事実については，ヤシの森の存在を否定しているだけなのか，食物の栽培をも意味するのかはこの部分では定かではない。しかし，④段落の「バナナやタロイモを栽培」していたという記述が，イースター島における食物栽培に関して必要十分な情報を提供するものだとするならば，前者と判断される。こうした読み手の判断過程は，文章に示された論証の理解というよりは，西山佑司が一般的なコミュニケーションのモデルとして提示した，コミュニケーションにおける意味や状況の推論的理解[7]という側面に相当すると思われる。このことは，説明的文章の「論理」の理解過程をとらえるためには，文章の構造として記述するばかりでなく，読み手の側の推論過程をとらえる必要があることを示しているように思われる。

（2）メゾ構造における論証構造の分析

　文および段落単位の整合性と論証の関係を見てきたが，Ⅱの解明部全体のメゾ構造としてとらえてみよう。

　これまでに見たように，四つの「なぞ」の解明は，全てが論証的に行われるわけではない。一つ目の「だれが作ったか」は，「しかし，最近になって，それは西方から島伝いにやって来たポリネシア人であることが判明した。」と結論がすぐに述べられていた。むしろ詳述されるのは，それが明らかになった筆者らによる研究の経緯や，いつごろやって来たかという時期を特定することである。二つ目の「どうやって運んだか」についても，先に述べたように，⑦段落で「石ころだらけの火山島を十キロも二十キロも運ぶには，木のころが必要不可欠である。」とやはり一文で答えが示される。論証されるのは，その木を供給するヤシの森が大量に存在したことであり，それを実証的に明らかにした「わたしたちの研究」についてである。

　また，「なぞ」の順序は，文明が起き崩壊する過程に沿った順序であるが，解明部分全体が，時間軸に沿って整合性が保たれているかというとそうではない。「なぞ」を解き明かしている段落と，その中の説明で言及され

128

第3章　推論的読みを観点とした中学校説明的文章教材の文章構造の分析

ている時期との対応関係を見ると次の通りである。

1) だれが作ったか
③　5世紀…ポリネシア人のイースター島到来
④　11世紀…モアイ像製造　人口急増
　　16世紀…人口1万5千から2万
2) どうやって運んだか
⑨　5世紀…大量のヤシの花粉＝ヤシの森
⑪　7世紀…ヤシの花粉減少＝ヤシの森の消滅
　　　草の花粉と炭片の増加＝農耕地の増加
3) 突然作られなくなったのはなぜか
4) 文明はどうなったか
⑭　かつて…食料豊富
⑮　17〜18世紀…食糧危機　文明崩壊

　これらを見ると，Ⅱの解明過程のメゾ構造は，Ⅰの問題設定部で設定された問いの文明の創起・発展・崩壊という順序を大きくたどりながら，創起部分では人口増，発展部分ではモアイ像の製造運搬，崩壊部分では食料危機と説明の焦点を移行させ，その都度説明の焦点ごとに時代を遡って説明するという構造をもっていることがわかる。これまで見た一文内，二文間，二段落間の論証は，こうした中に，埋め込まれたものととらえることができる。

　特に2) については，先述した⑨・⑩段落の間に見られた論証には，次の⑦段落も関係している。

⑦　それにしても，ラノ・ララクの石切り場から，数十トンもあるモアイをどのようにして海岸のアフまで運んだのだろうか。石ころだらけの火山島を十キロも二十キロも運ぶには，木のころが必要不可欠である。モアイを台座のアフの上に立てるときでも，支柱は必ず必要だ。

　この中の，「石ころだらけの火山島を十キロも二十キロも運ぶには，木のころが必要不可欠である。」は，先に見た⑩段落の「ヤシの木をころとして使い，完成したモアイを海岸まで運んだのであろう。」を主張とする論証の論拠の一つになっていると考えられる。このようにとらえると⑦段落から

129

⑩段落は，一つの論証を構成する要素として緊密に結びついたメゾ構造と
とらえることができる。

(3) マクロ構造における論証構造の分析

　Ⅱの解明部とⅢの結論部は，次の一文からなる⑯段落によって繋がれて
いる。

　　⑯　イースター島のこのような運命は，私たちにも無縁なことではない。

　イースター島のポリネシア人のたどった運命と「私たち」のそれとが重
ね合わされるのだが，それは，⑰段落では，日本と地球の文明にとっての
森林の重要性が，⑱段落では，地球における人口爆発の問題が述べられる
ことで裏づけられる。続く⑲段落では，これから地球に起きる問題が予測
され，⑳段落でその問題が実際に起きないように，森林資源の効率的で長
期的な利用の方策を考えることの必要性が主張される。

　以上が，Ⅲの結論部の概要であるが，これは文章全体に渡る論証として
とらえることができる。

　〈根拠〉［イースター島では，森林の消滅が文明崩壊の根本原因だった］
　　　　（Ⅱ解明部）
　〈論拠〉［イースター島と地球の文明の発達と崩壊の構造は共通する］
　　　　（⑯・⑰・⑱段落）
　〈主張〉［地球の未来も，森林が消滅すれば文明が崩壊する］［文明を崩壊
　　　　させたくなければ，森林資源の利用方法について考えるべきだ］
　　　　（⑳段落）

このような文章構成とも関わる文章全体のマクロな論証は，⑳段落にお
けるミクロな論証としても繰り返される。

　　⑳　絶海の孤島のイースター島では，森林資源が枯渇し，島の住民が飢餓に
　　　直面したとき，どこからも食料を運んでくることができなかった。地球
　　　も同じである。広大な宇宙という漆黒の海にぽっかりと浮かぶ青い生命
　　　の島，地球。その森を破壊し尽くしたとき，その先に待っているのはイー
　　　スター島と同じ飢餓地獄である。とするならば，わたしたちは，今あるこ

130

第3章　推論的読みを観点とした中学校説明的文章教材の文章構造の分析

の有限の資源をできるだけ効率よく，長期にわたって利用する方策を考えなければならない。それが，人類が生き延びる道なのである。

　ここに見られる論証を根拠・論拠・主張という形で示せば次の通りである。

〈根拠〉「絶海の孤島のイースター島では，森林資源が枯渇し，島の住民が飢餓に直面したとき，どこからも食料を運んでくることができなかった」

〈論拠〉「地球も同じである」

〈主張1〉「その森を破壊し尽くしたとき，その先に待っているのはイースター島と同じ飢餓地獄である」

〈主張2〉「とするならば，わたしたちは，今あるこの有限の資源をできるだけ効率よく，長期にわたって利用する方策を考えなければならない」

　しかし，⑳段落には，上のような要素として示しにくいことがいくつかある。第1文は，Ⅱの解明部全体が担っている根拠を，「森林資源の枯渇」と「飢餓」に焦点化して要約したものである。論拠は，第2文で「地球も同じである。」と，⑯段落にも見られたものを繰り返すばかりでなく，第3文において，「広大な宇宙という漆黒の海にぽっかりと浮かぶ青い生命の島，地球。」というように，「絶海の孤島のイースター島」と対応したレトリカルな表現で印象づけられる。第4文では，森を破壊した場合の予想が述べられるが，第5文では，その予想をひっくり返し，破壊させないために必要なことが主張として述べられているのである。

　ここで根拠から主張を導き出すために用いられている論拠は，類似性に依拠したものと言えるが，⑰・⑱段落が提示するのは単に似ているということにとどまっていない。

⑰　日本列島において文明が長く反映してきた背景にも，国土の七〇パーセント近くが森で覆われているということが深くかかわっている。日本列島だけではない。地球そのものが，森によって支えられているという面もある。森林は，文明を守る生命線なのである。

131

⑱　現代のわたしたちは，地球始まって以来の異常な人口爆発の中で生きている。一九五〇年代に二十五億足らずだった地球の人口は，半世紀もたたないうちに，その二倍の五十億を突破してしまった。イースター島の急激な人口の増加は，百年に二倍の割合であったから，いかに現代という時代が異常な時代であるかが理解できよう。

⑰段落においては，イースター島と日本そして地球における森林の果たす役割の類似性から，「森林は，文明を守る生命線なのである。」と一般的な結論を導く。これは，⑯段落で示されたイースター島と地球を類似関係と見なす論拠の裏づけになっていると解釈できる。⑱段落では，④段落で指摘されたイースター島における人口の急増と，地球における人口爆発という点にも類似性を指摘し，論拠の裏づけを強めている。

だが，⑱段落が論証に果たす役割はそのことにとどまらない複合的なものである。見出された類似性をさらに進め，イースター島の歴史に見られた人口増加の割合よりも，現在の地球に見られる増加は程度が甚だしいことを述べる。これは，「なおさら－議論」[8]と呼ばれるものであり，比較の要素を含む。イースター島に関して言えることは，地球にとって「なおさら」であり，だから地球の未来において森林資源を守ることはより重要だとするものである。

こうした論証において，⑲段落はどのような役割を果たしているか。

⑲　このまま人口の増加が続いていけば，二〇三〇年には八十億を軽く突破し，二〇五〇年には百億を超えるだろうと予想される。しかし，地球の農耕地はどれほど耕しても二十一億ヘクタールが限界である。そして，二十一億ヘクタールの農耕地で生活できる地球の人口は，八十億がぎりぎりである。食料生産に関しての革命的な技術革新がないかぎり，地球の人口が八十億を超えたとき，食料不足や資源の不足が恒常化する危険性は大きい。

ここでは，人口が「二〇五〇年には百億を超えるだろうと予想される」こと，「八十億を超えたときに，食料不足や資源の不足が恒常化する危険は大きい」ことが述べられる。これは，⑳段落で述べる筆者の主張が有効性

132

を持つ条件を示している。トゥールミンの論証モデルで言えば，反証に相当すると考えられる。「食料生産に関しての革命的な技術革新がないかぎり」ということも，そうした条件を示すものである。一方，人口が80億を超えなければ，あるいは，食料生産の技術革新が起きれば，筆者が言うような意味での（他の意味での必要性はあっても）森林資源を守ることの必要性はないということになる。この段落の中にもミクロな論証はいくつか見られるが，マクロな論証という点においてはこのような意味を持つ。

第3項　説明的文章の文章構造に関する学習指導への示唆

1　文章構造の理解過程

　読み手の長期的な既有知識として用いられるのは，修辞的・論理的関係に関する知識ばかりではない。直接的に修辞的・論理的関係を表す合図句となる語彙は，文章中にはむしろ少なく，一般的な語彙の意味を手がかりに，文脈や状況モデルの中でどのような役割や価値を持っているかを判断して，命題間の関係をとらえる必要がある。全体構造（トップレベル構造）は，常に論証的な構造としてとらえられるわけではなく，いくつかの関係の中から，適切なものを選ぶ必要がある。

　また，論証の理解においては，明示された命題やテキストベースにおいて要約されたマクロ命題から，事実や主張などの基本的な関係をとらえながら，省略された前提を，状況モデルを形成する過程において長期的な記憶における領域的知識の中から引き出したり，新たな前提をつくり出したりして，推論によって補うことでトゥールミンの論証モデルのような規範的な論証モデルに適合した論証的な関係の把握がなされる。

　「好ましい－好ましくない」「類似」「原因の解決が重要」といった論証における一般的な価値的主張のパターンに加えて，「人工的なものより自然に近いものがよい」「原因を取り除くことで解決することが重要である」といった科学的な文章における価値判断のパターン（トポス）の存在も示唆される。

133

2 説明的文章の修辞的・論理的関係に関する知識の教授

　米国では，学習者の文章理解の改善の方法の一つとして，文章構造に関する知識を教授する試みが行われている。P. D. ピアーソンとL. フィールディングは，米国における文章理解に関する教授研究を概説している。概説するにあたって，彼らは，まず大きく，テクストの種類すなわち物語的文章あるいは説明的文章にそれぞれ特定的な教授方法とそうした違いによらない一般的な教授方法とに分け，さらに，前者のうち説明的文章の読みの教授に関して，二つの項目に分けている。すなわち，文章構造の教授と要約の教授である。そして，文章構造の教授について，次のように述べている[9]。

　　　初期に注意を向けると，テクスト構造の教授に関する研究の多くは，例えば，Meyer や Kintsch & van Dijk によって発達したもののようなテクスト分析の体系の出現以降に実施されてきた。疑いなく，理解への援助としてテクスト構造を教授するための直接的教授方略についての研究は，密接に結び合って激励する二つの発見によって刺激された。第一に，テクストを思い出す試みにおいて，筆者の〔用いる文章：稿者補う〕構造について知っていて，そして，それを追っていく生徒は，そうしない者より多く記憶する。第二に，良い読み手は，未熟な読み手よりテクストを思い出す試みにおいて，筆者の〔用いる文章：同〕構造を多く追う。テクスト構造を教授する試みは，生徒をテクスト構造に敏感にさせるという非常に一般的で広く行き渡った試みだけでなく，階層的な要約や，例えば概念的地図や視覚的オーガナイザーやネットワークのような視覚的表象を含んでいる。

　この引用は二つのことを示唆している。第一に，文章構造に関する知識の利用と文章構造に沿った読みが，文章理解において（正確には，文章の記憶に対して）重要であり，文章構造の知識を方略として獲得させることが有効であるということである。第二には，本研究でも行った樹系図（図3－1）による文章構造の把握が，教授に際して，「視覚的表象」として用いられることの可能性である。

　しかし，彼らは，こうした文章構造に関する知識の教授の有効性に関して，次のようにも述べている[10]。

134

第 3 章　推論的読みを観点とした中学校説明的文章教材の文章構造の分析

　伝統的な学習作業の研究の要約は，テクスト構造への注意を促す学習技術が，練習課題と結果の測定（普通ある種の転移課題）との間の類似性に比例して，理解や学習や記憶を促進させるということを示唆している。言い換えると，もし結果の測定が一種の拡散的な理解課題（例えば，詳しい多種多様の選択の問題に答えること，あるいは，短い答えの課題）であるならば，テクスト構造に焦点を当てるための試みは，単に再読したり，ざっと読むことに勝る利点はほとんどないことになる（時には，不利益である）。逆に，もし，結果の測定が，読み手に，例えば新しいテクストを要約したり，テクストのスキーマ的な表象を構築することや，あるいは，テクストに関係する概念の重要性を評価することを要求するものであるなら，これらの試みは，再読するというようなはっきりしない方略に対して，はっきりとした（しかし課題特定的な）利点を持つことになる。

　つまり，文章構造の知識の教授は，課題特定的なものだというのである。しかし，こうした有効性の限定は，決して有効性を否定するものではない。文章構造に沿った方略的読みすなわち構造的方略は，ピアーソンらが読みの教授方法を大きく二つに分けているように，実際の説明的文章の読みにおいては，例えば「自己質問」や「推論」といった文章の種類に限定されない一般的な読みの方略とともに用いられるものである。むしろ，重要なのは，説明的文章の理解の全体に対して，文章構造の理解およびその教授の占める位置をはっきりさせることであるが，この問題をここでこれ以上議論することはできない。文章構造に関する知識の教授の有効性に関しては，改めて実証的に検討する必要があると記すにとどめる。

　こうした問題をふまえた上で，文章構造に沿った方略的読みの教授に向けての課題を以下に挙げておく。これらの問題には，第 4 章において取り組む。

　(1) 学習者自身が文章構造を分析するための手がかりとして，修辞的・論理的関係を表す，どのような，そして，どれだけの概念および知識を教授すればよいのか。

　(2) 学習者自身に，文章構造をどのような形で視覚化させるか。

3　説明的文章の論証構造に関する学習指導の課題

(1)　文章構成と論証の関係

　前項の分析で明らかにしたように,「モアイは語る」においては, 文章構成とマクロな論証の構造は, かなり一致している。「モアイは語る」では⑯段落に明示されているばかりでなく, ⑰・⑱段落においてその裏づけが述べられたり, ⑳段落で要約され繰り返されるように, かなり明示的であり, それらを論証としてとらえれば, 明示的な論証の理解と文章構成の理解が可能である。

　しかし, 中学校の「論理」の指導においては,「問題－解決」構造に目が行きがちである。問題設定部分において出された問いの答えはどこにあるかをとらえることが, 文章の「論理」の理解の軸と見なされ, 文章構成もその軸を中心に理解される。その場合, 結論部は付加的なものととらえられ, 何が筆者の言いたいことかという主張の内容の把握に傾きかねない。「モアイは語る」についても, そのようなとらえ方で見れば, 結論部の論証性への理解は薄らぐことになるであろう。

　実際にも, 解決部と結論部が論証関係となっていない教材や, 論拠に関しては省略され暗黙の前提となっているものも多い。その場合, 解決部で解き明かされた事実がどのように主張と結びつくのかは, 暗黙の論拠を読み手が推論してとらえる必要がある。このことは, 次の文レベルや段落レベルでの論証の理解に関しても言えることである。

(2)　文および段落の構造と論証の関係

　文や段落という単位で, 連接関係や整合性と論証との関係をとらえると, 次のことを見て取ることができた。すなわち, 文や段落において, 論証であることが明示的に示されている場合と, 論証の要素が一文や連続する二文あるいは段落を隔てた二文もしくは三文の中に埋め込まれている場合とがあるということである。前者の場合は, どちらかと言えば稀であるが, この場合でも特に論拠と根拠の違いを意識することが難しい。後者の場合は, 筆者の推論というよりはむしろ事実ととらえられることも多い。

第3章　推論的読みを観点とした中学校説明的文章教材の文章構造の分析

したがって，学習者が自律的に論証を理解することは難しく，教師の支援や問いかけを通して理解させる必要がある。

　しかし，授業における学習活動が段落の要点をとらえることを中心として行われる場合，論証は要点の中に埋没したままとなるか，もしくは余分なものとして削がれてしまいやすい。というのは，要点はある文をキーセンテンスとして選び，それを中心にまとめられることが多く，さらにその文の余分なところを削ったり，まとめたり，他の文から必要な要素を付加したりするのであるが，単に一文を抜き出して済ませる場合も多い。いずれにしても，そうした刈り込み作業においては，論証の要素は失われてしまうのである。

　かと言って，一つ一つ，全ての論証を取り出して理解させたり，吟味させたりする必要はないだろう。重要な箇所を選んだり，論証の要素のいずれかを指摘させたり，暗黙の前提を補わせたりすることでもよい。

　また，ある論証の結論が次の論証の根拠となったり，論拠となったりするという関係で文と文や段落がつながっているという構造が多く見られる。このような場合，一つ一つの論証を全ておさえていくよりも，全体の論証をとらえることがまず行われるべきである。それが見えなくなると，論証の理解はひどく煩雑だという印象ばかりが残ることになる。

(3) レトリックと論証の関係

　論証を際立たせるような表現がいくつか見られた。論証が存在することを示す一般的な表現としては，「～からである」という表現がある。これは，根拠と論拠の区別をうかがわせるものではないが，「モアイは語る」には両者の違いを示す表現も見られた。例えば，根拠を際立たせる表現としては，「～が発見された」「もう一つの事実が浮かび上がった」などが挙げられる。また，⑳段落においてイースター島と地球の類似性を示す表現は，論拠が両者の類似性になることを際立たせるものである。⑱段落の地球の人口の急増性を強調する表現も，「なおさら－議論」の論拠を際立たせるものとなっていた。他にも，「～かぎりは」などは反証を際立たせてい

137

た。このように，論証を際立たせる表現には，定型的なものと，その文章の内容や論証に沿ったものとがある。論証の理解においては，こうした表現の働きや効果についても考えさせたい。

(4) 論証理解と批判的思考

　先の分析では，論拠が暗黙の前提となっているものについても，それを補いながら論証として取り出し，理解や学習の対象として取り上げたが，批判的思考という側面からとらえれば，これは吟味の対象となるものである。「隠された前提はないか」という観点は，批判的思考を身につけさせるための問いとして代表的なものである。しかし，説明的文章の読みという観点から見れば，それを常に文章の問題として位置づける必要はない。むしろさまざまな内容について多様なスタイルで書かれている説明的文章教材は，妥当な推論や誤謬という観点から見れば問題を孕んだものも多い。したがって，そうした問題を指摘して足れりとするのであれば，それは不十分な批判的思考となる。正当な推論に到達するという批判的思考の本来的な目的から見れば，むしろ埋め込まれた論証を取り出す，暗黙性を補うといった観点から読みを行う必要があると思われる。

第3節　中学校説明的文章教材の文章構造と
読み手の推論の相互作用の分析

第1項　説明的文章教材の理解過程における推論

　本節では，説明的文章における構造と読み手による状況モデルの形成における暗黙の前提に関する推論との関係に焦点を当てた分析を行う。

　坂原茂は，日常言語における推論の特徴について，形式論理学における推論と比較して，次のように述べている[11]。

　　　これに対して，日常言語による推論では，考えられるあらゆるものが推論

の対象となり，論理学におけるような妥当性は，多くの場合望むべくもない。論理学の推論と比較した場合の日常的推論の最大の特徴は，その非明示性であろう。別の言い方をするなら，日常言語による推論の妥当性を確認するには，明示的に言われたこと以上の知識が要求されることが多いということである。この点において，日常的推論は，論理語，推論規則，公理を知っていれば，推論の妥当性が確認できる論理学の推論と異なる。日常的推論の非明示性を大別すると，推論の前提に関するものと，手続きに関するものとがある。

説明的文章における推論は，多くが科学的な事実を内容とすることもあって，明示性を志向している。しかし，それは，日常言語（自然言語）によって表現されているため，坂原の指摘する非明示性の問題を帯びざるを得ない。

読み手の推論について，ジョンソン＝レアードは，「明示的な推論」と「暗黙の推論」という二種類の推論の存在を指摘している [12]。彼は，二種類の推論を区別することの重要性を強調し，談話理解だけでなく文章理解においても「暗黙の推論」の能力が重要な役割を果たしていることを指摘する [13]。こうした二種類の推論の関わりについて，どのように考えることができるのであろうか。この問題は，説明的文章の読みの学習と指導について考える際に重要なこととなる。

説明的文章の読みにおける推論の明示化を仮に国語学力の一つとすると，坂原によれば，それを読みの手続きとしてアルゴリズム化することは非常に困難であるという [14]。では，説明的文章の読みにおける推論の明示化に関する学習は，常に，目標のように（例えば「明示されていない推論過程を明示化する」というように）全体としてとらえられるばかりで，段階性や深化，あるいは習熟の過程としてとらえることはできないのであろうか。

A．カミロフ＝スミスは，「書き換え」という概念によって，意識の水準の変化をとらえる発達の理論を提示しているが，その中で意識の水準について次のように述べている [15]。

　ここで，表象変化のプロセスにどのような制約が働いているかについて

筆者が現在考えていることを，簡単に述べておきたい。知識は，少なくとも三つの水準で表象され，表象しなおされる。

　筆者は，その最初の水準を“暗黙的（implicit）”水準（第Ⅰ水準）と呼んできた。このような言い方をするのは，この水準の知識が，外からの刺激に応じて活性化され効率よく機能するような手続きの中に埋め込まれており，システムの他の部分はこれを知識すなわちデータ構造として利用することができないからである。すでに仮説として述べたように，新生児の知識はこのタイプのものであるし，言語などその後の成熟が生得的な制約のもとにおかれているような知識もすべてそうである。（中略）次の明示化（explicitation）の水準（E-1 水準）で，手続きに埋め込まれていた知識は，システムの他の部分からも利用することのできるデータとなる。しかしまだ意識的に接近することはできない。意識的な接近が可能になるためには，さらにまた（E-2，E-3 水準で）書き換えられなければならないのだ。

　このように，カミロフ＝スミスは，無意識と意識を区別するだけでなく，意識にもさらにいくつかの水準のあることを指摘している。このような考え方は，次のように「暗黙の推論」と「明示的な推論」という二分法を乗り越えるものである [16]。

　暗黙的／明示的，無意識的／意識的，自動化された／統制下にある，などの二分法は，複雑な表象変化を捉えるのに十分ではない。いくつかの異なる水準，すなわち，知識は表象されていても手続きに埋め込まれていて暗黙的なままである水準と，知識は明示的に定義されていても意識的には接近できない水準と，表象には意識的に接近できてもそれを言語報告できない水準と，言語報告も可能な水準とを考える必要がある。発達的な視点は，人間の心のこれらの異なる表象水準を同定するために重要である。

　彼女の理論は，新生児における生理的な信号処理も範疇にあり，中学校段階における「暗黙の推論」は，彼女の理論では既に「明示化の水準」に入ると考えられる。このような用語にまつわる概念の違いはあるが，推論の明示化の段階は，彼女の理論によって意識の水準としてとらえることが可能である。さらに言えば，説明的文章の読みにおける推論に関する学習過程および学力の発達過程を意識の「書き換え」という考え方によってと

らえ得ることが示唆される。

第2項　モダリティ表現に注目した
説明的文章教材の理解過程の分析
──「シンデレラの時計」（中2）を事例として──

1　分析の目的と対象

　推論（推理）を「前提（既知の情報や仮定）から結論（新しい情報）を導こうとする思考のはたらき」[17] と定義した場合，説明的文章の読みに関わる推論には，少なくとも二つのものが存在する。一つは，前提から結論を導く筆者の，もう一つは，文章の理解過程で読み手の行う推論である。

　中学校第2学年の説明的文章教材「シンデレラの時計」（光村図書，1992年文部省検定済み）では，シンデレラの聞いた時計の鐘の音について行われる筆者による推論の過程が文章展開の軸となっている。稿者の感覚にしたがって言うことが許されるならば，この文章の「おもしろさ」は，筆者の推論過程を跡づけるようにして読み手自身も推論を行うところにある。

　ところで，ジョンソン゠レアードは，意識・無意識という観点から，「明示的な推論」と「暗黙の推論」という二つの異なる推論のあり方について，次のように述べている（強調文字は引用元による）[18]。

　　　日常生活で発生する二種類の推論には，重要なちがいがある。一つには，私がこれまで考えてきたもので，たいていの場合意識的に行い，しかもその際に冷静な努力を必要とする推論である。推論しよう，と意識的に決心しなければならない。この推論には時間がかかるし，常に意識されている。これが**明示的な推論**である。もう一つは直観的な判断や談話理解といったありふれた処理過程の基本になっているもので，迅速で，特に努力することもなく無意識のうちに行われる。これが**暗黙の推論**である。

　このような観点から説明的文章の読みの指導をとらえると，これまでの多くの授業で，学習者に「明示的な推論」を行わせることがねらいとされてきたように思われる。文章を読む際の「暗黙の推論」の重要性が指摘さ

れることもあるが[19]，我が国の読みの指導では，「明示的な推論」を行わせることによって，論理的思考力を身につけさせることができると考えられてきたと思われる。

　しかし，そこには問題がいくつかある。その一つは，説明的文章の読みの授業には，本文を抜き出す，要約するといった学習者の読みの行動が多く見られるが，果たして，そうした読みのあり方によって，筆者や読み手の推論を明示化し得ているかという問題である。もう一つは，では何を手がかりにすると，教師あるいは学習者が推論を明示化できるのかということである。

　このような問題の把握から，本項は，説明的文章の読みにおける筆者および読み手の推論を明示化する方法について論じることを目的とする。そして，「シンデレラの時計」の前半部を題材とし，(1) 明示化する手がかりについて述べ，(2) 教材に即して筆者および読み手の推論の明示化を具体的に分析するという手順で考察を進める。

2　分析の方法──〈モダリティ〉表現への注目──

　推論には，例えば三段論法のように形式化されたルールにしたがって行われるものも確かにある。しかし，近年の推論研究は，人が多くそうしたルールによらずに推論を行うことを明らかにしてきている。このような点から説明的文章における推論を見てみると，形式化できるものはむしろ少なく，形式論理は，筆者の推論過程をとらえるのに必ずしも有効な手がかりにならない。一方で，筆者の推論過程は，文章という言語形式によって表されており，それは，言語の意味や表現形式と何らかの結びつきのあるものと考えられる。

　中右実は，「言語記号化できるかぎり」において「意味体系は概念体系と内在的な連関性を持つ」[20] という認知意味論の立場から，文に一定不変の意味構造を階層意味論として定式化している。中右は，文の意味構造について次のように述べる[21]。

　　　さきにみたように，文の意味内容を構成する定常的成分に命題内容があ

ることは疑い容れない。しかし，文の意味内容はそれで尽きるのではない。ほかにやはり，不可欠な成分として命題態度がある。命題内容に命題態度が加味されてはじめて文の意味内容は完結する。つまり，この二極構造こそが，文が独立節として成立するための意味論的条件なのである。もちろん，それ以外にも，往々にして，随意的な意味成分が加味される。その種の随意的意味成分を一括して発話態度と呼ぶのだが，それというのも元来，文に内在的な性質というよりはむしろ，なんらかの談話要因から派生する文外性質だからである。

　このうち，命題態度と発話態度とは，義務的・随意的の違いを越えて，重要な共通性を備えている。その共通性は，結局のところ，〈発話時点における話し手の心的態度〉ということばでまとめることができる。そして，この性質を私は以後〈モダリティ〉と呼ぶことにする。この視点から改めて言い直せば，命題態度と発話態度はモダリティという共通の意味範疇に帰属する異なる下位類として定式化することができる。さらに，その個別的性質をも考え合わせれば，命題態度は〈Ｓモダリティ〉，また発話態度は〈Ｄモダリティ〉と呼ぶことができる。

こうした意味のとらえ方から見ると，推論と文の意味構造とは，次のような点で深く関わると思われる。一つは，既に存在する命題内容から，新たな命題内容が産出されるという点である。もう一つは，命題内容に対する筆者の判断としての〈モダリティ〉という点においてである。

　中右は，上の二種の〈モダリティ〉についてさらに下位分類を行っているが，「意味と形式の適正関係を常に考察の射程に入れておく」[22] という立場から，常に〈モダリティ〉を表現形式との結びつきにおいてとらえており，下位分類されたそれぞれの〈モダリティ〉は，定義・説明が表現形式とともに示されている。そして，例えば〈Ｄモダリティ〉の第一類〈談話形成のモダリティ〉には，接続詞などが表現形式として挙げられており，文単位の〈Ｓモダリティ〉と談話単位の〈Ｄモダリティ〉がともに推論に関わることが確信される。しかし，本稿では，まず「不可欠な成分」としての〈Ｓモダリティ〉のみを取り上げることにする（以下は，〈Ｓモダリティ〉を全てただ〈モダリティ〉と表す）。

　下位に分類された〈モダリティ〉を表現形式とともに示すと次のようで

ある[23]。

第一類〈真偽判断のモダリティ〉。これは，話し手が命題内容の真理値（真偽いずれかの値）について，肯定的あるいは否定的に断定・推定するモダリティのこと。いわゆる断定判断，推定判断のことを指す。

　a．にちがいない，かもしれない，はずだ，ようだ，だろう，でしょう，まい

　b．おそらく，たぶん，ひょっとして，きっと，確かに，確か，私見では，私の見るところ，私の知るかぎり，（私の）思うに，察するに

　c．よ，ね，思う，思われる，（ように）みえる，言わざるをえない，強調したい，思えない，思わない，知らない，わからない

第二類〈判断保留のモダリティ〉。これは，命題内容の真理値について，その真偽判断を保留し，中立的な立場を表明ないしは含意するモダリティのこと。これには少なくとも，①疑問・質問態度と②伝聞判断が含まれる。さらにもうひとつ，③平叙文直説法（つまりモダリティが無標の場合）に特有な陳述態度をも，この類に加えることができる。

　a．（だろう／でしょう）か，という，といわれる，とされる，と聞く／聞いている，そうだ

　b．聞くところによれば，うわさでは

第三類〈是非判断のモダリティ〉。これは命題内容の真理値について，その是非を認定するモダリティのこと。是認，承認，確認，承諾など賛意表明，および否認，否決，反論，異議申し立てなど反対表明の立場を指す。

　a．（を）疑問に思う，疑わしく思う，どうかと思う，私は認めない

　b．（に）同意しかねる，賛成できない，（大いに）賛成だ

第四類〈価値判断のモダリティ〉。これは命題内容が指し示す特定の状況について，情緒的反応を示したり評価を下したりするモダリティのこと。

　a．残念に思う，不思議に思う，奇異に感ずる，申し訳なく思う

　b．残念なことに，おもしろいことに，驚いたことに

　c．あいにく（ですが），おかしなことに，驚いたことに

　d．不運にも，愚かにも，不謹慎にも，うかつにも

第五類〈拘束判断のモダリティ〉。これは命題内容が指し示す未来の行為の実現に関して，その行為遂行者を拘束する話し手の立場を表明するモダリティのこと。

　a．つまりだ，たい（と思います），（と）約束します／誓います

第3章　推論的読みを観点とした中学校説明的文章教材の文章構造の分析

　　b．ろ，てくれ，てください，てほしい，ていただきたい，（よう）お願
　　　いします／頼みます

　〈モダリティ〉の種類で言えば，推論には，特に第一・二・三類の〈モダ
リティ〉が関わると思われる。先に述べたように，中右は，表現形式と結
びついたものとして〈モダリティ〉をとらえており，ここに挙げられた表
現が推論過程を明示的なものにする形式的な手がかりになると考えられ
る。

　　しかし，文末にこうした特定の表現形式を持たない文も存在する。例え
ば動詞・形容詞の終止形で終わるものである。このような文は，例えば事
実を述べる場合など，説明的文章には頻繁に登場し，推論に深く関係する
が，中右は，こうした文の〈モダリティ〉を〈判断保留のモダリティ〉の
説明に既に登場していたように〈無標のモダリティ〉と呼ぶ。そして，こ
れについて次のように述べている[24]。

　　　（4）直説法平叙文のモダリティは，そうでないとする特別な理由がないかぎ
　　　　り，「定言的断定」の陳述を表す。

　　中右にしたがえば，〈無標のモダリティ〉は，真偽判断の場合と判断保留
の場合とがあることになるが，このことは，推論過程をとらえるにあたっ
て気を付けなければならない。

　　以下では，特に文末の〈モダリティ〉とその表現形式を手がかりにして，
説明的文章教材の読みにおける推論の過程がどのように明示化できるかに
ついて，「シンデレラの時計」を素材にして具体的に分析する。

3　〈モダリティ〉表現に注目した筆者の推論過程の分析

（1）問題設定の部分

　この文章は，シンデレラのお話のあらすじからはじまる。なお，括弧内
の数字は全ての文に連続して付した文番号を表し，引用文の漢数字は算用
数字に改めた（以下同じ）。

　　　（1）「真夜中の12時を少しでも過ぎてはいけない。」
　　　（中略）

145

(6) シンデレラはガラスの靴の片方を残したまま，慌ててお城を飛び出した
ものの，そのときには，もう魔法が解けて，元の貧しい娘の姿に戻ってい
た――。

　これらは，シンデレラのお話からの引用あるいは要約であるが，特に
(6)のような出来事を述べた文は，文末の〈モダリティ〉が無標である。
先に見たように，〈無標のモダリティ〉は，「特別な理由がないかぎり」定
言的断定を表すが，これらに続く次の文を読むまででは，筆者はシンデレ
ラの話をそのまま受け入れているかのようである。

(7) これは，だれでもが知っている「シンデレラ」の話である。
(8) 哀れなシンデレラがついには王子に見いだされ，幸せをつかむという話
は，子供心にほのぼのとした夢をかき立てられたものである。

　しかし，さらに続く以下の文によって「特別な理由」が示される。

(9) ところがよく考えてみると，この話には気になる点が幾つかある。
(10) まず，いったいシンデレラはどうして時を知ったのだろうか。
(11) 一日目の夜は，時計が11時45分を打つ音で時を知ったというが，腕
時計も懐中時計もない昔のこと，そんな半端な時刻に鐘の鳴る時計が
あったのだろうか。
(12) もしあったとすれば，それはどんな時計だったのだろうか。
(13) これが第一の素朴な疑問である。

　(10)から(12)文は，シンデレラのお話についてのいくつかの疑問点す
なわち「特別な理由」を述べたものであり，「だろうか」という〈判断保留
のモダリティ〉表現によってそれが明示的に提示されている。そして，こ
のことにより，(1)から(6)文の〈モダリティ〉が判断保留であることが
はっきりとする。

　(9)と(13)文の〈モダリティ〉は，定言的断定になっているが，それ
は「この話には気になる点がいくつかある」あるいは「これが疑問である」
という命題内容に対するものであり，文全体の意味を考えると，(10)から
(12)文がシンデレラのお話に対する問題提示であることを明示する働き
を果たしている。

（9）と（13）文のこのような働きは,「を疑問に思う」という表現形式に代表される〈是非判断のモダリティ〉に似ている面がある。中右は,〈是非判断のモダリティ〉における命題内容に対する筆者の認識について, 先の定義の引用に続いて次のように述べている[25]。

> 容易に想像しうるように, これら是非判断の場合は, 第一類の真偽判断の場合とは対照的に, 命題内容は〈既定的〉（preestablished）である。既定的命題とは, その情報が発話時点に先立って既に談話の世界に提示されているものとして話し手が認識している命題のことをいう。そこで問題となる命題内容は, その真偽のほどは別として, その場ですでに了解済みの情報とされるものである。

この指摘は,（1）から（6）文と（9）および（13）文との関係をはっきりさせるものとなる。前者すなわちシンデレラの話は,（7）「だれもが知っている」ものとして〈既定的〉であり, そういう〈既定的〉なお話に対して, 誰もが持たないような疑問を筆者が提示するところに読み手は「おもしろさ」を感じる。後者は, その関係を明示しているのである。ただし, この場合, 筆者は, 引用・要約中の命題内容そのものに対して是非を判断しているわけではない。それらには含まれない新しい情報, あるいは暗黙の前提とされている情報を希求する疑問の提示である。

ある部分とある部分の関係を明示的に示す文は, 以下にもたびたび登場する。こうした働きを持つ文の存在は, 説明的文章の構造的な特徴の一つと考えられる。

（2）問題解決の部分

問題設定の後には, 次のような文が続く（下線は稿者による。以下同じ）。

（14）そもそも「シンデレラ」は, フランスの作家シャルル・ペローが民話から取材した童話の一つである。

（15）その書きだしは,「昔, 一人の貴族がいて‥‥」となっている。

（16）ペローが童話集を編集出版したのは 1697 年のこと, そこで「昔」といっているのだから, 話の舞台は少なくとも 17 世紀以前のこと<u>と考え</u>

てよい。
　（17）しかも，こと時計に関しては，厳然たる機械時計の歴史がある。
　（18）だから，シンデレラが聞いた時計の音を，17世紀以前の機械時計の歴
　　　史の中に探ってみることは可能なはずである。

　ここでは，〈モダリティ〉が無標の定言的断定の文（14・15・17）と，〈真偽
判断のモダリティ〉表現（下線部）によって表される文（16・18）とがほぼ
順番に登場する。（14）（15）（17）各文における命題内容は，筆者が確認さ
れた事実として既に受け入れているものである。その点において，これら
は〈既定的〉である。
　一方の後者における命題内容はどうであろうか。中右は，〈真偽判断の
モダリティ〉についてやはり先の引用の説明の後次のように述べてい
る[26]。

　　　この場合の命題内容は〈非既定的〉（nonpreestablished）である。非既定
　　　的命題とは，そこに込められた情報を発話時点において初めて談話の世界
　　　に提示するものとして，話し手が把握している命題のことをいう。

　これによれば，（16）（18）文の命題内容は〈非既定的〉であり，筆者が
推論によって新たに導き出したものと筆者自身によって認識されていると
言える。
　このように，問題設定に続く部分では，筆者は，〈既定的〉な事柄から
〈非既定的〉な事柄を導き出すという推論によって，問題を解決する糸口を
導き出している。この文章における筆者の推論は，おおかたこのようなも
のであり，それが文章の展開の軸となっている。また，〈モダリティ〉の違
いに注目することによって，筆者が命題内容をどのようにとらえているか
（既定的か非既定的か）といったことを意識することが可能となることがわ
かる。

（3）問題再設定の部分

　続く（19）から（24）の文は，同様に「定言的断定」によって表現される
確かめられた事実を述べるものである。

148

（19）機械時計の出現は，西暦1300年前後，場所はヨーロッパ各地の修道院である。

　（中略）

（24）その後，15世紀から16世妃にかけて，ヨーロッパの多くの都市で，教会や市庁舎の塔，また，市民が集まってくる市場などに，時計が取り付けられた。

　これらの事実から，シンデレラが聞いた鐘の音は公共用時計だったのではないかという推論を行うことは容易であるが，これについて筆者は次のように〈判断保留のモダリティ〉表現（下線部）によって述べている。

（25）とすると，シンデレラが聞いた鐘は，このような公共用時計の鐘だったのだろうか。

　筆者は，この保留した判断について，繰り返し仮定を用いて（波線部）推論を重ねる。それは次のような過程である。

（26）確かに，大きな鐘の音であれば，舞踏会の宮廷まで聞こえたであろう。

（27）しかし，それが15分ごとに鳴っていたかどうかよくわからない。

（28）もしそうであれば，話は簡単である。

（29）が，もし1時間ごとに時を告げていたのであれば，それを聞いて駆けだしたのでは間に合わない。

（30）それならば，15分ごとに鐘が鳴っていた時計はほかになかったのであろうか。

　ここで筆者は，判断を保留した問題について，結論を導かないまま，ついには，（30）文において「ほかに」と焦点を転換することによって，問題を再設定している。一連の文の文末の〈モダリティ〉を見ると，（26）真偽判断，（27）（30）判断保留，（29）（30）定言的断定というように，さまざまな種類のものが混在している。このことは，後に述べる文章の不十分さと関わると思われるが，ここでは特徴の指摘にとどめる。

（4）問題解決から結論に至る部分

　問題の再設定の後，文章は，次のように，「実は」という副詞にはじまる

事実の告白によって展開していく。

> （31）実は，公共用時計とは別に，15 世紀半ば，ぜんまい駆動の室内用置き
> 時計が出現していた。

そして，筆者は，室内用置き時計について，さらに事実を述べた後，次
のように問題を設定する。

> （35）問題は，はたしてそれが，15 分ごとに鐘を鳴らしていたかどうかであ
> る。
> （中略）
> （40）やはり，鐘がどのように鳴っていたかを確認しないかぎり，シンデレ
> ラの話の謎は解けない。

室内用時計が15分ごとに鐘を鳴らしていたかどうかという問題は，この
ように二度にわたって繰り返し提示されている。しかし，ここでは，特別
な文末の〈モダリティ〉表現は用いられていない。「問題」「謎」といった
サインを含む命題内容が，問題を示している。この問題は，次のように一
冊の本の登場によって解決される。

> （41）そんなことを考えていたある日，一冊の本が手元に届いた。
> （42）それは「時計仕掛けの世界ドイツの置き時計と自動仕掛け　1550 〜
> 1650」と題するもので，それを見たとき，わたしはあっと驚いた。
> （43）そこには，120 点の時計について，それぞれの鐘の打ち方が記されて
> いるではないか。
> （44）それによれば，多くの時計が15 分ごと，および 1 時間ごとに鳴る仕掛
> けとある。
> （45）しかも，それらの製作年代は，すべて 16 世紀末から 17 世紀初めにか
> けての時期であることが明記されている。

ここでは，やはり定言的断定によって事実が述べられているが，（42）の
波線部と（43）の下線部の表現は特徴的である。両者とも，「驚き」という
筆者の感情を示している。（43）の下線部は，中右の掲げた表現形式には含
まれていないが〈価値判断のモダリティ〉を表すと考えられる。中右は，
この〈モダリティ〉における命題内容について次のように述べている[27]。

　　ここで命題内容は〈叙述的〉（factive）である。つまり話し手は，命題内容

150

の真偽性を前提としないかぎり，それが指し示す状況に対して情緒的価値
判断を表明することはできないからである。

　これによれば，（43）文において，筆者は，一冊の本に書かれていることを
事実として受け入れ，それがこれまでの問題を解決するものであることに
対して「驚き」という情緒的な反応を示していることになる。（42）の波線
部も，全体の意味としては似た働きをしていると考えられる。

　このようにして事実が強調された後，結論が示される。その述べ方は次
のようである。

　（46）これによって，わたしは長い間の疑問が解けた<u>と思った</u>。
　（47）15分ごとに鳴る時計は<u>確か</u>にあった。
　（48）それは室内用の置き時計であった。
　（49）シンデレラが聞いた時報も，おそらく王宮内の置き時計のものであっ
　　　た<u>にちがいない</u>。

　ここでは，下線部のように〈真偽判断のモダリティ〉表現が多く用いら
れている。したがって，これらの結論としての命題内容は〈非既定的〉で
ある。つまり，筆者はこの結論を「発話時点においてはじめて談話の世界
に提示するものとして」把握しているのである。また，これらの結論が
〈無標のモダリティ〉ではなく，〈真偽判断のモダリティ〉が明示されてい
ることは，結論が筆者によるものであることを読み手に強く印象づける。

（5）全体構造

　文末の〈モダリティ〉に注目することにより，文章全体における筆者の
推論の流れをとらえると，次のような部分があったと考えられる。

　a　〈無標のモダリティ〉による引用・要約または事実の部分
　b　〈判断保留のモダリティ〉と〈是非判断のモダリティ〉による問題提
　　　示の部分
　c　〈価値判断のモダリティ〉による事実強調の部分
　d　〈真偽判断のモダリティ〉による推論結果・結論の部分
　〈モダリティ〉に注目することで，表現形式との関わりにおいて，筆者の

151

推論の大きな流れ，あるいは，文章の全体構造をとらえることができると思われる。

4　読み手による推論の分析

(1)　筆者の非明示的な推論

　前項では，〈モダリティ〉表現に注目することによって，筆者の推論過程を明示化することができることを示した。しかし，文として明示的に表されたもののみが，筆者の推論過程ではない。むしろ，言語によるコミュニケーションにおいて全てを表すことは有効ではなく，読み手の推論に委ねられる部分も大きい。このことについて，先に触れた，公共用時計が15分ごとに鐘を鳴らしていたかどうかという問題とその結論を再び例に，考えてみたい。

　この問題は，次のように設定されていた（○の番号は形式段落に付した通し番号を表す）。

> ⑦　とすると，シンデレラが聞いた鐘は，このような公共用時計の鐘だったのだろうか。確かに，大きな鐘の音であれば，舞踏会の宮廷まで聞こえたであろう。<u>しかし，それが15分ごとに鳴っていたかどうかよくわからない</u>。もしそうであれば，話は簡単である。が，もし1時間ごとに時を告げていたのであれば，それを聞いて駆けだしたのでは間に合わない。
> ⑧　それならば，15分ごとに鐘が鳴っていた時計はほかになかったのであろうか。

　下線部のように，公共用時計が15分ごとに鐘を鳴らしていたかどうかということは，明示的には「よくわからない」と述べられている。この後の段落においても，この問題について明示的に結論を述べている箇所はない。そして，この問題には直接言及しないままに，前半部の最後で，シンデレラが午後11時45分に聞いた鐘の音の正体について，次のように結論を述べている。

> ⑫　これによって，わたしは長い間の疑問が解けたと思った。<u>15分ごとに鳴る時計は確かにあった</u>。それは室内用の置き時計であった。シンデレ

152

第3章　推論的読みを観点とした中学校説明的文章教材の文章構造の分析

ラが聞いた時報も，おそらく三宮内の置き時計のものであったにちがい
ない。

　筆者の推論による結論は，前項で述べたように，「にちがいない」といっ
た〈モダリティ〉表現によって明示的に示されている。しかし，明示的に
文として示された推論を追った限りでは，⑦段落に残された先の問題につ
いて筆者がどのような推論を行い，このような結論を導いたのかはわから
ない。この問題について，本文の明示的な記述に沿ってさらに考えてみる。
　段落には，「もし」という仮定の表現を用いた文が二つあった。

　　(28)　もしそうであれば，話は簡単である。
　　(29)　が，もし1時間ごとに時を告げていたのであれば，それを聞いて駆け
　　　　だしたのでは間に合わない。

　(28) 文の「そう」は，前文の「それ（公共用時計）が15分ごとに鐘を鳴
らしていた」ということを指示している。また，正確に言えば，(29) の文
の仮定は，公共用時計が15分ごとには鐘を鳴らしていなかったというこ
とを含意している。したがって，(28) と (29) の仮定がどちらも真である
ということはない。しかし，ここで筆者がどちらの仮定を真あるいは偽と
しているかは明らかではない。そうすると，⑧段落の (30) 文におけるや
はり仮定の助詞によって続けられる「それ（ならば）」が指示するのは，前
段落に示されたいずれの文の命題内容でもないことになる。つまり，筆者
がどのような推論を行い「15分ごとに鐘が鳴っていた時計はほかになかっ
た」かを探ることにしたのかは，文章に明示的ではない。

　ここで筆者は，公共用時計が15分ごとに鐘を鳴らしていたかどうかとい
うことを判断保留にしたまま，公共用時計とは別に15分ごとに鐘を鳴らし
ていた時計がなかったかという可能性を求めていると考えることもでき
る。しかし，そうであるにしても，15分ごとに鐘を鳴らす室内用置き時計
の存在を確かめたとき，もう一度，公共用時計と比較してどちらが11時45
分に時刻を告げたのかを判断しなければ，⑫段落に述べられたような結論
を出すことはできない。ところが，この文章には，そのように両者を比較
吟味した箇所はなく，結論に至る筆者の推論は文章に明示されていない。

153

阿部昇は，この問題について次のように教材を批判している[28]。

　　私は，「公共用時計」の可能性が高いなどと言っているのではない。それ
　は，他の資料をあたる中で，あるいは可能性が低いということになるかもし
　れない。が，この文章の推論過程においては，筆者は「十五分ごとに鳴って
　いたかどうかよくわからない。」としているのである。そうである以上，そ
　れをいつの間にか何の吟味過程もないままに，可能性がなかったかのよう
　に推理を進めていること，そのことの問題性を指摘しているのである。
　　これも，筆者が論理展開を明快におもしろくするために，あえて「公共用
　時計」の可能性を無視してしまおうとしたと言われても仕方がないと言え
　るだろう。「論説文」としては，ここでも決定的な問題性を含んでいると言
　わざるをえない。つまり，ここからも前半の結論には「許容できない飛躍」
　が含まれていると言いうるのである。
　　少なくとも，第12段落では「シンデレラが聞いた時報が，王宮内の置き
　時計のものであったということは，いくつかある有力な可能性の一つとい
　うことはできるはずである。もちろん，さきほど述べたように公共用時計
　の可能性も同時に存在するものではあるが。」などと，書くべきである。

　阿部は，上で指摘した問題について，「論説文」はいろいろな可能性を一
つ一つ検証しながらそれを明示的に述べて自分の仮説を論証すべきである
という立場から，⑫段落での前半部分の結論を「許容できない飛躍」と批
判している。これを説明的文章の読みの指導の面からとらえると，このよ
うな読み方は，いわゆる「批判的な読み」として教授の内容とされること
もある。しかし，もう一方で，この問題を読み手（学習者）がどのように
文章を理解するかという面からとらえるならば，少し違った側面を考える
必要があると思われる。

(2) 読み手による推論の明示化
　読み手は，自己の文章理解過程において常にモニタリングを行っている
が，教材に対して常に批判的であるとは限らない。むしろ，明示的に示さ
れていないことについては，蓄積された既有知識を用いて推論を行いなが
ら積極的に理解するという面をも持っている。その推論に，ジョンソン＝

154

レアードが指摘するように，暗黙の場合と明示的な場合とがあるのである。

　このような側面から考えると，上の問題箇所について，読み手が例えば次のような推論を行っていることも予想できる。

　a．シンデレラは，11時45分に鐘の鳴るのを聞いた。

　b．一般的に，公共用の時計は，1時間または30分ごとに鐘を鳴らし，15分ごとには鳴らさない 。

　c．シンデレラが聞いたのは，公共用時計の鐘ではない。

　教材本文には，aの情報が明示的に示されている。そして，読み手がbのような既有知識を持つと仮定し，aとbを前提に推論を行うと，cのような結論が導かれる。

　読み手の中には，室内用置き時計に焦点が移ることにより，シンデレラの聞いた鐘の音が公共用時計のものであったかもしれないという可能性を忘れてしまう読み手もいるかもしれない。公共用時計の可能性を仮定により否定する（29）の文を理解する際，a・b・cという推論を読み手が暗黙のうちに行っていることも考えられる。そのような推論を禁じることはできない。また，⑦段落における仮定による公共用時計の可能性吟味の順序は肯定が前，否定が後になっており，これを考え合わせると，上の推論が本文の記述に沿ったものではないと言い捨てることもできないと思われる。さらに言えば，筆者についても，「王宮内の置き時計のものであった<u>にちがいない</u>」という結論を導くにあたって，上のような推論を行ったと考えることも筆者に肩入れしすぎた解釈とは思われない。

　もちろん，阿部も指摘するように，（27）文で「わからない」としたにもかかわらず，結論を導く際に公共用時計について触れないのは，教材あるいは文章を評価する立場に立った場合，大きな問題である。しかし，それでも，「公共用時計の可能性も同時に存在するものではあるが」と書くべきというように同じ程度に並立する可能性ではないと思われる。

　推論を意識的に慎重に行うことによって論理的思考力を身につけさせるという国語科授業のねらいから考えた場合，むしろ問題は，（29）文に引きずられるようにして無意識的に，こうした推論を行うことにある（これは

要約・引用による理解の問題点として先に指摘した）。あるいは，公共用時計の可能性を忘れてしまうことにある。そして，言語によるコミュニケーションの性質から見て，こうした問題は，この文章のこの箇所に限ったことではない。他の箇所，他の文章においても常に存在し得る問題である。

　このような問題の把握から，説明的文章の読みの教授と学習を再び考えると，読み手の「暗黙の推論」を意識化するための手がかりが必要であると思われる。〈モダリティ〉表現に注目することはその一つの方法となるのではないか。例えば，前項で指摘した⑦段落の問題再設定箇所におけるさまざまな〈モダリティ〉の混在は，筆者の立場の不確かさを示していると思われる。また，結論部における「にちがいない」等の〈真偽判断のモダリティ〉表現は，筆者の心的態度が表れたものに他ならず，これに注目することで筆者がどのような推論を行ったかを考える契機とすることができる。批判的な態度で読むことも，「暗黙の推論」を明示化するための方法の一つと言うこともできる。しかし，〈モダリティ〉表現に注目することは，形に表れた言語形式を手がかりにするという点において，より具体的な方法であると思われる。

　本節では，引用・要約による筆者の推論過程の理解の問題点を指摘し，〈モダリティ〉の中でも特に文末の〈Ｓモダリティ〉の表現形式に注目することにより，筆者の推論過程を明示的にとらえることの可能性を「シンデレラの時計」という具体的な教材に沿って明らかにすることができた。また，筆者あるいは読み手の「暗黙の推論」の問題を指摘し，〈モダリティ〉表現に注目することがそれを解決する手がかりになることを示した。

　しかし，その他の多くの教材においてそれが有効であるかどうかは示し得ていない。また，〈無標のモダリティ〉の文が，命題内容の表す意味によって，例えば〈是非判断のモダリティ〉と似た働きを担っている場合も見られた。今後は，多くの教材を対象に，文末の〈モダリティ〉に限定せず，他の〈モダリティ〉をも含めて，〈モダリティ〉とその表現形式に着目することの有効性を検証する必要がある。

第4節　中学校国語教科書における説明的文章教材の系統性の分析

第1項　中学校説明的文章教材の説明構造の系統性の分析
――学校図書中学校国語教科書における説明的文章教材の分析を通して――

1　分析の目的と方法

目的　国語教科書に採録されている説明的文章教材の段階性については，発達段階との関連からいくつかの指摘がある。説明的文章には，取り上げた対象をどのように「説明」しているかという側面と，そうした「説明」を通してどのような主張を読み手に伝えているかという側面とがある。説明的文章教材の段階性に関する指摘も，こうした二つの側面からとらえることができる。

　筆者の主張の有無によって設定した報告文・論説文などのジャンルを指標とし，教材として提出される発達段階との関連の傾向性を指摘するのは，後者の側面への注目である[29]。連接関係の分析による文章構造の類型を指標とするものもある[30]。しかし，これらは，小学校・中学校・高校といった学校段階ごとの傾向をとらえるにとどまることが多い。中学校の教科書教材の文章構成の分析から，学年による文章構成モデルの段階的提示への配慮がないという指摘もある[31]。

　前者すなわち対象の「説明」の側面からの指摘には，西郷竹彦による「認識の方法」の系統案がある[32]。特に小学校段階については，これを再構成した論理的思考力の系統案もいくつか提案され，実践的な検証がなされるなど，説明的文章の学習指導研究に大きな進展をもたらしたと言ってよい。しかし，西郷による中学・高校段階に関する試案が活用されることは稀で，むしろ小学校段階のものが援用されることが多い。

　表現内容の領域を指標として発達段階との関連がとらえられることもある。小学校低学年に理科的な内容が多く，高学年になると社会科的なもの

が増加するといった傾向の指摘がある[33]。中学校段階でも，各教科書に内容や領域の系統化への配慮はうかがわれる。しかし，領域による「説明」の違いについては問題にされることは少ない。

　以上のことから，中等教育における教材の段階性が十分にとらえられていないという課題が浮かび上がる。また，言語の形式や表現方法への関心が高い一方，説明的文章における「説明」とはどのようなものなのかという問題を段階性の指標と結びつけてこなかったという問題がある。

　寺井正憲は，科学哲学における「説明」の議論をふまえて説明的文章の文章構造の分析を行っている[34]。寺井は，テクスト言語学者であるキニービーによる文章ジャンルの分類（説明型文章・探究型文章），哲学者の黒崎宏による「科学的説明」を導く問いの分類（なぜ・いかに・何を），さらに理科教育における探究過程（問題発見−解決）を複合的に援用して，説明的文章の文章構成モデルを構想し，小学校説明的文章教材の中でも自然科学的な内容を持つものについて分析を行っている。本項は，こうした寺井の研究を中学校段階あるいは自然科学的な教材以外へと発展させ，説明的文章教材の「説明」の段階性をとらえる枠組みを構築することを研究の目的とする。

対象　分析の対象としては，学校図書の中学校教科書（2005年文部科学省検定済み）を選定し，具体的には下記の教材について分析を行った。これらの説明的文章教材は批評性が強く，高校における評論教材との連続性が見出しやすいと考えたためである。

　　　中1：小原嘉明「モンシロチョウの手旗信号」（教材1）

　　　　　　若生謙二「変わる動物園」（教材2）

　　　中2：なだいなだ「逃げることは，ほんとうにひきょうか」（教材3）

　　　　　　河合雅雄「若者が文化を創造する」（教材4）

　　　中3：内山節「武蔵野の風景」（教材5）

　　　　　　玉木正之「運動会」（教材6）

　　　　　　能登路雅子「ディズニーランドという聖地」（教材7）

方法　ここでは，寺井正憲が用いた黒崎宏による「科学的説明」の分類を

158

参考にしたい[35]。黒崎の議論を整理しておくと，黒崎は，「説明」とは問いに答えることであるととらえ，「なぜ」「何」「いかに」が「説明」を求める問いの代表であるとする。中でも「科学的説明」を求める問いは「なぜ」であるが，ここで対象としているのは「広い意味での学問領域」すなわち「物理学で代表される数学的自然科学から生物学，心理学，社会学，歴史研究」までを含めたものである。黒崎による「説明」の分類を，問いの違いや推論の種類，因果法則の時間性によって整理すると次の通りである。

〈問い〉	〈説明の類型〉	〈推論の種類〉	〈法則の時間性〉	〈説明の意味〉
なぜ	因果的	演繹／統計	継時	原因による説明
		演繹	同時	理由による説明（法則の説明）
	目的論的	演繹／統計	遡時	意図による説明
		演繹／統計	継時	意義による説明
	発生的	演繹／統計	継時・遡時	成立過程の説明
何	—	—	—	分類による説明
いかに	—	—	—	過程についての説明
	—	—	—	構造についての説明

第2章第3節で示した内井の整理における三つの科学的説明の軸の他にここで導入されるのは，生物学や歴史学における「発生的説明」である。科学的説明の類型を推論の種類ととらえるならば，読み手が文章理解過程で行う推論を特徴づけることになりうる。しかし，先にも述べたように，科学的説明だけで，説明的文章が成立しているわけではない。本項では，上の整理のうち主に〈説明の類型〉を観点として，中学校段階の説明的文章教材における「説明」の水準をとらえることにする。

なお，これまでの説明的文章教材の文章構造の分析は，連接関係が中心であった。それは，文章の形式的側面と意味との関係を重視するためであろう。しかし，ここでの「説明」を観点とした分析では，言語の線条性を重視しない。ロラン・バルトによる，例えば『モードの体系』における服飾を記述した言語の意味の構造分析の方法に倣い，階層的な把握を行う[36]。

159

2 「因果的説明」と「目的論的説明」——中1——

　教材1小原嘉明「モンシロチョウの手旗信号」は，モンシロチョウの雄と雌の生殖行動について，雄のどのような行為に対し，雌がどのように反応するかという両者の因果関係について，観察を行い，仮説を立て，検証する過程（実際には失敗の過程）が述べられる。文章構成は次の通りである。

　　Ⅰ　①　　　　問題設定　筆者の課題とモンシロチョウの生殖の条件
　　Ⅱ　②～⑧　　観察1　雌雄の区別と雄の「ちょこまか飛び」
　　　　⑨～⑫　　観察2　雌雄の生殖行動（雄の「はばたき行動」と雌の逆立ち行動）
　　Ⅲ　⑬～⑯　　仮説　雌雄のモンシロチョウの生殖時における信号行動
　　Ⅳ　⑰～㉓　　実験1と実験2による仮説検証の失敗
　　Ⅴ　㉔～㉕　　まとめ　失敗からの教訓
　　補足　　　　　結論の補足

　この教材は，筆者がモンシロチョウの生殖行動の仕組みを明らかにする過程を時間軸に沿って述べたもので，上の文章構成は，自然科学における仮説演繹法の過程，すなわち「仮説から具体的に観察可能な予測を演繹して，その予測が成り立つかどうかを検証する」[37]過程を反映したものとなっている。こうした自然科学の研究方法が文章構造に反映している教材は，小学校段階からある程度の割合で存在し，仮説－実験型というように文章構成の一つの類型が成り立つ。

　教材に採られた範囲では，結果として筆者の「説明」は失敗しているが，筆者が仮説的に行った「説明」は次の通りである。

　　⑮　この前提に立ってわたしは次のようなシナリオを考えました。雄はモンシロチョウを見つけると，それが雄か雌か判別がつかないので，とりあえずさらに近寄ってみます。すると止まっていたチョウが反応します。もしそのチョウが雄ならはばたき行動でこたえます。この場合雄は交尾できないので飛び去ります。またもしそのチョウが既交尾雌なら，逆立ち姿勢でこたえます。この場合も雄は交尾できないので飛び去ります。

160

しかしそのチョウがまだ交尾していない雌なら，静止の姿勢で答えます。そうです！このチョウこそ雄が探し求めていた交尾相手の雌なのです。雄は望みがかなえられて雌と交尾します。

ここには，伝達行動という作用因による「因果的説明」を中心にしながらも，交尾という目的因による「目的論的説明」がかいま見られる。先述したように，⑮段落で述べられる仮説からの予測は演繹的な過程であるが，観察を通して，チョウの雌雄を区別したり，行動と雌雄の関係を明らかにする過程は，枚挙的な方法による帰納である。

教材２若生謙二「変わる動物園」では，動物園における動物の展示方法が，動物のみを展示する方法から，動物が生息する自然環境とともに展示する方法へと変化してきていることを次のような構成で述べている。

Ⅰ　①　　　動物園の変化
Ⅱ　②～④　生態的展示の考え方と特徴
　　⑤～⑦　生態的展示の方法と事例
Ⅲ　⑧～⑩　新しい生態的展示の可能性
Ⅳ　⑪　　　まとめ

ここでは，動物園における展示の目的の変化が次のように示される。

　②　動物を理解するには，かれらがどのような生息環境で暮らしているのかを知ることが重要です。動物の生息地を知り，それぞれの環境に適応して生活している様子をとらえることが必要になります。現在，動物園ではこのような動物の生息地の環境を再現し，その本来の習性や行動を発揮させて，自然界での動物の暮らしに対する理解を図ろうという動きが進められています。十数年前にアメリカで始められたこれらの動きは生態的展示と呼ばれ，我が国にも取り入れられるようになっています。

新たに考えられるようになった展示の目的によって，実際の動物園の展示方法が変化するという現象の傾向は導かれており，ここに見出されるのは「目的論的説明」である。また，次の段落は，生態的展示における「新たな試み」の意義を説明している。

　⑩　これまで動物園は生物学を学ぶ場と考えられてきましたが，生態的展

示は生態学から，さらに人間と自然の関係を考える場へと舞台を広げて
います。もちろん生態的展示だけがこれからの展示の方向ではありませ
んが，この展示は大きな可能性を秘めているのです。記憶に残る具体的
な分かりやすい展示の場面や体験を介して，人間と自然のさまざまな側
面に光を当てることができるからです。

　生態的展示の「新たな試み」や「大きな可能性」がどのようなものであ
るのかについて，筆者が全て予測し「説明」することはできない。ここで
は「人間と自然の関係を考える場」というように大まかな分類が帰納的に
示されている。

　このように見てくると，中学校１年生の説明的文章教材は，現象に関す
る説明（第Ⅰ層）と，その現象が成立することの「因果的説明」や「目的
論的説明」（第Ⅱ層）によって主に構成され，それに主張が付加されるとい
う「説明」の構造が見出される（図３-２）。

Ⅱ　因果的・目的論的説明	主張
Ⅰ　現象的説明	

【図３-２】説明的文章における「説明」の階層構造（1）

3　例外による主張　――中2――

　教材３なだいなだ「逃げることは，ほんとうにひきょうか」では，「逃げ
る」と「たたかう」ということに関する人間の社会的心理と社会的価値の
仕組みについて述べられ，「逃げる」ことの意味について読者に問いかけが
なされている。文章構成は次のようなものである。

Ⅰ　①～②　自然における「逃げる」ことと「たたかう」ことの関係

Ⅱ　③～⑧　人間の社会における「逃げる」衝動から「たたかう」衝動
　　　　　　への転化の仕組み

Ⅲ　⑨～⑪　社会的価値による「逃げる」衝動の抑制と「たたかう」衝
　　　　　　動の賞賛の仕組み

Ⅳ　⑫～⑯　「逃げる」ことの意味を考え直すことの必要性

第3章　推論的読みを観点とした中学校説明的文章教材の文章構造の分析

この文章では,「逃げる」衝動と「たたかう」衝動の関係について,ある状況を想定し,そこでの心理を分析することで,人間の社会心理に関する因果的な法則を見出している。

⑦　人間は,一人で自然と向かい合っているのではなくて,社会というグループを作って,全体で自然に向かい合っている。社会のまとまりは,グループとして自分を守るためには必要だ。だから,そのまとまりを作るために,ある規則が必要になる。そして,その規則は罰の怖さによって教え込まれる。その規則は,一人一人の危険とは直接の関係がない。しかし,それが破られて,まとまりがなくなると,社会全体が危険にさらされる。それは,それに属する一人一人を,間接に危険に陥れることになる。しかし,社会の規則の中には,社会の環境が変わって,かつては意味のあったものでも,今ではなんの意味もなくなっているものもある。しかし,それでも規則として残っている。

ここでの分析方法は,人間科学における「理解」による方法であり,そのことを通して得られる「説明」は,社会的秩序の維持ということを目的因とした「目的論的説明」である。ところが,文章構成のⅣとした⑬～⑯段落の,「逃げる」ことの意味を考え直すことの必要性について筆者の主張が述べられた部分は,「説明」というよりは読者への問いかけである。

⑮　僕は,昔,軍人になるための学校にちょっとばかりいたことがある。それで知ったのだが,どこの国の軍隊も,逃げることを兵隊に教えない。おかしいことだ。逃げるのは,本能的にやれということなのだろうか。社会的にも,逃げることが意味のある場合は,たくさんあると思うのだが。無駄に命を捨てないために逃げるということは,社会のためにも大切だと,思わないだろうか。

⑯　僕は君たちに,逃げることの意味を,この辺りで,少し考えてもらいたいと思う。

ここでは,先の「目的論的説明」が当てはまらない,「逃げることが意味のある場合」という例外を想定し,そのことの意味について問題提起を行うことが筆者の主張となっている。しかし,そのことが,どのような意味を持つのかは述べられていないのである。このような例外による主張は,次の教材4にも見られる。

163

教材 4 河合雅雄「若者が文化を創造する」では，サルの食文化に関する
創出・分有・伝承の仕組みから，人間における相互理解の可能性，若者の
創造性について主張を行う文章である。文章構成は，次のようにとらえら
れる。

　Ⅰ　①〜⑤　動物における環境の意味とサルの文化的行動の意味
　Ⅱ　⑥〜⑫　文化の進化史的定義と幸島のサルの貝食文化の創出・伝
　　　　　　　承・分有の過程
　Ⅲ　⑬〜⑲　幸島のサルにおける文化的対立
　Ⅳ　⑳〜㉒　人間の文化的行動の可能性
　この文章における「科学的説明」は，演繹的な形でなされる。

　　⑪　「文化とは，ある社会の中で創出され，社会のメンバーに分有され，社
　　　会という媒体を通じて伝承される生活様式である。」という考え方であ
　　　る。幸島のサルは，以前は貝を全く食べなかった。ところがある日，一頭
　　　の子ザルが海岸の岩にくっついているヨメガカサを食べ始めた。それは
　　　個体が創出した行動型だが，それだけで貝食い文化が始まったと言って
　　　はいけない。それは単なる個体の行動に過ぎない。そのうち他の者がそ
　　　れを見て貝を食べるようになり，次いで群れのほとんどのサルが貝を食
　　　べるようになった。つまり，貝食という食性を，群れのメンバーが分有す
　　　ることになった。しかし，といってこれで貝食文化が始まったというの
　　　も早過ぎる。そのうち，生まれてくる子供が，母親が貝を食べるのを見
　　　て，みんな貝食を始める。そうして，貝食が世代を通じて伝承され，貝食
　　　という食習慣が群れに定着した時，幸島の群れは貝食文化を持ったと言
　　　えるのである。

　「進化史的な」文化の定義に内在する法則性によって，事例である幸島の
サルの貝食文化の発生・成立過程を演繹的に「説明」しているのである。
ところが，Ⅲに至ると，筆者は「理解」による「説明」へと転じる。それ
は，次のように年老いたリーダーのサルへの感情移入によってなされる。

　　⑱　カミナリにすれば，海は危険だから入ってはならない，という習慣を身
　　　につけてきた。若い者が甘いえさにつられて海へ入るとは，なんと愚か
　　　な行為だと思っているだろう。一方，若者たちは，海へ入れば気持ちがよ

164

第3章　推論的読みを観点とした中学校説明的文章教材の文章構造の分析

いし，ピーナツも拾えるのに，なんという頑固なおやじだろうと小ばかに
しているだろう。もちろんサルたちは，こんな人間臭い考え方をしてい
るわけではないが，彼らが感じているもやもやっとした気持ちを忖度し
て代弁すれば，こういうことになろうか。

　筆者は，カミナリと名付けられたサルを，イモ洗いや海水浴といった新
しい文化的行動をとろうとしない例外として，少年少女のサルと対比的な
関係でとらえる。そして，感情移入によって「理解」し，そこから次のよ
うに主張を導き出す論理を構築する。

　⑳　岩の上のリーダーと海の中の若いサルたちの構図から，人間社会での
　　大人と子供の関係について，いくつかの教訓を得ることができる。つま
　　り，この構図は，そっくりサルを人間に置き換えることができるというこ
　　とだ。年がいくと保守的になり，若い者の行動型や思考様式が理解でき
　　なくなる。そして，若者との間に価値観の上で大きなギャップができ，お
　　互いに相手の行動を非難し合うようになってしまう。こうなると，もは
　　や水と油の関係になり，相互の疎外感を深めるだけである。

　こうして見てくると，第2学年の教材3と教材4には，「説明」から主張
の導出の仕方に共通性がある。すなわち，「目的論的説明」あるいは「因果
的説明」の例外を取り出すことで，主張を行うのである。しかし，その例
外については，「科学的説明」を行ってはいない。こうした「説明」は，次
で述べる第Ⅲ層が成立する前の中間層として位置づけ，図3-3のような
「説明」の階層構造として表したい。

例外・逸脱による説明	主張
Ⅱ　因果的・目的論的説明	
Ⅰ　現象的説明	

【図3-3】説明的文章における「説明」の階層構造（2）

165

4　発生的説明——中3——

教材5内山節「武蔵野の風景」は，かつての武蔵野の自然が原生的なものではなく江戸時代につくられた自然であったという事実から，そうした「二次的な自然」と自然破壊との違いをもたらす原因を近代以降の自然の改修主体の変化に見出すという内容である。文章構成は，次の通りである。

Ⅰ　①〜⑧　　武蔵野の自然
Ⅱ　⑨〜⑪　　環境問題における二次的な自然と自然破壊
Ⅲ　⑫〜⑮　　河川の改修の主体と労働
Ⅳ　⑯〜⑱　　武蔵野の台地における労働と自然環境
Ⅴ　⑲〜⑳　　二次的な自然を生み出す要因

2年生までの教材では，自然の現象の「説明」か，人間の文化や行為の「説明」か，というように区別が可能であったのに対し，この教材では両者の相互関係が対象となっている。「二次的な自然」と自然破壊との違いをもたらす原因は次のように述べられている。

⑬　ところがそこで問題になるのは，古代から江戸期までの河川改修と，明治以降，特に戦後の河川改修は何が違うのかということである。というのは江戸期までの河川改修でも，大規模な築堤，河川の流路変更，河口近くの沼沢地の乾田化などかなり大がかりな河川改修を行っているのに，そのころの川はまだ自然の川らしさを保っていた。それが現代の河川改修が行われると，川はすっかり自然の河川らしさを失ってしまう。すなわち前者は河川改修によって，二次的な川の自然がつくられたのに，後者の改修は自然破壊になってしまったのである。この違いはどこに原因があるのだろうか。

⑭　河川改修の歴史を見ると，明治以前と以後とでは，改修の主体が流域の共同体から国家に移ったことに気づく。それは単に改修主体が変わったことには終わらなかった。なぜなら流域の共同体が主体であった間は，改修によって治めやすく使いやすい川に変えていくことと，その地域の労働の系が結びついていたからである。

これは，原因を法則性にではなく歴史の中に見出す「発生的説明」であ

166

第3章　推論的読みを観点とした中学校説明的文章教材の文章構造の分析

る。おそらく他にも原因はあるだろう。その中で筆者が主要な原因として
注目したのが地域の共同体における労働の系と川との結びつきであるが，
これは複合的な原因の把握の仕方（理論）である。筆者は，そうした原因
の把握の仕方に，環境問題が地球規模の課題となっている現在から見た社
会的な意義も見出している。このような「説明」は「目的論的説明」の「意
義の説明」でもある。同様な「説明」は，次の教材6にも見られる。

　教材6玉木正之「運動会」は，運動会が成立する過程の「説明」におい
て，富国強兵の一環として運動会を位置づけようとする国家の意図に反し
て，「祭り」「遠足」などのスポーツ・イベントの意味を帯びるに至った原
因を共同体の存在に見出している。文章構成は次のようにとらえられる。

Ⅰ　①〜④　近代の日本文化としての運動会

Ⅱ　⑤〜⑥　「遊び」の要素を含んだ日本最初の運動会「競闘遊技会」

　　⑦〜⑨　富国強兵政策の中での「運動会」開催の意図

　　⑩〜⑬　実際に地域で開催された「運動会」

Ⅲ　⑭〜⑯　「運動会」成立の原因と今後のスポーツ・イベントの可能
　　　　　　性

この教材では，「運動会」を富国強兵政策の一環として実現しようとする
明治政府の意図と，実際に各地域で「運動会」が開催される経緯とが次の
ように対比される。

　⑨　東京帝国大学で身体鍛錬発表の場としての「運動会」が初めて開催され
　　　た年，文部大臣に就任した森有礼は，児童生徒の集団訓練と体位向上を目
　　　的に，運動会の開催を奨励する文部省令を発布した。それをきっかけに，
　　　全国の小中学校，師範学校で運動会が開催されるようになったのだが，そ
　　　の中身は森文部大臣の意図した方向からみごとに離れていった。

　⑩　一八七二（明治五）年に学制が定められて，まだ十年余り。当時の日本
　　　の学校は，就学率も低く，一校あたりの生徒数も少なく，農繁期になると
　　　学校を休む生徒も多く，また運動場等の施設もなく，とても運動会など開
　　　ける状態になかった。そこで，いくつかの学校が集まって「連合運動会」
　　　を開催することになった。その場所として，寺社の境内，川原や雑草地
　　　（地域の共有地）などが選ばれた。そこで，檀家や氏子，地域住民の支援

167

が必要となり，彼らの参加できる種目を取り入れることになり，パン食い競争や豚追い競争といった「遊戯会」「力芸会」の種目が取り入れられるようになった。

　ここでは，社会における法則としての法律・命令が原因としてうまく機能せず，各地域の実情が真の原因として作用し，運動会が「祭り」や「遠足」としての役割を帯びながら成立するという「発生的説明」がなされている。その上で筆者は，次のような現在の課題を述べて，近代国家に対する共同体の意義や可能性を主張する。

⑮　先に引用した漱石が『三四郎』で批判した東京帝国大学の「運動会」とは対照的に，日本全国に広がった庶民レベル，地域レベルの運動会は，文化としての「スポーツ」の本義を具現化したイベントと言えるのである。そのようなスポーツ・イベントの創造を可能にしたのは，日本にまだ共同体が残されていたからだろう。が，逆に，共同体の崩壊した今日では，スポーツが求心力となり，新たな共同体を作り出せるか否かが問われている。

　筆者は，共同体という原因に「意義」を見出し，「説明」の中心に据えているのである。

　教材7能登路雅子「ディズニーランドという聖地」では，ディズニーランドのアトラクションの背後にあるウォルト＝ディズニーの世界観が形成される原因をアメリカ中西部の人々の自然との関係に見出している。文章構成は次のようにとらえられる。

Ⅰ　①〜⑤　ウォルト＝ディズニーの世界と中西部の精神構造との関係
Ⅱ　⑥〜⑩　「ディズニーの国」におけるアトラクションの特徴
Ⅲ　⑪　　　現代社会との共通点

　筆者は，ディズニー作品の特徴を⑤段落で「自然の徹底的な否定と狂信的とさえ言える衛生思想なのである」としているが，こうした作品世界を生み出した原因は，次のように「説明」される。

②　十九世紀末にカンザス州トピーカで生まれ，一九九〇年に亡くなったアメリカの著名な精神分析医カール＝メニンガーは，アメリカ人の精神

第3章　推論的読みを観点とした中学校説明的文章教材の文章構造の分析

構造に少なからぬ影響を及ぼしている中西部のメンタリティを次のように観察している。中西部人，特に農村育ちの人間にとり，大地の本質は泥とほこりであり，泥とほこりはそのまま彼らの敵，禁忌の対象であった。文明とは泥とほこりを征服し，封じ込めることを意味し，その過程で，大地に対して人間が本来持っていた愛情は消失する。こうして，中西部農民は，自然に対し，強烈な敵意や破壊の衝動を抱き，自然の美しさに対しては無感覚になる。

③　自然に対して幾世代にもわたって培われた独特の姿勢や感じ方は，たとえ自然自体や人間生活が変わってもかなりの慣性を保ち続けるものである。右に述べた自然観は住宅や交通その他の生活事情が大幅に改善された現代においても，中西部に住む人々にさまざまな形で残されている。ここで重要なのは，ウォルト＝ディズニーが少年時代を過ごしたころの中西部の大平原では，人々が現実に砂嵐や泥と格闘していたということである。

④　広大なアメリカ大陸の真ん中の，まさに恐怖空間とも言える生活環境に暮らす人間たちが，自然の脅威の存在しない安全で清潔で快適な世界に強烈なあこがれを抱いたであろうことは，想像に難くない。そのような人間の一人であったウォルト＝ディズニーに初めて成功をもたらした漫画の主人公が清潔で楽天的なネズミであったことは，これまでもたびたび指摘されてきたように，極めて象徴的である。

ここでは，作品と作者と彼の生育環境とを因果関係で結びつけた「発生的説明」がなされている。こうした「説明」を妥当なものと見なすには，精神分析的な方法や理論が前提とされるが，本教材では，それが「著名な精神分析医カール＝メニンガー」を引用することで実現されている。

このように，教材5と教材6，教材7では，法則的，制度的な因果論や目的論では「説明」できない因果関係を発生論的に説明していて，「説明」の第Ⅲ層を成立させている。それに主張を加えた形で，図3－4のように「説明」の階層構造をモデル化したい。

169

Ⅲ 発生的説明	主張
Ⅱ 因果的・目的論的説明	
Ⅰ 現象的説明	

【図3-4】説明的文章における「説明」の階層構造（3）

5 説明的文章教材における「説明」の階層性と段階性

　以上のように，本項では，科学が発展させてきた「説明」の類型を観点として，1社の中学校国語教科書に採録された説明的文章教材における「説明」の中心的な部分について分析を行った。その結果，「Ⅰ　現象的説明」「Ⅱ　因果的・目的論的説明」「Ⅲ　発生的説明」という三つの「説明」の階層とともに，「例外・逸脱による説明」という中間的な階層が取り出された。そして，説明的文章教材における「説明」について，「Ⅰ　現象的説明」に「Ⅱ　因果的・目的論的説明」を重ねたもの（中1），さらに「Ⅲ　発生的説明」を重ねたもの（中3），その間で「例外・逸脱による説明」にとどまるもの（中2）という階層的構造のモデル化を試み，学校図書の中学校説明的文章教材について，それらと学年段階との対応関係を想定した。今後は，他社の教科書教材についても，こうした枠組みによって系統性や段階性がどれほどとらえられるのか検証していく必要がある。

　ところで，中3教材に見られた「発生的説明」は，被説明事項としてのある現象について，さまざまに考えられる原因から筆者が要素を選び取って強調することになり，そこには筆者の価値観の表出が感得される。こうした分析者のイデオロギー性についてロラン・バルトは，ファッション雑誌におけるモードに関する言説の記号論的分析を行った際，次のように述べている[38]。

　　　分析者のメタ言語は，なるほど「演算」であって「コノテーション」ではないが，しかし当然，荷担した〔アンガジェした〕ものでないわけにはゆかぬ。第一に，彼の言語（ここではフランス語）のカテゴリー分けに荷担している。言語は現実ではないからだ。第二には，文章体は決して中性ではあり得ないから，彼自身の歴史的な立場と彼自身の実存とに荷担している。

第3章　推論的読みを観点とした中学校説明的文章教材の文章構造の分析

たとえば構造にかかわる用語でモードについて語るとは，すなわちある選
択を意味している。しかもその選択それ自体がある研究の歴史的状態に支
配されるものであり，研究者主体が口にするあるパロールによってきまる
ものだ。そこで，記号学的分析とレトリックの陳述との関連は決して真実
対虚偽という関連ではないということがわかる。(後略)

　国語教科書の説明的文章教材においても，筆者の「説明」には，対象の
分析者として「歴史的な立場」が現れている。それは，例えば教材7の結
論部のように明示的に述べられる場合もあるが，教材1から6のように「説
明」における事例の選択や対比されるものなどによって潜在的に表れる場
合が多い。このように考えると，「説明」の階層の潜在層として，「イデオ
ロギー的説明」の層を想定することができるだろう。さらに言えば，高校
段階における評論教材は，この潜在層が顕在化し，「説明」の第Ⅳ層として
成立すると予想されるのである。

第2項　中学校説明的文章教材における
説明・主張と知識の系統性

　本節では，文章のテーマや内容と論証の方法に注目して，中学校の国語
教科書における説明的文章教材について，三年間の段階性や系統性を分析
してきた。
　具体的には，学校図書の2005年検定版国語教科書を取り上げた。本教科
書は，評論的な文章が多く掲載されている。論証の方法としては，次のよ
うな傾向が見出された。中1教材では，帰納法や仮説演繹法といった発見
的な推論の方法が文章における論証方法として用いられていた。中2教材
では，演繹的な方法で自然の法則を説明しながら，例外に注目することで
社会的な主張を行っていた。中3教材では，歴史的な変化の説明から主張
を導いている。歴史的な変化の原因を明らかにし，その重要性に注目する
ことで主張を行っていた。また，説明の水準としては，中1では生活世界
における現象的な説明，中2・中3ではそこから因果法則的な説明，記号

171

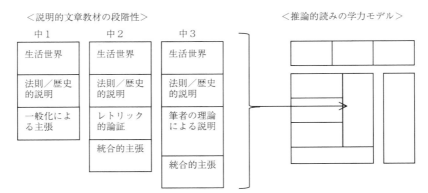

【図3-5】説明的文章教材の説明・主張の階層と学年段階

論的な説明がなされていた。これを説明と論証の階層構造としてモデル化すると図3-5のように表される。こうしたモデル化を通して，中学校三年間の説明的文章の読みの授業において，どのような修辞・論証モデルが形成され，読みの学力が学習されるのかの見通しを持つことが可能になると考えられる。

注
1) 亀山恵「談話分析：整合性と結束性」田窪行則他編『談話と文脈』岩波講座言語の科学第7巻，岩波書店，1999年，p.97
2) 亀山同上書，p.109
3) 桃内佳雄「文章における連接関係」阿部純一他『人間の言語情報処理　言語理解の認知科学』サイエンス社，1994年，p.294
4) 光野公司郎『国際化・情報化社会に対応する国語科教育——論証能力の育成指導を中心として』渓水社，2003年。同『「活用・探究型授業」を支える論証能力』明治図書，2009年
5) 三浦俊彦は，「論理は複数の文（言明，主張）の関係を述べる」ものであり，「ある特定の言明を述べ伝えることを目的とする」のは「主張」であるとする（『論理学がわかる事典』日本実業出版，pp.72-73，2004年）。これにしたがえば，この文そのものは論証ではない。
6) Meyer B. J. F. (1985). Prose analysis: Purposes, procedures, and problems (Part 2). In B. K. Pritton, & B. J. Black, (Eds.) *Understanding expository text*. Hillsdale, NJ:

Lawrence Erlbaum Associates, pp.270-277

7）西山佑司「発話解釈と認知：関連性理論について」石崎俊他編『認知科学ハンドブック』共立出版，1992年

8）野内良三『レトリック入門』世界思想社，2002年，pp.189-193

9）Pearson, P. D., & Fielding, L.（1991）. Comprehension instruction. In M. L. Kamil, P. B. Mosenthal, & P. D. Pearson（Eds.）. *Handbook of reading research*（Vol. Ⅱ）. NY: Longman, p.827

10）ピアーソン他同上論文，p.827

11）坂原茂『日常言語の推論』東京大学出版会，1985年，p.18

12）P. N. ジョンソン＝レアード／海保博之監修・ＡＩＵＥＯ訳『メンタルモデル』産業図書，1988年，p.148

13）ジョンソン＝レアード同上書，pp.150-153

14）坂原同注11書，pp. 20-21

15）Karmiloff-Smith, A. ／針生悦子訳「第2章モジュラリティを越えて：生得的制約と発達的変化」『認知科学ハンドブック』第Ⅲ編意識，p.161

16）Karmiloff-Smith 同上論文，p.169

17）東洋他編『新版心理学事典』平凡社，1991年，p.452。「推理」の項目執筆者は清水御代明。

18）ジョンソン＝レアード同注12書，p.148

19）ジョンソン＝レアード同上書，p.151

20）中右実『認知意味論の原理』大修館，1994年，p.4

21）中右同上書，p.53

22）中右同上書，p.12

23）中右同上書，pp.54-58

24）中右同上書，p.77

25）中右同上書，p.56

26）中右同上書，p.55

27）中右同上書，p.57

28）阿部昇『「説明的文章教材」の徹底批判』第4章「シンデレラの時計」（角山栄）の分析・総合・批判，明治図書，1996年，p.213

29）光野公司郎『国際化・情報化社会に対応する国語科教育』溪水社，2003年，p.60

30）難波博孝『母語教育という思想』世界思想社，2008年

31）寺井正憲「説明的文章教材論──文章構成に着目した説明的文章の典型と系統化──」『人文科教育研究』第13号，1986年，pp.75-90

32）西郷竹彦『文芸研　国語教育事典』明治図書，1989年

33）長崎伸仁『説明的文章の読みの系統』素人社，1992年，pp.20-26

34）寺井正憲「自然科学的な説明的文章における文章構成モデル──問いに対する解決過程としての説明・探求の論理に着目して──」『人文科教育研究』第14号, 1987年，pp.83-98

35）黒崎宏「説明」碧海純一他編『科学時代の哲学3　自然と認識』培風館，pp.61-98

36）ロラン・バルト（佐藤信夫訳）『モードの体系』みすず書房，1972年，pp.46-48

37）内井惣七『科学哲学入門』世界思想社，1995 年，p.22
38）バルト同注 36 書，pp.399-400

第4章　中学校段階における説明的文章の推論的読みの発達と学習可能性

第1節　学習者に対する説明的文章の読みの調査の枠組み

　第2章では，説明的文章を文章構造に沿って読むことと，知識を獲得することとの関係について，科学的説明，論証，レトリックという観点から考察し，文章理解モデルをベースに，読むことの学力モデルを構想した。第3章では，これを枠組みとして，中学校段階における具体的な説明的文章教材（第Ⅰ軸）の分析から，文章構造の理解において，読み手のどのような既有知識が用いられるか，また読み手の行う推論にはどのような類型があるかについて考察した。このように，前章までは，主として，対象である説明的文章の持つ構造から，その反映として読み手の理解における表象のあり方や，推論の類型を想定し，推論的読みの学力を分析してきた。

　では，現実的な読み手である学習者（第Ⅱ軸）は，説明的文章をどのように読み，理解するのか。本章では，調査を通して，実際の学習者の反応を得ることで，学習者における説明的文章の読みの行為について分析し，推論的読みの学力として特徴を明らかにする。

　第2章で構想した説明的文章の読みの学力モデルにしたがえば，文章を読む行為は，次のような要素同士の関係によって規定されると考えられる。調査における条件の設定には，これらの要素の関係が関わってくる。

（読み手の外部）　　　　　（読み手の内部）

　　与えられた課題　　　　目的・自己課題

　　他者　　　　　　　　　読みの構え

　　文章構造　　　　　　　読むことに関する知識

　　筆者　　　　　　　　　スタイル

　　環境　　　　　　　　　能力

他のテクスト	発達
	学習
	論理的知識
	批判的読み
	推論

　文章の理解行為は，大きくは二つの過程があることは，これまでにも述べた。一つは，文字の連なりを単語・語彙と認識し，統語的な関係としてとらえ，おおよその意味を理解するなどの自動化された無意識的な過程である。もう一つは，より確かに，より効果的に，より深く文章を理解するために，接続語や指示語に注意して読み返したり，線を引いたり，メモを取ったりするなどの理解方略を用いた意識的な過程である。これら二つの過程は，次のような点から対比的にとらえられる。

　　(1) 意図性　(2) 認知的洗練さ　(3) 柔軟性　(4) 意識性

　スキルによる過程が，固定的な手順による自動化された無意識的な過程であるのに対し，方略による過程は，文章の種類や場面に応じて自らの読みの行動を意識的・意図的に選択し，推論的に文章を理解する過程であると考えられているのである。

　方略的読みにおいては，文章を読むという場面状況における読みの目的が重要な役割を果たす。どのような理解方略を用いるかは，目的によって制御され，最適なものが選択されるのである。したがって，方略的読みでは，宣言的知識（～について知っている）と手続き的知識（～の仕方を知っている，～できる）に加えて，状況的知識すなわち，いつ，どのようなときに，どの方略を，どのように用いればよいかについて知っているという知識のあり方の概念が提示され，その重要性が指摘されている　。本節では，こうした文章理解過程のうち，説明的文章の論理的な関係や修辞的な関係をより深く理解するための方略を用いた意識的な過程を主な研究対象とする。

　こうしたことを考え合わせ，学習者の読みの行為およびその過程の実態を調査するにあたり，いくつか調査の柱を設定する。

第 4 章　中学校段階における説明的文章の推論的読みの発達と学習可能性

　まず注目されるのは，学習者が持つ読みの目的と読みの過程との関わりである。授業において与えられた課題状況から，学習者が読みの目的を設定し，それにしたがって読みの過程をどのように意識的にコントロールするかという実態をとらえることは，方略的な読みの学習を行わせる上で重要な前提となる。

　また，理解方略による読みの過程は，意識的な過程とされ，メタ認知の働きが大きな役割を果たす。メタ認知は，小学校高学年から中学校にかけて発達するとされる。では，そうした発達によって，読みの学習はどのように異なるか。このことも調査において確かめるべきことである。

　学習者の方略的読みは，言語生活の中で自ずと身につくものというよりは，読みの教授と学習によって意図的，計画的に身につけられるものと考えられる。では，方略的読みが発達する中学生において，どのような学習可能性があるのか。これを三つ目の柱とする。

　以上のように設定した調査の柱にしたがって，次のような調査を計画する。

　調査 1 では，読みの行為と文章構造の理解との関係について，発達との関わりの観点から，調査を行う。調査 1 では，読みの行動と文章構造との関係について，中 2 を対象とした調査を行う。

　調査 2 および調査 3 では，発達と読みの行為・過程との関係をとらえる。これらの調査では，同じ文章を対象として，推論的読みのあり方と，読みの構え，発達段階との関係をとらえることにした。まず，調査 2 では，推論的読みのあり方について，中学生を対象に調査を行った。調査 3 では，読みの構えと発達段階との関係について調査を行った。推論的読みと批判的読みは共通する過程をとるが，批判的吟味に向かうか，暗黙の推論に向かうかは，発達とどのような関係にあるかということについて分析する。

　調査 4 では，方略の学習可能性について，実験的な授業による調査を行う。命題間の修辞的・論理的関係に関する知識を中学生に対して教授し，そうした知識を用いて自律的に文章を読むことが，どのように文章の理解を深めるかについて，比較教授実験を通して明らかにする。

第2節　中学校段階における説明的文章の読みの過程
――読みの調査1を通して――

1　調査の目的と仮説の設定

　我が国の国語科における読みの指導では，目的に応じて文章を読むということは以前から重視されてきた。近年では，情報活用能力の育成の問題とも関連して議論される。しかし，読みの目的が読みの行動をどのように規定しているかという問題は，指導において重視されながらも十分に議論され，明らかにされてきたとは言えない。

　調査1では，自らの読みの行為に対し意識的になってきていると思われる中学校段階の学習者に対する読みの調査により，中学校段階における説明的文章の読みの過程がどのようなものであるかについて，文章を読む目的および文章構造との関わりという側面から分析し，その特質を明らかにすることを目的とする。そして，次のような仮説を立てる。

　文章の理解は，言語的構造として表された文章をどのような表象として認知しているかということによって大きく二つに分けて考えられることがある。文章の言語的構造に近い形で存在するもの（テキストベース）と，言語的情報に含まれない読み手の既有の知識を積極的に用いた，したがって文章の言語的構造とは必ずしも一致しない，推論の働きによる表象（状況モデル）とである。

　文章理解において，これらは相互に関わって形成されるものであり，決して段階的なものではない。本研究では，このことをふまえながらも，こうした二つの表象のあり方に沿った読みのカテゴリーを仮に次のように設定した。文章構造に焦点を当てた読みと推論的な読みである。そして，それぞれの読みを促すような読みの目的を二つの群に与え，その目的の違いによって，その後読む説明的文章の読みの過程に違いが見られるかを確かめる。

2　調査の方法

(1) 調査の対象と期日

　文章構造に焦点をあてた読みの目的群（文章重視群とする）については，広島大学附属中学校2年B組を対象として，1993年9月30日に調査を行った。推論的な読みの目的群（推論重視群とする）については，同2年C組を対象とし，1993年9月26日に実施した。

(2) 調査の方法

教材

　河合雅雄稿「若者が文化を創造する」（学校図書『中学校国語2』1992年検定済み）を用いた。

読みの目的の設定

　学習者には，両群とも，調査用紙の表紙に次のように記して，調査のはじめに調査の目的を説明した。

　　　この調査は，人が文章を読むときに心の中でどのような活動をしているかということを調べるためのものです。

　続いて，調査用紙にしたがって，両群に対しそれぞれの文章を読む目的を設定した。文章重視群に対しては，次のような調査のやり方の説明を読ませることで文章に焦点を置いた読みの目的を設定した。

　　Ⅰ　やり方
　　① 次の文章は「若者が文化を創造する」という題で書かれたものです。これからこの文章を読んでもらいますが，全部読んだ後で，**文章に書かれていたことについて問う質問**をします。質問に答えられるように文章を読んでいってください。
　　② 文章は六つに区切ってあり，順番に読んでいきます。
　　③ 途中，文章の下に枠があるところが四ヶ所あります。ここでは，文章を読んで**あなたが心の中で考えたこと**（あなたの心の動き）を**できるだけ詳しくたくさん**書いてください。
　　　※消しゴムは使わないでください。訂正は二重線でしてください。
　　④ 行の間や余白にメモや書き込みをしてもかまいません。

⑤　途中，指示があるまで次のページを開かないでください。

　推論重視群に対しては，次のような問いに答えさせる過程で，推論を促す読みの目的を設定した。

　　Ⅰ　次の言葉について後の質問に答えてください。
　　　　若者が文化を創造する
　①「若者が文化を創造する」という言葉について，思ったことを書いてください。
　②「若者が文化を創造する」という言葉について，あなたが思ったことを次の中から選ぶとすればどれですか。ＡからＤの記号を丸で囲んでください。（複数でも可）
　　Ａ　本当にそうなの？　文化の創造なんて若者にできるの？
　　Ｂ　うん，うん，確かにそうだ。言われてみればその通りだ。
　　Ｃ　ここで言う文化って何だろう？　若者のどんな心が文化を創造するんだろう？　文化の創造ってだれにでもできるの？
　　Ｄ　その他
　③　次の文章は，「若者が文化を創造する」という題で書かれた文章です。あなたは，この文章を読んでどんなことを知りたい，考えたいと思いますか。あなたが知りたい，考えたいと思うことを深めるために次の文章を読んでいってください。
　④　文章は六つに区切ってあり，順番に読んでいきます。
　（以下文章重視群と同じ。）

記述の方法

　読みの過程において心の中でどのような読みの行為を行っているかを明らかにするために，「若者が文化を創造する」の文章構成を表４−１のようにとらえ，これにしたがって四カ所について，学習者が文章を読んでいる過程において心の中で思ったこと，考えたことを自由に記述させるという方法をとった。調査の際には，それぞれの読みの目的を設定した後，続いて文章を読みながら行う作業について，調査用紙の記述を読むことによって，両群とも同じように説明した。

180

第4章　中学校段階における説明的文章の推論的読みの発達と学習可能性

【表4-1】「若者が文化を創造する」の文章構成

段落	段落の要点	各形式段落の要点	記入箇所
題名	若者が文化を創造する		×
①｜③	高等動物の行動の自由さと文化の関係	①動物と自然の関係 ②高等動物の行動の自由さ ③個体により送出された行動が文化の母体	(1)
④｜⑧	サルの文化の存在	④⑤サルの群による食物の違いの存在 ⑥それは文化現象である ⑦⑧人間の食文化の例との比較（共通性）	×
⑨｜⑪	文化の定義と文化の形成過程の説明	⑨進化史という文化概念の定義の観点の設定 ⑩文化概念の定義と文化形成過程の具体的説明 ⑪幸島のサルの新しい食文化の形成の可能性	(2)
⑫｜⑮	新文化の成立と新文化を分有しないサルの存在	⑫幸島のサルのイモ洗い文化の形成 ⑬イモ洗い文化を分有しないサルの存在 ⑭海へ入る新文化の形成 ⑮海へ入る文化を分有しないサルへの実験	×
⑯｜⑱	文化の創造力のみなもと	⑯文化の創造力は思考の柔軟さで ⑰文化創造のリスク（危険性） ⑱文化創造の意義	(3)
⑲｜㉑	人間社会での大人と若者の望ましい関係	⑲若ザルと老ザルの関係構図の人間社会への適用 ⑳相互理解の土俵は柔軟性 ㉑若者の冒険心の重要性と特権	(4)

事後テスト

　事後テストは実施していない。

文章を読むことに対するメタ認知的知識の調査

　記述作業の後，文章を読むということを学習者自身がどのように自覚しているかを調べるため，次のⅢの質問項目を設定し，やはり自由に記述させた。

181

Ⅲ　次の質問に答えてください。
① あなたは文章を読むとはどういうことだと考えていますか。
② あなたはどんなことに気をつけて文章を読みますか。

【表4−2】読みの反応の分類カテゴリーと反応例　　　※（ ）付数字は記入箇所を表す。

	観点	R　理解	M　モニタリング	E　評価・感情
全体	0 文章への全体的な反応		(2)時間がたてば納得ができるけれども初めはよくわからなかった。(4)結局何がいいたいのかいま一つ理解できない。	(1)むずかしい (2)おもしろい文章だと思った。 (3)じゃけどうしたん。 (3)りっぱな文章だと思った。
文章構造焦点化の読み	1 文章構造に焦点を置く反応	(1)分からないけどだいたいこういう意味だろう"学習することによって自由度が大きくなった行動が文化のもとになる" (1)個体が創り出す行動が文化の母体になる。	(2)包括の読み方がわからない (1)生得的の意味がわからない (2)とくにわからないのは8ページの一行目から三行目です。 (1)「文化」の意味がよく分かった。	(1)当たり前の事をすごい難しい言葉を使っている (2)こんなに分からない言葉があったにもかかわらず私が理解できたのは著者の文章の構成や言葉の使い方がうまいからだろうなと思った
文章構造焦点化の読み	2 文章の一貫性への反応	(3)「若者が文化を創造する」という題があったがこの文はその題そのものがふくまれている（その通りの文）だと思った。	(2)この文章には題の若者という言葉がなくてどう関連しているのかよくわからない (3)最初に人間は特別だとか書いてなかったかな (3)このことまでよんで若者が文化をうみだすといういみがわかった。	(3)あの題では絶対にこの内容は予想できないと思う。

182

推論による読み	3 推論に焦点を置く反応	(2)ぼくたちの祖先も群をつくっていたにちがいない。だから今のぼくたちの食習慣はこのサルたちと同じようにして定着したのだと思う。(4)私の家もそんな感じです。	(1)「創出された行動」とは具体的にどんな行動か (2)壱島ってどこ？ (2)サル以外でもこういう事はあるのかな？ (3)アライグマはどうやってものをあらいはじめたのか	(2)文化のおこりって何てそっけないんだろう (2)一人がやるとみんながやり出す行動はみにくい行動だと思う。(4)私は古いしきたりを守るサルと新しく行動を開発する方が好きだなと思う
	4 読み手の知識推論との一貫性を保つ反応	(2)貝食文化の話しはなるほどと思った。(4)人間とサルはそんなに違わないと思っていたが一つ大きな違いが分かった。	(1)自然の中に生まれるのは，あたり前，他にどこで生まれることができるの？ (3)サルと人間にこういう共通点があるとは思わなかった。(3)筆者の代弁は少し間違っていると思う。	(2)この文章中にある「食文化」は文化よりはただの習慣に近いのではないでしょうか。理由は一人が始めてそれが広まっただけだと思うからです。(4)前のページで自分が書いたのと似ている部分があったのでうれしくなった
状況焦点化の読み	5 筆者の状況に焦点を置く反応	(1)また最初に読み始めた時は，厳しそうな人が書いたような文章で現実そのものを想像以上に厳しく書いたような感じがした (4)河合さんはサルをすきなんだと思う。	(1)河合さんは何を考えながらこんなことを書いているのだろう。(2)魚食文化が群れに定着するのになんで大変興味があるのか。	(1)えらそうに (2)これを調べた人はよく調べたな (4)ムカつくじゃない (4)この作者はとてもすばらしい人だ
状況焦点化の読み	6 読みの状況に焦点を置く反応	(4)私が文章を読んでいる時に思うことって，作者に対する反論ばかりだな，と思った。(きらいな文章の場合)	(1)ナンデコンナコトセンニャイケンノカ？ (1)「動物」という者を客観的に見ている。(2)何を書いていいかわからん	(1)読むのが，めんどくさい。(1)この先読んでみたくない。(3)たまにはこんな授業もいいと思った（緊張感がある）(4)つかれた

183

（3）処理の方法

　調査によって得られた読みの反応は，一文あるいはいくつかの文のまとまり，節を一つの単位とし，得られた読みの反応とともに示した表4−2のようなカテゴリーによって分類した。この表の分類の項目は，次のような構造を持つものと考えた。

　文章の理解は，例えば「要約する」とか「一般化する」といった読みの行動によって言語記号が表象される。そうして，表象を形成することが表における「理解」（R）である。「理解」を行うときには，そうした読みの行動がうまくいっているかを自分自身で調整しなければならない。その働きが，「モニタリング」（M）である。これらの過程では，得られた表象やまた読む行為自体に対して，おもしろいとかつまらないというように「評価」したり「感情」（E）を抱いたりする。文章の理解は，このような大きくは三つに分けられる働きが相互に関わって進む過程であると考える。

　さらに，「調査の目的と仮説の設定」において述べたような理解のあり方の違いを軸に考えた場合，これらの三つの読みの働きにはいくつかの相があると考えられる。それを表4−2では，0から6の数字の系列によって表した。

　1の系列は，前述したように文章に言語的な構造として表されたものに焦点を当てた読みの反応である。ここには，単語の意味の理解や段落の要約といった行為にまつわるものが分類される。2の系列は，同じように文章構造に焦点を当てながら，文章を題名と関連づけたり段落同士の関係を把握したりというように，文章内の情報の一貫性を保とうとするものである。これらを合わせて文章構造焦点化の読みとした。

　3と4の系列は，推論による読みとした。3の系列は，読み手の既有知識を積極的に用いて，文章に言語的構造として表現されていないことを推論的に理解するものである。ここでは，原因の推論や具体化・一般化が行われ，文章に書かれていることの理解だけでなく，読み手の世界と文章世界とを調和することも行われる。そうした読み手の世界観と文章に書かれていることとの整合性を保とうとする読みを4の系列とした。ここには，知

らなかったことを受け入れることなども理解として含めた。しかし，文章
の表現内容への反論は，評価とした。

5の系列は，筆者への反応である。文章の理解の場合，筆者のことを考
慮することなく，意味を理解することができるが，実際には，筆者を想定
しようとする行為が見られる。また，筆者をどのような人物として理解す
るかは，文章の表現内容の理解にも影響を及ぼしている。6の系列は，文
章の読み手としての自分自身への反応や文章を読む状況に対する反応が分
類されるものである。読みの目的を把握することなどがここに入る。しか
し，文章の表現内容を自分自身や自分の家族の状況などに当てはめて考え
ることは，3の系列とした。

0の系列は，以上の全てを含んだような全体的な反応の系列である。

以上のようなカテゴリーによって，稿者自身が分類を行った。

3 結果と考察

(1) 読みの目的と行動の関わり

前項で概観した過程において設定した読みの目的と，それ以降の文章を
読む過程における読みの行動との関わりに関しては，表4-3のような結果
を得た。この結果について，χ^2検定を行ったところ，文章に焦点を当てた
読みの反応と，推論的な読みの反応をとるかということに両群の間に有意
な差はなかった（$\chi^2 (6) =8.43$　P>.10）。

【表4-3】分類の結果1（反応の対象の分類）

読みの系列	文章群		推論群		合計	
0 文章への全体的な反応	30	6.6%	27	4.5%	57	5.4%
1 文章構造に焦点を置く反応	101	22.3%	114	19.0%	215	20.4%
2 文章の一貫性への反応	11	2.4%	45	7.5%	56	5.3%
3 推論に焦点を置く反応	203	44.8%	252	41.9%	455	43.2%
4 読み手の知識推論との一貫性を保つ反応	64	14.1%	127	21.1%	191	18.1%
5 筆者の状況に焦点を置く反応	31	6.8%	26	4.3%	57	5.4%
6 読みの状況に焦点を置く反応	13	2.9%	10	1.7%	23	2.2%
合計	453	99.9%	601	100.0%	1054	100.0%

このような結果について，考察を行うにあたって，まず，調査の設計における問題について述べておかなければならない。先に概観したように，調査用紙による読みの目的の設定は，その後の読みの行動を制御するためのものとしては，十分なものではなかったということである。また，「心の中で思ったことを書く」という調査の作業状況が目的となっていたことが考えられる。したがって，「心の中で思ったこと」すなわち推論的な読みや感情や評価の反応が多くなったと推測されるのである。

　しかし，こうした調査上の問題点を考え合わせても，中学生における読みの目的と読みの行動の関わりについては，なおいくつかのそれ自体の問題があると考えられる。反応分類の6の系列の読みの目的に関する反応は，ほとんど見られなかった（合計で2.2%）。読みの目的についてふりかえる者は，課題状況に対する不満の表明の他はない。

　自立した読み手を育てるという点からいえば，こうした読みの状況から自ら自覚的に文章を読む目的を設定し，それにしたがって読みの行動を制御することが重要である。目的との対応は見られなかったが，中学生は自分がどのように文章を読んでいるかということに自覚的でもある。目的に対する意識性，自覚性とそれによる読みの行動を制御するという読みの過程を身につけさせていく必要があると思われる。

(2) 文章構造と読みの行動の関わり

　調査用紙によって設定した目的が直接的に中学生の読みの行動を制御していないとすれば，彼らの読みの行動を支配していたものは何か。表4-4は，記入箇所の違いすなわち文章構造あるいは文章の表現内容の違いによって，読みの行為にどのような違いが見られるかを数値でとらえようとするものである。また，この表を文章および時間の展開にしたがってグラフに表したのが，図4-1と図4-2である。これらの表とグラフは，以下のようなことを示している。なお，ここでは，文章重視群と推論重視群の間に有意な差が見られなかったことから，両群の間の区別はしない。集計もそのように行った。

第4章　中学校段階における説明的文章の推論的読みの発達と学習可能性

【表4-4】分類の結果2（反応の対象と理解の機能）

分類		記入箇所(1)		記入箇所(2)		記入箇所(3)		記入箇所(4)		合計	
R理解	R0	0	0.0%	0	0.0%	0	0.0%	0	0.0%	0	0
	R1	18	6.8%	11	3.8%	5	1.9%	12	5.1%	46	4.4%
	R2	2	0.8%	8	2.7%	10	3.8%	2	0.8%	22	2.1%
	R3	27	10.2%	74	25.3%	108	41.5%	68	28.8%	277	26.3%
	R4	9	3.4%	17	5.8%	6	2.3%	32	13.6%	64	6.1%
	R5	5	1.9%	2	0.7%	2	0.8%	13	5.5%	22	2.1%
	R6	1	0.4%	1	0.3%	1	0.4%	1	0.4%	4	0.4%
	小計	62	23.5%	113	38.6%	132	50.7%	128	54.2%	435	41.4%
Mモニタリング	M0	20	7.5%	4	1.4%	0	0.0%	2	0.8%	26	2.5%
	M1	46	17.3%	35	12.0%	5	1.9%	1	0.4%	87	8.3%
	M2	7	2.6%	15	5.1%	11	4.2%	0	0.0%	33	3.1%
	M3	17	6.4%	22	7.5%	15	5.8%	5	2.1%	59	5.6%
	M4	23	8.6%	12	4.1%	9	3.5%	16	6.8%	60	5.7%
	M5	5	1.9%	0	0.0%	2	0.8%	1	0.4%	8	0.8%
	M6	1	0.4%	1	0.3%	0	0.0%	0	0.0%	2	0.2%
	小計	119	44.7%	89	30.4%	42	16.2%	25	10.5%	275	26.2%
E評価・感情	E0	10	3.8%	11	3.8%	7	2.7%	3	1.3%	31	2.9%
	E1	42	15.8%	19	6.5%	8	3.1%	13	5.5%	82	7.8%
	E2	0	0.0%	0	0.0%	1	0.4%	0	0.0%	1	0.1%
	E3	5	1.9%	32	11.0%	59	22.7%	23	9.7%	119	11.3%
	E4	17	6.4%	15	5.1%	8	3.1%	27	11.4%	67	6.4%
	E5	7	2.6%	5	1.7%	0	0.0%	15	6.4%	27	2.6%
	E6	4	1.5%	8	2.7%	3	1.2%	2	0.8%	17	1.6%
	小計	85	32.0%	90	44.7	86	44.7	83	44.7	344	32.7%
合計		266	100%	292	100%	260	100%	236	100%	1054	100%

　記入箇所（1）では，図4-1より1の系列の反応，すなわち文章構造に焦点化した読みが多いことがわかる。図4-2を見ると，Mの系列，すなわちモニターの反応が多い。表4-4も併わせて見ると，Eの1すなわち文章構造に関する評価の反応が多い。これは，記入箇所（1）は，表4-1に文章構成を示したように具体例などのない抽象的な内容をもつ文章の部分であり，こうした文章構造に学習者の多くは反応したのである。ここでは，難解な語句をわからないとしたり（モニタリング），難しい言葉が多い（評価）といった反応が数多く見られた。

　記入箇所（2）では，3の系列と，わずかではあるがRの系列が多く見ら

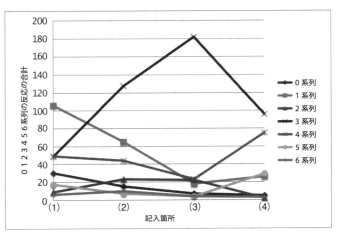

【図4-1】反応の対象系列のグラフ

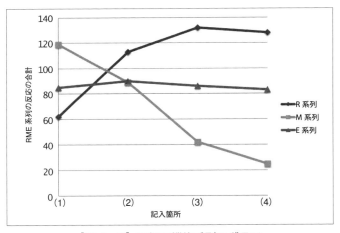

【図4-2】理解の機能系列のグラフ

れる。この部分は，猿の食文化の形成過程について具体的に説明した部分であり，そのサルの例を人間の文化に一般化して推論する反応や人間とサルの共通性を指摘する反応（いずれもR3）などが多くなっている。

また，ここでは，記入箇所（1）とは対比的に，わかりやすいと評価して

いる反応も多くみられる。2の系列がわずかではあるが増えているのは，題との一貫性を認める反応（M2）による。

記入箇所（3）においては，Rと3の系列が断然多くなる。ここは，アカキンといった名前を持つ老ザルや新しい行動を生み出す少年少女のサルが個性的な存在として登場する部分で，彼らの行動と自分自身や自分の家族とを結びつけて推論する反応（M3）が多くなっている。一方，具体的でわかりやすい内容であるため，モニターの反応（M）は，減っている。

なお，Eの評価・感情の反応は，記入箇所（1）から（4）に平均してみられる。これは，文章を読む過程においてそうした活動が，理解のあとに段階的にやってくるものではなく，常に理解にともなうものであることを示していると考えられる。

記入箇所（4）では，4の系列の反応が増えている。これは，この部分が筆者の主張を述べている部分であり，この筆者の主張を納得したり（R4），反論したり（E4）する反応が多かったためである。また，老サルと若サルの関係を人間に当てはめていて，一般的な部分であるためか，R3の反応は相変わらず多いとはいっても，急減している。5の系列すなわち筆者への反応がわずかながら増えたのは，最後に筆者の紹介が掲載されていることと，筆者の主張の部分であったことによるのであろう。

このように見てくると，学習者の読みの行動を規定している要因としてもっとも大きいのは，文章構造にあると言える。文章は読み手を主体化する仕掛けとなっている。これを読みの目的という点から考えると，文章は読み手にその文章を読むこと自体を目的とさせるような仕組みを備えているということになる。

読むという行為において，読み手は，何らかの目的を持ってその文章を読む。しかし，文章を読む過程は，その目的によってだけではなく，文章を読む過程において生まれてくる目的によってもまた規定されるのである。本調査の結果からは，読みの過程における読みの目的のこうした重層的な構造の存在を指摘することができる。

4 読みの目的と読みの行為，文章構造との関係

先に引用したように，調査では，次のように読みの目的を設定していた。

文章重視群

① **文章に書かれていたことについて問う質問**をします。質問に答えられるように文章を読んでいってください。

推論重視群

③ 次の文章は，「若者が文化を創造する」という題で書かれた文章です。あなたは，この文章を読んでどんなことを知りたい，考えたいと思いますか。あなたが知りたい，考えたいと思うことを深めるために次の文章を読んでいってください。

読みの授業においては，目的自体が文章に焦点の当たった読みとなりやすい。しかし，マイヤーが，方略の種類を構造的方略とデフォールトリスト方略に分けていたように，より実用的な状況においては，文章構造よりも目的に沿った必要な情報を得るための読み方になると思われる。

本調査において対象とした学習者は，読解力にすぐれた学習者である。もともと文章には，「問題－解決」「比較」など，読み手に認知的な問いなど読みの動機を持たせる構造がある。実用的な状況があれば，状況によってもたらされる目的にしたがって文章を読むが，そうした状況がない場合，文章の構造にしたがって読むことになると考えられる。

調査用紙のⅢにおいて行った調査から，学習者が文章を読むということをどのように自覚しているかについて表4－5のような結果を得た。ここでは，二人の学習者の事例を取り上げて考察する。

190

第 4 章　中学校段階における説明的文章の推論的読みの発達と学習可能性

【表 4－5】文章を読むことに関するメタ認知的知識

分　類　項　目		数（計 63）
文章外	楽しむ	7（11.1%）
文章内	新しい知識，情報を得る	15（23.8%）
	自分の考えを深める	14（ 6.3%）
	表現内容，筆者の言いたいことの理解	4（ 4.8%）
能力	学力をつける	3（25.4%）
	感情。想像力を豊かに	16（25.4%）
その他	ジャンルにより異なる	4（ 6.3%）

　ある学習者は，文章を読むということについて（調査問題Ⅲの①），次のように答えていた。

　　人の考えなどを自分のものにしたり理解してまた別の意見を持つ。

この学習者は，こう答える以前の作業では次のような反応を示している。

　　記入箇所（1）

　　　この文章には題の若者という言葉がなくてどう関連しているのかよく分からない。それから創出された行動というものは文化の母体であると書いてあるが，ぼくは文化とは生活の中で必要であったりまたもっともよいものである必要があったりしたときそれは自然に生まれると思う。

　　記入箇所（2）

　　　最初の方にニホンザルがマサキの木を食べる食べないとか書いてあったがそれはほかに食べるものがないとか，それ以外に充分食物があるからではないだろうか。それを食文化というのだろうか。

　　記入箇所（3）

　　　文化はしきたりであるように書いてあるが本当にそうなのだろうか。文化というものはこれと言ってはっきりと定められたものではないと思う。文化はここでは子ザルたちが発展していったりするもので そうすることはけっして文化をやぶるものではない。

　　記入箇所（4）

　　　人間とサルはそんなに違わないと思っていたが一つ大きな違いが分かった。

191

これらの反応は，前節の分類でいえばほとんどE４あるいはM４に分類
されるものである。メタ認知的知識に関する調査は，読みの反応の記入作
業のすぐ後に行ったものであるので，このような端的な一致が見られたの
かもしれないが，メタ認知的知識が読みの過程を規定していると考える根
拠になる事例である。

　また，ある学習者は，事後の調査Ⅲの先の問い（①）と，②の問い（集
計は行っていない），すなわち文章を読むときに気をつけることについて次
のように答えていた。

　　①問題をとく。

　　②例などをまとめた一つの言葉をみつけること。

この学習者は，作業においては次のように反応を記している。

　　記入箇所（1）

　　　なんや，これ。若者が文化を創造するんだと思った。個体が創り出す行
　　　動文化の母体になる。

　　記入箇所（2）

　　　食物文化　魚食文化　卵食文化　乳酪文化　貝食文化　創出，行動

　　記入箇所（3）

　　　いも洗いやムギ洗いなどの文化的行動。

　　記入箇所（4）

　　　冒険心

　この事例も，文章を読むことではないが，読み方に関するメタ認知的知
識が読みの過程を規定していることをうかがわせる。

　このように文章を読む過程は，ある文章を読む目的，そして，読みなが
ら生み出される目的に加えて，それまでの自分自身の読みの経験によって
持っている目的によっても制御され，規定されていると言える。

　以上のように，読みの目的という観点から，説明的文章を読む過程がど
のようなものであるかについて考察してきた。その結果，文章を読む過程
における目的が単一のものではなく，重層的な構造を持つものであること
が明らかとなった。

第3節　中学校段階における説明的文章の推論的読みの発達
──読みの調査2と調査3を通して──

第1項　中学校2年生における説明的文章の推論的読みの過程
──読みの調査2による分析と考察──

1　調査の目的

　第3章では，中2の説明的文章教材「シンデレラの時計」を取り上げ，筆者の発見的な推論過程において，前提が省略されているところのあることを問題として指摘した。従来，そうした教材の部分は，教材研究において問題箇所として扱われるか，学習においては批判的読みの対象として扱われるかのどちらかの場合が多かった。あるいは，授業においては，筆者の趣旨に沿った方向で暗黙のうちに解釈してしまうこともあった。読み手による推論を読みの学力の重要な部分と位置づけるならば，こうした箇所をどのように理解するか，あるいはどのように理解させるべきかということは，どのような学力を形成するかということに関わる問題である。

　ジョンソン＝レアードにしたがえば，推論には，「明示的な推論」と「暗黙の推論」という二種類のものがある[1]。これらは，意識と無意識によってそれぞれ特徴づけられるものである。ここでは中学校2年生の学習者への調査（読みの調査2）を通してその認知的構造について考察を試みる。前章で指摘した「シンデレラの時計」の問題箇所について，学習者が暗黙の推論をどのように行っているかを調査をもとに明らかにする。そして，暗黙の推論を読みの学力の中に位置づけることを行う。

2　調査の方法

(1)　調査方法の概要

　学習者がどのような推論を行っているかを観察することは難しい。本調

査では，読みの過程において作成する「問い」を推論の徴表と考えた[2]。また，調査者が問答を中心とした授業を行い，その中で，学習者に問題箇所について初読時の自分の理解をふりかえらせて意識化させ，調査用紙に記述させるという方法をとった。

(2) 調査の対象・期日・授業時数

対象…鳴門教育大学附属中学校　1996年度の2年1組と2組
期日…2年1組：1997年2月3，4，5日　2年2組：2月5，7，10日
授業時数…それぞれ3時間ずつ

(3) 調査的授業の方法および調査問題

授業では，調査の目的にしたがい，「シンデレラの時計」の前半部をおもに取り上げた。ただし，後半部も通読と感想等の対象とした。

1時間目には，まず記述式の調査問題のみによる調査を行った。はじめのクラス（1組）では，通読の際，公共用時計について述べられる⑧段落の後と結論の述べられる⑫段落の後の二カ所で問いを作成させ，両者の推論の間にどのような違いがあるかを見ることをねらった。後のクラス（2組）では，⑫段落の後のみで問いを作成させ，はじめのクラスで⑧段落後に作成された問いが，⑫段落後の問いに影響するかを確かめたようとした。さらに，全文を読んだ後，文章のどこに読み手の関心があるかを確かめるため，《調査問題Ⅰ》に感想等を記述させた。

2時間目には，前時に作成した問いをいくつか選んで掲載したプリントを配付し，学習者自身に問いの答えを考えさせた。その中には公共用時計に関する問いもあり，答える過程で，公共用時計の鐘の鳴り方について幾通りかの考えがあることに気づかせた。後のクラス（2組）では，《調査問題Ⅱ》によって，初読時に自分が公共用時計の鐘の鳴り方についてどのように考えていたかを思い起こさせ記述させた。さらに，改めて今どのように考えるかを筆者の考えと比較させながら，用紙に記述させた。

3時間目には，文末表現に注目することで，筆者の推論過程がとらえら

第 4 章　中学校段階における説明的文章の推論的読みの発達と学習可能性

れることに気づかせた。以上の 3 時間の主な学習活動と調査問題は以下の通りである。

〔第 1 時〕1　「論理」の概念に関する調査

　　　　　2　通読と《問い作成》

　　　　　3　読後の感想等の記入《調査問題Ⅰ》

〔第 2 時〕1　前時に作成した問いを抜き出したプリントを見て問いを確認する。

　　　　　2　作成した問いに答えることを目的に前半部を音読する。

　　　　　3　作成した問いのいくつかに答える。

　　　　　4　「公共用時計は 15 分ごとに鐘を鳴らしていたか」という問いについて，自分の読みを意識し，筆者の考えと比べる。《調査問題Ⅱ》

〔第 3 時〕1　⑦・⑧・⑫段落について，どういう表現がよく出てくるか考える。

　　　　　2　文末表現から，筆者の認識がわかることに気づく。

　　　　　3　筆者の意見・判断を表す表現が，前半部全体で集中的に現れる箇所とほとんどない箇所とがあることに気づき，筆者の推理過程を理解する。

　　　　　4　上のような読み方の感想を書く。

《問い作成》　文章を読む途中，⑧段落（⑫段落）を読み終わったところで，一時読むのを中断して，例えば次のようなことを問い（疑問文）にしてください。

　　　・わからないこと。　・疑問に思ったこと　・大事だなと思ったこと。

　　　・あれおかしいなと思ったこと。　　・その他

　　　問いは，三つ作って次の欄に記入してください。

《調査問題Ⅰ》

　　（1）この文章のどんなところに納得したか。なるほどと思ったことはどんなことか。

　　（2）納得できなかったところはなかったか。あれっおかしいなと思った

195

ことはどんなことか。

　(3)　この文章のどんなところがおもしろかったか。

　(4)　この文章に続きがあるとしたら読みたいと思いますか。

　　　　ア　ぜひ読みたい。　　イ　まあまあ読みたい。

　　　　ウ　あんまり読みたくない。　　エ　読みたくない。

　(5)　いつもどんなことに気をつけて「シンデレラの時計」のような説明

　　　的な文章を読みますか。

《調査問題Ⅱ》

　(1)　はじめに読んだとき，あなたは公共用時計の鐘の鳴り方についてど

　　　のように考えていましたか。

　(2)　もう一度読み，あらためてどのように考えますか。

　(3)　最終的に筆者は公共用時計のことをどのように考えていますか。

3　結果と考察

(1)　作成された問いの結果および考察

　⑧段落後と⑫段落後の二カ所の《問い作成》で学習者によって作成された問いについて，文章の内容を軸に，表4-6のように1から10の分類基準を設けて，分類を行った（問いの例を表4-6の下に示した）。問いは，各箇所で三つずつと指示したが，全ての学習者が三つの問いを作ったわけではない。また，問いの分析の参考にするため，《調査問題Ⅰ》で得られた記述を問いとほぼ同じ基準によって分類した（表4-7）。これらの結果に基づいて，ここでは公共用時計に関する問いを中心に考察を行う。

　まず，1組と2組の比較から，1組において⑧段落の後に問いを作成したことで，⑫段落後に作成された両クラスの問いに，特に公共用時計に関して，大きな違いが出るということはなかった（2.0％と5.2％）。⑧段落で作成された問いは，47.6％と約半分が「1文章中の問いと同じ問い」，すなわち④段落において「第一の素朴な疑問」として筆者が示した問いと同じ意味の問いに分類された。⑫段落後では，2.4％とほとんど消滅している。

　この結果から，読み手による推論は，文章展開上のまとまりの途中では，

第4章　中学校段階における説明的文章の推論的読みの発達と学習可能性

文章に明示された筆者の問いや推論に沿って文章基盤に行われるが，まとまりの区切りにおいていったん結論が出されると，読み手の知識基盤に行われることがうかがえる。

「4 公共用時計に関する問い」は，⑧段落後で15.9%，⑫段落後で合計3.9%となっている。しかし，⑧段落後のこれらの問いを見てみると，13例

【表4−6】《問い作成》の分類結果と問いの例

分類	⑧段落後		⑫段落後					
	1 組		1 組		2 組		合計	
1 文章中の問いと同じ問い	39	47.6%	0	0.0%	3	3.9%	3	2.4%
2 シンデレラの話の中のこと	5	6.1%	2	4.0%	14	18.2%	16	12.6%
3 時計の歴史・仕組みについて	12	14.6%	10	20.0%	18	23.4%	28	22.0%
4 公共用時計について	13	15.9%	1	2.0%	4	5.2%	5	3.9%
5 室内用置き時計について	/	/	20	40.0%	15	19.5%	35	27.6%
6 時計の鳴り方を記した本について	/	/	0	0.0%	2	2.6%	2	1.6%
7 筆者について	4	4.9%	6	12.0%	8	10.4%	14	11.0%
8 ことばの意味について	1	1.2%	3	6.0%	3	3.9%	6	4.7%
9 時間・約束・後半について	1	1.2%	3	6.0%	7	9.1%	10	7.9%
10 その他・問いになっていないもの	7	8.5%	5	10.0%	3	3.9%	8	6.3%
合計	82	100%	50	100%	77	100%	127	100%

1〔いったいシンデレラはどうして時を知ったのだろうか。〕

2〔なぜ，ガラスの靴は魔法がとけたのに，元にもどらなかったのか。〕

3〔16から17世紀のはじめの時計には，針が一本しかなかったのはなぜか。〕

4〔15分おきになる公共用時計はなかったのか。〕

5〔置き時計から流れる鐘の音ぐらいで，パーティーでザワザワしていたのに，本当にシンデレラの耳に聞こえたのか。〕

6〔ある日，どうして筆者に一冊の本が届いたのか。〕

7〔なぜ作者はシンデレラが時をしった理由がそこまで気になったのだろうか。〕

8〔「時を打つ」は「打つ」だけで音が鳴るという意味になるのか。〕

9〔仙女はなぜ12時を約束としたのか。〕

10〔本を読み，疑問に思うことはよいことだと思う。〕

中7例が，⑦段落に明示された (25)「とすると，シンデレラが聞いた鐘は，このような公共用時計の鐘だったのだろうか」と同じものとなっている。⑫段落後では，シンデレラの聞いた鐘の音が公共用時計のものであった可能性を吟味する問いを作成したのはわずかに3例（同じ学習者の問い）であった。さらに，表4-7《調査問題Ⅰ》の (2) の結果を参照すると，文章を全て読み終わった後「あれっおかしいな」と感じたことに公共用時計を挙げているのは1人である。

【表4-7】《調査問題Ⅰ》の集計結果

	(1) 納得				(2) あれっおかしい				(3) おもしろい			
	1組	2組	計	%	1組	2組	計	%	1組	2組	計	%
1 15分ごとに鳴る時計	7	6	13	16.9%	3	1	4	5.2%	0	2	2	2.6%
2 シンデレラのお話	0	0	0	0.0%	0	3	3	3.9%	1	2	3	3.9%
3 時計の歴史・仕組み	2	2	4	5.2%	1	2	3	3.9%	4	2	6	7.8%
4 公共用時計	0	0	0	0.0%	0	1	1	1.3%	0	0	0	0.0%
5 室内用置き時計	0	0	0	0.0%	2	3	5	6.5%	0	0	0	0.0%
6 時計の鳴り方の本	0	0	0	0.0%	3	0	3	3.9%	1	0	1	1.3%
7 筆者・文章の書き方	5	3	8	10.4%	6	2	8	10.4%	15	17	32	41.6%
8 ことばの意味	0	0	0	0.0%	0	1	1	1.3%	0	0	0	0.0%
9 時間・約束・後半部	19	23	42	54.5%	14	10	24	31.2%	4	4	8	10.4%
10 その他	2	0	2	2.6%	3	4	7	9.1%	3	3	6	7.8%
0 無回答	4	4	8	10.4%	7	11	18	23.4%	11	8	19	24.7%
合計	39	38	77	100.0	39	38	77	100.1	39	38	77	100.1

　これらの結果は，途中（⑧段落後）に作成された公共用時計に関する問いは，文章を基盤に筆者の立てた問いに沿って作成されたもので，読み手が既有知識を積極的に使って吟味するようなものではなかったことを示すと考えられる。

　このほか，「5室内用置き時計について」の問いは，⑫段落後の問いの27.6%を占める。これらの問いの多くは，室内用置き時計について新たな情報を求めるものではなく，筆者が出した結論そのものや筆者の結論の出し方を疑う問いとなっている。筆者の示した結論を吟味するにあたって，

公共用時計について問いを立てていないのは，このように，一つには焦点が室内用時計に移っていることによると考えられる。

以上のことから，初読時には，公共用時計に関する推論は，暗黙のうちに行われていたことが示唆される。

(2) 暗黙の推論に関する直接的な問答の結果

表4-8には，問答を通して，初読時に公共用時計の鐘の鳴り方について自分がどのように考えていたかを直接問うた《調査問題Ⅱ》の集計結果を示した。

【表4-8】《調査問題Ⅱ》の集計結果 ※データを得たのは2年2組のみ。

	(1) 初読時		(2) 再読時		(3) 筆者	
A 1時間ごと	14	37.8%	12	34.3%	11	35.5%
B 15分ごと	6	15.2%	17	48.6%	3	9.7%
C 「わからない」	2	5.4%	1	2.9%	14	45.2%
D 意識してなかった	11	29.7%	0	0.0%	0	0.0%
E その他	4	10.8%	5	14.3%	3	9.7%
合計	37	99.9%	35	100.1%	31	100.1%

初読時に「A 1時間ごとに鳴っていた」と考えていたと答えたものが37.8％と最も多い。この答えには，二つの可能性がある。一つは，初読時に自覚的にそう考えていた場合，つまり明示的な推論を行っていた場合である。もう一つは，初読時には自覚していなかったが今思い返してみると1時間ごとと考えていたと思われる，つまり，暗黙の推論を行っていた場合である。

この調査のみからは，これがどちらであるかを判断することはできない。しかし，前述した問い作成および《調査問題Ⅱ》の（2）の結果を考え合わせると，Aに相当するものは，暗黙の推論を意識化したものが多いのではないかと考えられる。

「D 意識していなかった」は，29.7％である。これは，文章基盤に読み

が行われ，文章の展開にしたがって焦点が移っていったことが影響していると考えられる。また，「B 15分ごと」は16.2％であった。公共用時計が15分ごとに鐘を鳴らしていたということは，文章中に明示的に述べられていることではない。学習者の既有知識にあることも少ないと考えられることから，Bの推論は，明示的に行われたものと思われる。

　これらの結果は，問題箇所に関する推論に暗黙のものと明示的なものの両方があったことを示すと考えられる。そして，同時に，暗黙の推論への学習者自身による接近が，中学校2年生段階では可能であることを示すと思われる。

　再読時には，34.3％の学習者が，公共用時計は1時間ごとに鳴っていたと改めて明示的な推論を行っている。この推論には，本文の記述と（公共用の）時計に関する学習者の既有知識や経験が大きく関わっていると思われる。

　しかし，最も多いのは，「B 15分ごと」である（48.6％）。初読時の6名から17名へと増えている。推論の根拠には，次のようなものがいくつか見られた。

　　〔あったと思う。15分ごとになるかねの方が，複雑な構造になりそうで，それを小さい置き時計に内蔵することができたなら，公共用時計にも内蔵していたのではないか。〕

これは，技術の発展に関する既有知識を用いたもっともな推論である。しかし，Bの回答が約半数を占めたことは，筆者と読み手の関係が，「説得する－納得する」という関係に「説得する－納得できない，反論する，批判する」といった関係が加わり重層的なものになってきていることを意味するのではないかと考えられる。

　以上の結果は，公共用時計に関する初読時の暗黙の推論と再読時の明示的な推論とでは，用いられる既有知識が異なる場合があり，両者はいったん区別される必要があることを示している。

　本項における調査2では，調査者および学習者間の対話・問答という形で，暗黙の推論に対し学習者自身に接近させた。初読時の暗黙の推論は，

読後の明示的な推論との比較の中で「語られるもの」として取り出された。まずは，こうした形で指導過程において暗黙の推論を取り上げることができると考えられる。

第2項　小学校高学年から中学校にかけての説明的文章の推論的読みの発達——読みの調査3による分析と考察——

1　調査の目的

　本項では，「シンデレラの時計」前半部に登場する三種類の機械時計の針の数と鐘の鳴り方に関して，読み手（学習者）が，どのような推論を行って理解するか。そこには読みの構えと学年による差異が見られるか。これらのことについて，小学校5年生から中学校2年生に対する発達的な読みの調査3を通して明らかにする。その際，読前に持つ読みの構えによる違い，すなわち文章の記述に沿った読みの構えを促す群（実験群）と，そうした構えを強調しない群（統制群）とを設定する。そして，調査結果をもとに，読みの発達，および「暗黙の推論」と「明示的な推論」の認知的な構造の違いについて考察を行う。

2　調査の方法
（1）調査の対象と期日
　　対象…鳴門教育大学附属小学校　5年生・6年生　各3クラスずつ
　　　　　同附属中学校　1年生・2年生　各4クラスずつ
　　期日…鳴門教育大学附属小学校　5年生：1998年9月11日
　　　　　6年生：9月12日
　　　　　同中学校　1年生：1998年9月7，8日　2年生：9月9，10日

（2）調査の方法
①読みの構えの設定
　実験群については，文章を読む前に次のような注意を与えることで，本

文の記述に沿った読みの構えを促した。

　　次の文章を読んで後の問いに答えてください。ただし，文章には，きちんと
　　述べられていないところが一カ所あります。気をつけて読んでいってくだ
　　さい。

　統制群については，次のような指示のみを与え，特に読みの構えを意識
させなかった。

　　次の文章を読んで後の問いに答えてください。

　また，文章を通読後，両群とも，次のような作業をさせることで，再読
および理解の定着を促した。

　　問題1　文章を読みながら，例えば次のように感じたことについて，問い
　　（疑問文）を作ってください。文章を読み返してもかまいません。
　　　　・わからないこと。　・疑問に思ったこと。　・大事だなと思ったこと。
　　　　・あれっおかしいなと思ったこと。　　・その他
　　　問いは，三つ作って次の欄に記入してください。

②設問

　その後，再度文章を読み返すことはさせずに，つまり，文章および自分
の読みの記憶によって，次の設問に答えさせた（〔　〕内は設問コード）。

　　問題2　今読んだ文章の中には，いろいろな種類の時計が出てきました。こ
　　こでは，それぞれの時計について質問します。これだと思うものに○を
　　付けてください。文章を読み返さずに答えてください。
　　一（1）修道院の機械時計は，針が何本ありましたか。〔Q211〕
　　　　　　1　一本　　　　2　二本　　　3　書いてなかったのでわからない。
　　　　　　4　書いてあったけど覚えていない。5　その他（　　　　　　　　）
　　　（2）修道院の機械時計の鐘は何分ごとになっていましたか。〔Q212〕
　　　　　　1　一時間または三十分ごと　2　十五分ごと　3　書いてなかったの
　　　　　　でわからない。
　　　　　　4　書いてあったけど覚えていない。　5　その他（　　　　　　　）
　　二（1）公共用時計には，針が何本ありましたか。〔Q221〕
　　　（2）公共用時計の鐘は何分ごとになっていましたか。〔Q222〕
　　　　　（選択肢は一とそれぞれ同じ）

202

第 4 章　中学校段階における説明的文章の推論的読みの発達と学習可能性

　三（1）室内用置き時計には，針が何本ありましたか。〔Q231〕
　　（2）室内用置き時計の鐘は何分ごとになっていましたか。〔Q232〕
　　　（選択肢は一とそれぞれ同じ）

　この後，自由記述式の問題（問題 3 および問題 4）に答えさせたが，ここ
では，考察の対象にしないので，問題についても省略する。

③調査時間　45 分間

3　処理と結果

　問題 2 について，統計的な分析を行うため，得られた回答を以下の分類
にまとめて集計し，検定を行った。なお，○を付したのは文章の記述通り
の読みと考えられる回答である。

〔Q211〕一（1）修道院の機械時計の針の数
　　・「1 本」…1 一本
　　・「2 本他」…2 二本　4 書いてあったけどあったけど覚えていない。
　　○「書かれていない他」…3 書いてなかったのでわからない。　5 その
　　　他
〔Q212〕一（2）修道院の機械時計の鐘の鳴り方
　　・「1 時間ごと」…1 一時間または三十分ごと　5 その他（下の「その他」
　　　以外）
　　・「15 分ごと他」…2 十五分ごと　5 その他（例 1 時間ごとまたは 15 分
　　　ごと※ 15 分ごとを含むもの）　4 書いてあったけど覚えていない。
　　○「祈りの時間ごと他」…3 書いてなかったのでわからない。　5 その
　　　他（例　一定の時間ごと，祈りの時間ごと）
〔Q221〕二（1）公共用時計の針の数（Q211 の分類と同じ。）
〔Q222〕二（2）公共用時計の鐘の鳴り方
　　・「1 時間ごと」…1 一時間または三十分ごと
　　・「15 分ごと他」…2 十五分ごと　5 その他（例 1 時間ごとまたは 15 分
　　　ごと※ 15 分ごとを含むもの）　4 書いてあったけど覚えていない。
　　○「書かれていない」…3 書いてなかったのでわからない。

203

〔Q231〕三（1）室内用置き時計の針の数

　　○「1本」…1 一本

　　・「2本他」…2 二本

　　・「書かれていない他」…3 書いてなかったのでわからない。　4 書い
　　　てあったけどあったけど覚えていない。　5 その他

〔Q232〕三（2）室内用置き時計の鐘の鳴り方

　　・「1時間ごと他」…1 一時間または三十分ごと　3 書いてなかったの
　　　でわからない。　5 その他　4 書いてあったけど覚えていない。

　　○「15分ごと」…2 十五分ごと　5 その他（例 1時間ごとまたは15分ご
　　　と）

　集計結果に基づき，それぞれの設問について，学年および群ごとに χ^2 検
定を行った。表4−9は，各分類の回答および学年ごとのクロス集計および
χ^2 検定後の残差分析の結果である。表4−10は，設問ごとの学年差の検定
結果である（表4−9の残差分析はこの結果に基づく）。表4−11は，各設問に
ついて，各学年ごとに調査条件（群）による違いがあるかどうかを検定し
た結果である。なお，χ^2 検定および残差の有意性は，下の基準で判定し，
表中に記号で表した。

　　χ^2 検定…　**：p< .01 有意差あり　*：p<.05 有意差あり　†：p<.10有意傾向
　　残差の有意性検定…｜残差｜＞1.65 → †：p<.01　＞1.96 → *：p<.05
　　　　　　　　　　　＞2.58 → **：p<.01

4　考察

（1）全体の考察

　学年間の差は，群と設問によって異なった結果を示した。全体的に言え
ば，読みの構え群の方が多くの設問において学年による差が見られた。し
かし，読みの構えの違いが，その学年における群の間の違いを導いたのは
3項目であり，それは小5と中2のみに限られた。以上のことから，読前
に持つ読みの構えは，特定の設問における学年間の違いを導く程度に作用
したと考えられる。

204

残差分析の結果，学年の差を導く要因は，記述通りの回答（表中の○をつけた分類）が学年の上昇にともなって増えていることにあった。しかし，設問によっては，統制群では学年間の差が見られないが，実験群では差が見られるものもあった。それは記述通りの回答の増加によって導かれてい

【表4-9】クロス集計表と残差（各セル三段目が調整された残差）

問2	解答	統制群					実験群				
		小5	小6	中1	中2	計	小5	小6	中1	中2	計
一(1)修道院の時計の針数	2本他	9 24.3% 1.7†	4 11.4% -0.7	11 13.1% -0.7	11 14.7% -0.1	35 15.2%	17 22.1% 3.3**	8 10.7% -0.3	5 6.1% -1.8†	6 7.8% -1.2	36 11.6%
	1本	24 64.9% 3.3**	14 40.0% -0.1	32 38.1% -0.6	24 32.0% -1.9†	94 40.7%	40 51.9% 1.9†	40 53.3% 2.1*	30 36.6% -1.3	23 29.9% -2.6**	133 42.8%
	○書かれていない他	4 10.8% -4.5**	17 48.6% 0.6	41 48.8% 1.1	40 53.3% 1.9**	102 44.2%	20 26.0% -4.0**	27 36.0% -1.9†	47 57.3% 2.5*	48 62.3% 3.4**	142 45.7%
	合計	37	35	84	75	231	77	75	82	77	311
一(2)修道院の時計の鐘	15分ごと他	18 48.6% 2.9*	8 22.9% -0.8	18 21.4% -1.8†	22 29.3% 0.2	66 28.6%	20 26.0% 0.9	19 25.3% 0.8	12 14.6% -1.9†	18 23.4% 0.3	69 22.2%
	1時間ごと	10 27.0% -0.3	12 34.3% 0.7	25 29.8% 0.2	20 26.7% -0.5	67 29.0%	37 48.1% 3.5**	26 34.7% 0.6	22 26.8% -1.1	14 18.2% -3.0**	99 31.8%
	○祈りの時間ごと他	9 24.3% -2.4*	15 42.9% 0.1	41 48.8% 1.5	33 44.0% 0.3	98 42.4%	20 26.0% -4.1**	30 40.0% -1.2	48 58.5% 2.7**	45 58.4% 2.5*	143 46.0%
	合計	37	35	84	75	231	77	75	82	77	311
二(1)公共用時計の針数	2本他	9 24.3%	9 25.7%	20 23.8%	12 16.0%	50 21.6%	20 26.0% 1.1	23 30.7% 2.2*	13 15.9% -1.5	11 14.3% -1.8†	67 21.5%
	1本	22 59.5%	17 48.6%	39 46.4%	43 57.3%	121 52.4%	43 55.8% 1.6	38 50.7% 0.5	37 45.1% -0.6	31 40.3% -1.5	149 47.9%
	○書かれていない他	6 16.2%	9 25.7%	25 29.8%	20 26.7%	60 26.0%	14 18.2% -2.7**	14 18.7% -2.6**	32 39.0% 1.9†	35 45.5% 3.3**	95 30.5%
	合計	37	35	84	75	231	77	75	82	77	311

二(2)公共用時計の鐘	15分ごと他	18 48.6%	9 25.7%	23 27.4%	22 29.3%	72 31.2%	27 35.1% 1.5	23 30.7% 0.5	14 17.1% -2.6**	24 31.2% 0.6	88 28.3%
	1時間ごと	14 37.8%	16 45.7%	33 39.3%	31 41.3%	94 40.7%	45 58.4% 3.1**	30 40.0% -0.6	37 45.1% 0.4	22 28.6% -3.0**	134 43.1%
	○書かれていない	5 13.5%	10 28.6%	28 33.3%	22 29.3%	65 28.1%	5 6.5% -5.0**	22 29.3% 0.2	31 37.8% 2.1*	31 40.3% 2.6**	89 28.6%
	合計	37	35	84	75	231	77	75	82	77	311
三(1)室内用時計の針数	書かれていない他	11 29.7%	5 14.3%	15 17.9%	20 26.7%	51 22.1%	12 15.6%	19 25.3%	21 25.6%	16 20.8%	68 21.9%
	○1本	17 45.9%	21 60.0%	52 61.9%	38 50.7%	128 55.4%	43 55.8%	35 46.7%	48 58.5%	47 61.0% +	173 55.6%
	2本	9 24.3%	9 25.7%	17 20.2%	17 22.7%	52 22.5%	22 28.6%	21 28.0%	13 15.9%	14 18.2%	70 22.5%
	合計	37	35	84	75	231	77	75	82	77	311
三(2)室内用時計の鐘	1時間ごと他	9 24.3% 2.6**	2 5.7% -1.2	10 11.9% 0.1	6 8.0% -1.2	27 11.7%	18 23.4%	8 10.7%	11 13.4%	9 11.7%	46 14.8%
	○15分ごと	28 75.7% -2.6**	33 94.3% 1.2	74 88.1% -0.1	69 92.0% 1.2	204 88.3%	59 76.6%	67 89.3%	71 86.6%	68 88.3%	265 85.2%
	合計	37	35	84	75	231	77	75	82	77	311

た。以上のことから，読みの目的や場合によって，推論をコントロールできるようになることが説明的文章の読みにおける推論の発達をとらえる上で一つの重要な側面であることが示唆される。

(2) 各設問ごとの考察

① 修道院の時計

　修道院の時計については，針の数，鐘の鳴り方の両設問において，統制群，実験群ともに学年間の差が有意に見られた。残差分析を行うと，おおかた，学年の上昇にともなって，「書かれていないからわからない」とする

第4章　中学校段階における説明的文章の推論的読みの発達と学習可能性

【表4－10】学年による違い（群ごと）　　（**：p<.01　*：p<.05　†：p<.10）

コード　　　　設問	自由度	統制群 χ^2 値	実験群 χ^2 値
Q211 修道院の時計の針数	6	20.78388 **	32.87108 **
Q212 修道院の時計の鐘	6	11.38963 †	27.39276 **
Q221 公共用時計の針数	6	4.88181	23.76924 **
Q222 公共用時計の鐘	6	8.42680	32.74293 **
Q231 室内用置時計の針数	6	5.41921	8.49879
Q232 室内用置き時計の鐘	3	7.92575 *	6.22716

【表4－11】読みの構え（群）による違い（学年ごと）

（**：p<.01　*：p<.05　†：p<.10）

コード　　　設問　（自由度）	小5 χ^2 値	小6 χ^2 値	中1 χ^2 値	中2 χ^2 値
Q211 修道院の時計の針数（2）	3.52739	1.81975	2.69990	2.19320
Q212 修道院の時計の鐘（2）	6.56098 *	.10823	1.91823	3.27923
Q221 公共用時計の針数（2）	.13906	.78902	2.37338	6.05507 *
Q222 公共用時計の鐘（2）	4.62210 †	.39229	2.54658	.11778
Q231 室内用置時計の針数（2）	3.10949	2.21397	1.66948	1.66168
Q232 室内用置き時計の鐘（1）	.01242	.70819	.08560	.58108

記述通りの読みが増える一方，それ以外の推論的な読みが減少することが，その違いを導いていた。

　針の数については，両群とも小5，小6で「1本」が有意に多く，中2で有意に少ない。逆に，鐘の鳴り方については，「祈りの時間ごと他」という記述通りの読みは，小5で少なく，中2あるいは中1で多い。さらに，小6以外では，実験群の各学年で統制群より「1本」が少なく，記述通りの回答が若干多い。つまり，学年の上昇と読みの構えを持つことによって，文章の記述通りにとらえる読みが増え，推論的な読みが抑えられる。

　それでも修道院の時計の針の数を「1本」とする回答は，実験群の小5・小6で50％を越え，最も低い中2で29.9％，全体では両群とも40％を若干越えている。ここで針の数を「1本」とするのは，時計に関する既有知識ではなく，文章内の他の部分（室内用置き時計を説明した部分）で明示された情報を源とした推論である。公共用時計の針の数を「1本」とする回答

207

が全体で50％ほどにのぼっていることを考え合わせると，学年を通してこの推論は行われやすいと思われる。

鐘の鳴る時間については，特に実験群において，学年の上昇にともない「祈りの時間ごと他」とする記述通りの読みが増え，「1時間ごと」とする推論的な読みが減少していて，針の数の場合とほぼ同じ傾向を示す。

しかし，小5に関しては，統制群と実験群で，「15分ごと他」と「1時間ごと」の割合が逆転していることが群間の有意差に貢献している（表4-12参照）。また，針の数についても，実験群で，記述通りの回答が増加するという結果は見られず，むしろ既有知識や文章内の他の情報によって推論的に理解しているようである。こうした傾向は，公共用時計の鐘の鳴り方の理解にも見られ，小5の特徴と思われる。

② 公共用時計

公共用時計の針の数，鐘の鳴り方については，両方とも，統制群では学年間の違いが見られないのに対し，実験群では違いが見られた。修道院の時計とは異なる傾向である。統制群では，どの学年でも，針の数については「1本」（全学年平均で52.4％）が，鐘の鳴り方については「1時間ごと」（同40.7％）が，記述通りの読みである「書かれていない」（同じく針26.0％，鐘28.1％）より多かった。公共用時計に関して，針が1本で鐘が1時間ごとに鳴るととらえている学習者が全学年にほぼ同程度に多いことがわかる。一方の実験群では，残差分析の結果，針の数，鐘の鳴り方ともに，記述通りの読みである「書かれていない」が学年の上昇とともに多くなることが学年間の違いを導いていた。

これらのことからも，文章を読む目的や読みの構えによって，推論による読みがコントロールされて記述通りの読みが行われることが一つの発達の指標となっていることがうかがえる。しかし，実験群では学年差がある一方，統制群では差がなかったことは，公共用時計について修道院の時計とは異なる問題が存在することを示しているように思われる。

公共用時計の針の数を「1本」とする回答は，統制群全体で平均52.4％，同じく実験群で47.9％とかなり高い数値になっている。これは，室内用置

第 4 章　中学校段階における説明的文章の推論的読みの発達と学習可能性

【表 4 − 12】小 5 修道院の時計の鐘　（**：p<.01　*：p<.05　†：p<.10）

	15 分ごと			1 時間ごと			祈り時間ごと他			合計
統制群	18	48.6%	2.4*	10	27.0%	-2.1*	9	24.3%	-.2	37
実験群	20	26.0%	-2.4*	37	48.1%	2.1*	20	26.0%	.2	77
合計	38	33.3%		47	41.2%		29	25.4%		114

【表 4 − 13】中 2 公共用時計の針の数　（**：p<.01　*：p<.05　†：p<.10）

	2 本他			1 本			書かれていない他			合計
統制群	12	16.0%	.3	43	57.3%	2.1*	20	26.7%	-2.4*	75
実験群	11	14.3%	-.3	31	40.3%	-2.1*	35	45.5%	2.4*	77
合計	23	15.1%		74	48.7%		55	36.2%		152

【表 4 − 14】小 5 公共用時計の鐘の鳴り方　（**：p<.01　*：p<.05　†：p<.10）

	15 分ごと他			1 時間ごと			書かれていない			合計
統制群	18	48.6%	1.4	14	37.8%	-2.1*	5	13.5%	1.2	37
実験群	27	35.1%	-1.4	45	58.4%	2.1*	5	6.5%	-1.2	77
合計	45	39.5%		59	51.8%		10	8.8%		114

き時計の針の数を「1 本」とした回答の結果（全学年平均で統制群 55.4％，実験群 55.6％）に近い。しかも，統制群の小 5，実験群の小 6 では，室内用置き時計の針の数を「1 本」とする回答より，修道院の時計および公共用時計のそれを「1 本」とする回答の方が多い。このことから，室内用置き時計のことを他の時計にも当てはめるという推論だけでなく，文章を読む過程において，針の数を 1 本とした当時の時計に関する典型モデルが形成され，それに基づいて推論が行われていると推測される。

　また，中 2 では，統制群と実験群の間に有意な違いが見られた。残差分析から，それは，統制群で「1 本」が多く，実験群では「書かれていない他」が多いことによることがわかる（表 4 − 13 参照）。このことは，中 2 において，読みの目的や構えによって，推論的な読みと文章の記述通りの読みとの使い分けが他学年よりかなりはっきりしていることを示しているように思われる。

　公共用時計の鐘の鳴り方については，上述したように統制群において「1

時間ごと」という回答が全学年に同程度に多い。これは，本文の記述を正確に読んでいないというだけでなく，そうした推論を行いやすい原因が，文章の表現の仕方にもあるのではないかと考えられる（第3章第3節参照）。

　また，小5には，先にこの学年の特徴とした現象がここでも見られる。すなわち，統制群では「15分ごと他」が48.6％，「1時間ごと」が37.8％であるのに対し，実験群では逆に「1時間ごと」が58.4％と極端に多くなり，学年間の違いだけでなく，小5における群間の有意差に貢献しているのである（表4-14参照）。小5では，調査で設定された読みの構えを持つことによって，本文の記述通りの読みより，むしろ文章の結論に沿った推論が促されたと考えられる。

③　室内用置き時計

　室内用置き時計の読み取りに関して，学年間の差はほとんど見られなかったと言ってよいだろう。ただし，鐘の鳴り方については，統制群で学年間に有意差が見られた。残差分析によると，これは小5において記述通りの読みの「15分ごと」が少なく，「1時間ごと他」が他学年に比べて多かったことによるが，小6，中1，中2で「15分ごと」が90％前後と非常に高かったことも関係すると思われる。これまで小5に見られた特徴を考え合わせると，小5と小6の間に差があるように思われる。

　また，鐘の鳴り方に比べ，針の数の設問では，「1本」の回答率は，両群平均で55.5％と他の時計の「1本」の回答率と比べて決して高くないだけでなく，「2本」の回答率はむしろ他の時計の場合よりも高い。これは，現在の一般的な置き時計に関する既有知識からの推論であると考えられる。針の数の記述通りの回答率と比べると，文章の結論に関わるか否かということが，文章の理解および記憶に大きく影響するものと思われる。

5　説明的文章の読みにおける推論の構造と発達

(1) 類似性による推論

　では，無意識における〈暗黙の推論〉が，全くの当てずっぽうではないとすれば，それはどのようにして行われるのであろうか。

今回の調査結果では，統制群の小5，実験群の小6では，室内用置き時計の針の数を「1本」とする回答より，室内用置き時計および公共用時計の場合の方が高い数値となっていた。室内用置き時計のことを他の時計にも当てはめるというだけでは，この結果は説明できない。

　このことに対し，「類似性」[3]による推論という説明を行うことができるのではないだろうか。それは，図4-3のように表されるものである。

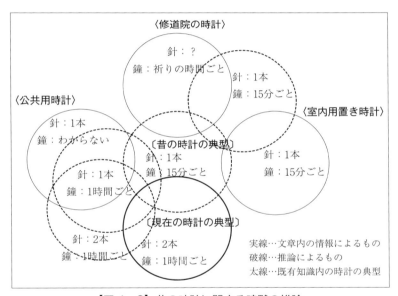

【図4-3】昔の時計に関する暗黙の推論

　読み手は，〔現在の時計の典型〕について，
　　　・1時間ごとに鐘が鳴る　　　・2本の針
という既有知識を持っていると考えられる。ところが，文章中には，
　　　・15分ごとに鐘が鳴る　　　・1本の針
という15世紀から16世紀の時計の特徴が出てくる。読みの過程において，読み手はこれを〔昔の時計の典型〕ととらえる。そして，三種類の時計について，〔現在の時計の典型〕か〔昔の時計の典型〕のどちらにどれだけ似

ているかということによって，それぞれの時計の鐘の鳴り方や針の数を推論するのである。ここでは，必ずしも論理的な推論や必然性を求める理由づけは行われなくてもよい。ただ「似ている」という感覚があればよいのである（ただし，この推論には何らかのバイアスがかかるだろう）。

　例えば，各時計の鐘の鳴り方については，15分ごとに鐘を鳴らしていたのは室内用置き時計であり，この他の時計の鐘は1時間ごとだったと考えれば明示的な推論が可能である。しかし，修道院の時計や公共用時計にも「15分ごと」という回答がある程度の割合で現れた。このことについて，そうした回答には，熟慮されたしかるべき理由があるわけではなく，修道院の時計が〔昔の時計の典型〕に「似ている」と感じたためであると考えることができるのではないだろうか。また，明示的に述べられている室内用置き時計でも「2本」という回答が全学年を通してある程度の割合で存在したのは，室内用置き時計を〔現在の時計の典型〕に「似ている」ととらえることによる推論が行われたことを示しているのではないだろうか。

(2) 中学校段階における説明的文章の推論的読みの発達の区切れ目

　ここでは，さらに，発達の一応の区切れ目について考察を行いたい。

　表4-15は，再び，問題2の各設問について連続する2学年ごとの差を見るため，χ^2検定を行った結果であり，図4-4は，それを視覚化したものである。これらの表と図からは，小5と小6の間，小6と中1の間に差のあることが見て取れる。残差分析を行うと，記述通りの読みの多いことがこれらの有意差に貢献していた。

　小5と小6の間の差は，両学年の統制群間にのみ見られるものと，統制群と実験群間との両方に見られるものとがある。小5では，読みの構えを意識させることで，記述通りの回答が，設問によっては群の間に有意差を生じさせるほど増加している。小6では，群間を比較しても記述通りの回答の割合はほぼ同じである。一方，小6と中1の間の差は，両学年の実験群の間のみに見られる。中1では，統制群の記述通りの読みの回答率は小6と同じ程度である。それが，実験群では，中1における群間に有意差

212

第4章　中学校段階における説明的文章の推論的読みの発達と学習可能性

【表4-15】連続する2学年ごとの差

コード　設問（自由度）	小5-小6		小6-中1		中1-中2	
	統制群	実験群	統制群	実験群	統制群	実験群
Q211 修道院時計針数(2)	12.55641**	4.25697	.07792	7.22855*	.64784	.86959
Q212 修道院時計鐘 (2)	5.47664†	3.92064	.37170	5.7671†	1.31520	2.92021
Q221 公共用時計針数(2)	1.18639	.49171	.20256	9.54146**	2.24845	.67384
Q222 公共用時計鐘 (2)	4.74811†	13.99981**	.44892	4.14497	.29624	6.29413*
Q231 室内用置時計針(2)	2.61752	2.39851	.54121	3.71378	2.39029	.56657
Q232 室内用置時計鐘(1)	4.81254*	4.32852*	1.04418	.27808	.66753	.10762

中2												
中1												
小6												
小5												
群 設問	統制	実験	統制	実験	統制	実験	統制	実験	統制	実験	統制	実験
	針の数		鐘の鳴り方		針の数		鐘の鳴り方		針の数		鐘の鳴り方	
	修道院の時計				公共用時計				室内用時計			

【図4-4】発達の区切りの想定

の生じない程度にではあるが，多くなっている。しかし，小6の実験群では多くないため，小6と中1の実験群の間に有意差が生じる。

　以上のように，文章の記述通りに読み取るという点から見ると，調査で用いた文章の通常の読みにおいては，小5と小6の間に一つの発達の区切れ目が生じる。読みの構えを意識しない場合，小5では，テキストベースが形成されにくいが，小6以上では，読みの構えを意識しなくてもある程度それが形成されるものと考えられる。ところが，記述通りに読む読みの構えを意識した読みにおいては，小6と中1の間に区切れ目が生じる。これは，中1・中2では，読みの構えを意識した場合，小6との間に差が生じるほどに，テキストベースをより正確に形成することができるためと考えられる。

　では，このことは，推論の発達という側面からはどのようにとらえられるのであろうか。公共用時計の鐘の鳴り方に関して統制群で学年による差

213

が見られなかったように，学年が進んでも暗黙の推論が行われなくなるということはない。推論の発達を読みの自覚の度合いが次第に高まると一義的にとらえることはできない。読みの過程においては，暗黙の推論が行われながら，一方では本文の記述に沿ったテキストベースがところどころ必要に応じて形成されている。ここで，発達は，一つには，形成されるテキストベースの量が増えることにあると言えるだろう。しかし，さらに重要なのは，差し障りのない時は暗黙の推論に任せていながら，読みの目的や場面に応じて，それを自覚化し，本文の記述に沿った読み取りを行いテキストベースを形成したり，あるいは，明示的な推論を行うことができるようになることではないだろうか。

　ところで，中1と中2の間の差はその意味づけが難しいものである。残差分析によると，中1と中2の間の差は，正答に関する差ではなく，「1時間毎」が中1に多く中2に少ないということと，「15分ごと他」が中2に多いことに起因していた。さらに細かく見ると，「15分ごと他」は，統計的な分析を行うために「15分ごと」と「覚えていない」および「無回答」を集めたものだが，「15分ごと」は実験群の中1，中2とも12名で差はなく，「覚えていない」が中1で1名，中2で9名となっている。これ以上統計的な分析を手がかりに考察を行うことはできないが，ここには，意識によって無意識が作り変えられてしまうという意識の問題を扱う際の困難さだけでなく，例えば装われる無意識といった，中2という発達段階において意識を問題にする際の困難さも関係するのではないかと考えられる。

(3) 類似による推論の功罪

　推論的読みにおいて，家族的類縁性による推論が，暗黙の推論を生み出していたという考察を行った。こうした類似による推論は，「シンデレラの時計」においてだけでなく，さまざまな文章の理解において，理解を助けるとともに，誤解の対象にもなるであろう。推論的読みの学力としては，こうした推論を積極的に行う局面と，それを抑制する局面とを使い分けたり，両方の観点から自分の理解を意識化するなどのモニタリングを行

うことが求められよう。そういう点で，中学校２年生が外部からの目的の
設定によって，記述に沿った抑制的な読みができていたことは，発達段階
を考慮した推論的読みの学習指導を行う上で，非常に示唆的である。

第４節　中学校段階における説明的文章の論理的関係に関する理解方略の学習可能性──読みの調査４を通して──

第１項　説明的文章の論理的関係に関する理解方略の教授

　文章理解過程における知識の利用については，大人と子どもとの間に，
①知識の柔軟な使用，②自覚的に使用できる安定的な知識すなわちメタ認
知的知識の保有という点に質的な違いのあることが指摘されている[4]。ま
た，文章理解の過程には，文章を読む状況や目的に応じて読み手が自らの
読みの行動を意識的・意図的に選択して文章を理解する方略的読みの過程
と，無意識的な読みの行動であるスキルによる読みの過程とがあると考え
られるようになってきている[5]。

　ところで，説明的文章の読みの指導においては，これまで，文章構造を
把握する読みの指導に特に力が入れられてきた。これは，文章を意味的統
一体としてとらえ，同時に，そうすることによって論理的思考力を育成す
ることがねらわれてきたのである[6]。これを読みの学力の形成という点か
ら考えた場合，文章構造を把握する読みがいわゆる読み方として学習者に
身につくことを意図してきたと考えられる。しかし，読み方の指導の問題
は，表現内容の理解の指導との対立関係において議論されることが多く，
それをどのような性質のものとして身につけさせるかという側面からの検
討はあまり行われてきていない[7]。

　こうした問題をふまえ，さらに，自立した読み手を育てるという読みの
指導の最終的な目標に照らして，文章構造を把握する読みの指導のあり方
をとらえ直すと，文章構造に関する知識をメタ認知的知識として自覚的に

用いることができるということに加えて，読みの状況・目的に応じてこうした読み方を選択できるようにさせることが必要であると考えられる。すなわち，方略的読みとして身につけさせることである。

　米国では，文章構造に関する知識を教授することの有効性が実証的に研究されてきた[8]。しかし，多くの研究は，文章の表現内容に関する質問と応答を中心とした教授方法との比較において行われており，その成果はそのまま我が国の国語科教育研究における文章構造の指導のあり方の問題を解決するものではない。また，こうした研究の中には，文章構造に関する知識を直接教授することの有効性を疑うものや，その有効性は文章構造に沿った課題に特定的なものであることを指摘するものがある。

　また，近年の説明的文章指導の研究では，認識方法の指導が重視され，理論的にも実践的にも議論が深められてきているが，認識方法は，表現方法と密接に関わるものであり[9]，文章理解という点から見れば，文章構造の把握と深い関わりを持つ。しかし，認識方法あるいは表現方法の教授が文章理解においてどのような有効性を持つかという側面からの実証的な検討はなされていない。

　以上のことから，本節の研究では，文章構造を把握する読みの教授のあり方として次の二つのものを設定する。すなわち，文章構成に関するメタ認知的知識を学習者に獲得させ，それを意識的に用いて理解させることを意図するもの（方略教授群）と，表現内容の理解を軸としてその理解過程において文章構造を把握させるもの（理解重視群）とである。これらは，教授の方法の違いであると同時に，学習内容，つまり教授を意図する読みの学力の違いでもある。本調査は，これらの教授のあり方の有効性を教授実験によって比較し，文章を意味的統一体としてとらえるという文章構造を把握する読みの目的に照らして，文章構造に関するメタ認知的知識の教授がどのような有効性を持つかを検証することを主な目的とするものである。さらに，これを通して，方略的読みの教授と学習可能性に向けての示唆を得たいと考える。

216

第 4 章　中学校段階における説明的文章の推論的読みの発達と学習可能性

第 2 項　中学校 3 年生における説明的文章の論理的関係に関する
　　　　理解方略の学習可能性——読みの調査 4 による分析と考察——

1　調査の目的

　説明的文章の文章構造を把握する読みの指導について，文章構造に関するメタ認知的知識を直接的に教授する群（方略教授群）と，文章構造を文章の表現内容を理解する過程において把握させる群（理解重視群）とを設け，「文章の部分を文章全体に位置づけると同時に部分の理解から文章の全体的な意味を構築する」という点における文章構造に関するメタ認知的知識の教授の有効性と学習の可能性を検討する。

2　調査の方法

（1）調査の概要

　対象…広島大学附属中学校の 3 年生 2 学級（計 80 名のうち有効数 75 名）。
　　　　2 学期始めに行われた実力テストの結果を見ると，2 学級の平均点
　　　　の間に有意な差はなかった（t（73）=0.445, p>.2）。
　期日…方略教授群：1994 年 9 月 20，21，22，29，30 日
　　　　理解重視群：同年 9 月 29，30 日 10 月 3，7，14 日
　手順…両群とも，第 3 章第 2 節で取り上げた宮脇昭稿「自然のシステム
　　　　に学ぶ」（学校図書，1991 年検定済）を用いて，筆者がそれぞれ 4
　　　　時間ずつの実験授業を行ったが，この前と後に事前および事後の
　　　　テストを行い，これらの結果によって検証した。

（2）教授実験の方法

①　事前テスト

　両群とも，事前の調査として，はじめに説明的文章の仕組みについてどのような知識を持っているかを尋ね用紙に記述させた。その後，教材の「自然のシステムに学ぶ」を通読し，文章に明示的に書かれていることを問

217

う簡単な事前テストを行った。

②　教授過程および教授内容

方略教授群　まず，文章に構造のあることを理解させた。その後，B. J. F. マイヤーの提示する修辞的・論理的関係を示す概念を，次に引用するような説明とともに学習プリントとして与えた。

　　　説明：性質や特徴，事件の場所・日時，例などを述べることによって，その話題についてより多くの情報を与える関係。
　　　集合：事柄や概念，出来事が，ある共通の観点（例えば時間的順序）によって一緒に関連付けられている関係。
　　　原因－結果：先行する概念（つまり原因）と後のもの（つまり結果）との間の因果関係を示す関係。
　　　問題－解決：問題と解決は，問題が解決に先行しているという点で因果関係に似ている。しかし，問題－解決の場合，話題内容には問題と解決の間に何らかの重なりがなければならない。つまり解決のある部分は問題とある程度一致していなければならない。
　　　比較：二つ以上の話題の間の相違点や共通点を示す関係。

　次に，各段落に書かれていることを要約させながら，上の修辞的・論理的関係を示す概念を用いて書かれている事柄間の関係をとらえさせていった。その際，こうした文章構造を表象しやすいように，文章構造を視覚的な図に表していった（第3章図3-1参照）。また，この活動によって，知識の定着とその運用の習熟をねらった。

　教授に際してマイヤーの方法を取り上げた理由は，彼女の方法では，文章構造が表現されている事柄と事柄の関係を中心にしてとらえられており，その関係を表す概念には，いわゆる認識方法と言われるものが一部含まれると考えたことにある。

理解重視群　理解重視群では，事象と事象の関係や段落間の関係を理解させることを中心に授業を行った。授業の中で出された関係を表す概念は，以下のようなものであり，マイヤーの提示するものと重なるものが多い。

　　　問題－解決／比較／原因－結果／等しい／詳しい説明／理由説明

　なお，授業後の反省として，方略教授群については，学習者自身に十分

218

活動させることができなかったこと，理解重視群については，「自然のシステムに学ぶ」の終わりの3段落を終えることができなかったことが挙げられる。

③　事後テスト

　両群とも，4時間の授業の後，5時間目のはじめに学習のまとめを行い，残りの30分で，岸田純之助稿「巨大技術と人間」（東京書籍，1991年度検定済）を用いて，実験授業の目的に照らした事後テストを行った。方略教授群では，メタ認知的知識の運用を援助するため修辞的・論理的関係の一覧を与え，それを用いて文章構造図を描かせてから問題を解かせた。理解重視群は，文章を読ませそのまま問題を解かせた。

　事後テストの問題は，「巨大技術と人間」の文章構造をマイヤーの方法によって図4-5のようにとらえ，これに基づいて作成した。事後テストの設問と各設問の出題のねらいは次の通りである。

〈設問〉

一　⑫段落に「巨大化は必然である」とあるが，技術の巨大化をもたらしたものは何か。三つ答えなさい。

二　同じく⑫段落に「人間は巨大化にふさわしい技術的な能力を持つようになってきている」とあるが，このことがより詳しく説明されているのはどの段落においてか。段落番号で答えなさい。

三　⑧段落に「巨大技術と人間との関係に対する問い直しの必要を痛感する」とある。このことについて，なぜ問い直す必要があるのか。①から⑧段落の内容をふまえて説明しなさい。

四　また，筆者は，⑧段落の「巨大技術と人間との関係」をどのように考えることが必要だと述べているか。二つ答えなさい。

五　筆者はこの文章の中で，巨大技術を開発し利用するにあたって何が重要だと述べているか。三十字以内にまとめて答えなさい。

〈各設問の出題のねらい〉

一　③段落と④⑤⑥段落とを因果関係によってとらえる。

二　他の段落と関連づけさせる。

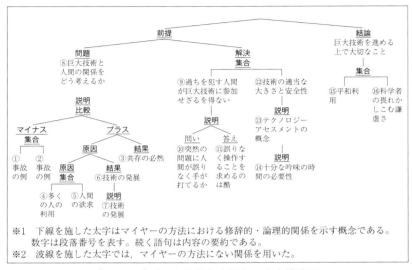

【図4-5】「巨大技術と人間」の文章構造図

三 ①②段落と③④⑤⑥⑦段落とを何らかの関係（比較）によってとらえさせる。

四 ⑧段落と⑨⑩⑪⑫⑬⑭段落とを「問題-解決」の関係によってとらえさせる。

五 ⑮⑯段落を文章全体をまとめるような働きのものとしてとらえさせる。

3 結果および考察

(1) 結果

事前の調査と事前テストおよび事後テストの結果は，それぞれ表4-16，表4-17，表4-18の通りである。表中にも示したように，事前・事後テストに関して，各テストの合計および各問いごとの平均に対してt検定を行った。その結果，事前テストについては方略教授群と理解重視群の間に有為な差はなかった。事後テストについては，問三に有意傾向（t (73) =1.754, p < .10）がみられた。その他の設問，合計の平均点については両

第 4 章　中学校段階における説明的文章の推論的読みの発達と学習可能性

群の間に有意な差はなかった。したがって，論理・修辞的関係を表す概念を中心にした文章構造に関する知識の教授は，問三において問われたことに対しては有効性を持つが，問一・二・四・五で問われていることに対しては必ずしも有効性を持たないものと考えられる。以下では，このような結果について問三の結果を中心に考察を行いたい。

(2) 違いを導いた要因

　問一から問五の設問は，いずれも本研究の目的に沿うように，本文の重要部分について文章の他の部分と関連づけて理解することをねらったものである。しかし，問一・二・四・五は，問われていることを本文中から何箇所か探し出す問題であり，傍線部との関連はあるが，解答の該当箇所同士は並立的で，それらを関係づけて答えさせるものではなかった。こうした問題に対しては，尋ねられていることに該当する箇所を探す方略が用いられていると思われる。そして，両群の学習者ともこうした方略には同じように習熟していたと考えられる。

　それに対し，問三は，⑧段落について，「問い直しの必要を痛感する」理由をすぐ前の「巨大技術が引き起こしたいくつかの重大な事故に直面して」ということや①・②段落の巨大技術の引き起こした事故の例だけからでなく，③段落から⑦段落に述べられている現代が「巨大技術と共存しなければならない時代に入っている」という事実と関係づけて答えることを求める設問である。

　この問三の得点を得た人数について，二つの事柄を何らかの関係で関連づけている者すなわち 2 点以上の者の数と，一つの事柄のみを答えている者すなわち 1 点の者の数（表 4 - 19 を参照）について，方略教授群と理解重視群との間に違いが見られるか，χ^2 検定を行った。その結果，方略教授群と理解重視群の間には有意傾向があった（$\chi^2 (2) = 4.965$，$p < 0.10$）。さらに，残差分析により，2 点以上を取った者すなわち二つの事柄を何らかの関係で関連づけている者がこの違いを導いているという結果を得た（表 4 - 20）。したがって，問三においては，方略教授群の方が理解重視群より

221

【表4−16】文章構造に関する知識の事前調査の結果

分類項目　　　／　　　クラス	方略群	理解群	合計
「問題提起−結論」型	14（35.9）	31（79.5）	45（57.6）
「起承転結／序・本・結論」型	4（10.3）	0（0）	4（5.1）
その他	11（28.2）	8（20.5）	19（24.4）
無回答	10（25.6）	0（0）	10（12.8）
合計	39	39	78

（　）内の数字は，それぞれ縦の合計に対する百分率を表す。

【表4−17】事前テストの結果　（配点は4点）

方略群（％）	2.27（53.8）
理解群（％）	2.47（62.8）
Ｔ検定・有意差	-1.518　×

【表4−18】事後テストおよびＴ検定の結果

設問（配点）	問1（3）	問2（2）	問3（3）	問4（2）	問5（2）	合計（12）
方略群（％）	2.14（71.2）	0.97（48.6）	1.41（46.8）	0.73（36.5）	0.95（47.3）	6.19（51.6）
理解群（％）	1.84（61.4）	1.21（60.5）	1（33.3）	0.5（25）	1.24（61.8）	5.79（48.3）
Ｔ検定	1.542　×	-1.122　×	1.861　*	1.531　×	-1.481　×	0.669　×

＊：$p < 0.10$　※−は〈理解群〉の成績がよいことを表す。

【表4−19】得点別の人数

得点	2・3点	1点	0点
方略群	19	10	8
理解群	10	16	12

【表4−20】表4−19の調整された残差

得点	2・3点	1点	0点
方略群	2.23*	− 1.37	− 0.97
理解群	− 2.23*	1.37	0.97

│残差│ > 1.96 → ＊：$p<.05$

【表4−21】事柄別の解答者数

	事故−技術発展（2点）	事故−共存必然（3点）
方略群（人）（％）計37	15（40.5）	4（10.8）
理解群（人）（％）計38	7（15.8）	3（7.9）

（　）の数字は各母集団に占める百分率

「巨大技術と人間の関係について問い直す必要がある」ことの理由について前段落までに書かれていることを関連づけて考えようとしていると言える。ここに，論理的関係を中心にした文章構造に関する知識の教授の有効性を見いだすことができる。

さらに，問三の回答の内容について見てみると（表4-21を参照），「事故」と「共存の必然」とを関連づけた者（3点の得点者）の数は，両群の間にほとんど差が見られない。違いが見られるのは，「事故」と「技術の発展」を関連づけた者（2点の得点者）においてである。このことから，問三において方略教授群と理解重視群の間に有意な違いをもたらしたのは，方略教授群において「事故」と「技術の発展」を関連づけた者が多いことにあったと考えられる。

(3) 問三の解答の事例的分析

問三の解答において，方略教授群で「事故」と「技術の発展」の二つを答えている者には次のような事例が見られる。

　　a：今まで真っ直ぐに巨大化のために技術を発展させてきたがさまざまな事故を伴っている。
　　b：部品の信頼性を納得しすぎると人間には対処しきれない事故が起こる。
　　c：技術が発展し，大型化してきたが，その巨大技術が大きな事故を起こしたから。
　　d：人間の巨大化の欲求より技術も巨大化していき，今度はその巨大化ゆえに事故を起こすので。

aは，「技術の発展」と「事故」という二つの事柄を比較の関係によってとらえているものである（方略教授群の15例中5例）。bは部品の信頼性を「納得しすぎると」という仮定を自分で補って「事故」との因果関係を見出しているものである（同4／15）。cは，「技術の発展」の結果である巨大技術の巨大さと事故の大きさの間に因果関係を見出しているものである（同3／15）。これに対しdは，人間の欲求によって実現した技術の巨大化

と事故との関係を因果関係でとらえるものであるが（同3／15），このような理解は正確な理解とは言えない。このような例は理解重視群の解答にも見られる（理解重視群同1／7）。

　段落と段落，あるいは事柄と事柄の間の関係は，言語的構造，例えば接続詞などの「合図句」[10] によって直接示されていることはむしろ稀である。表されている事柄の意味的な関係から推論しなくてはならない。したがって，関係の把握の正確さ，あるいは不正確さの原因を読みの過程におけるモニタリングの能力に全て帰することはできない。

　また，「事故」と「時代の必然」を関連づけた解答には次のようなものがある。

　　e：巨大技術は，問題点もあるが，利点もあるので，人間は巨大技術と
　　　　共存しなければならないので。

　　f：巨大技術は必然であるが，それによって大事故が起こっていること
　　　　も事実であるから。

　事例eは，巨大技術の引き起こした重大な事故と巨大技術の実現することを問題点と利点という比較の関係でとらえている。fは，巨大技術が時代の必然であるとした上で，前の事例cと同様に巨大技術と事故の大きさに因果関係を見出しているものである。いずれも誤りのない認識である。このような3点の正答を得た者の数は両群の間にほとんど違いはなく，さらに全体で10％に満たないことから，両群にとってこのように考えることは同程度に困難であったと思われる。

（4）方略教授群における文章構造図と解答の関連——方略の有効性——

　方略教授群について，各自が描いた文章構造図と問題への解答との関連についてさらに検討する。問三において，得点が2点以上の者すなわち二つの事柄を答えていた者と，1点以下の者すなわち一つの事柄を答えていた者または得点の得られなかった者がどのような図を描いているかを見ると表4-22のような結果になった。

第4章　中学校段階における説明的文章の推論的読みの発達と学習可能性

【表4－22】方略群における問三の得点と文章構造図における関係把握の相関

得点／図	因果	比較	他	計
0-1点の者	2	4	7	13
2-3点の者	8	6	4	18
計	10	10	11	31

【表4－23】文章構造図と解答との関わり

		図		
		因果	比較	他
答え	因果	6（75.0）	2	2
	比較	2	4（66.7）	1
	他	0	0	1（33.0）

（　）内の数字は一致率

　また，2点以上を取った者について，図の関係の把握と答えにおける関係の把握の一致率を見ると表4－23のような結果になった。統計的な処理は行っていないがおおむね一致していると思われる。

　事例的に見ると，因果関係でとらえた解答をしている前項の事例cは図4－6に，比較の関係で答えている事例aは図4－7にそれぞれ示したような文章構造の把握をしているのである。

　以上のことから，問三における方略教授群の好成績は，問いの答えに該当する箇所を探す方略の習熟の程度によるのではなく，文章構造の把握のあり方の違い，すなわち文章構造に関する知識の活用にあったと言える。

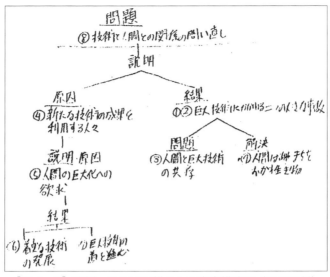

【図4-6】事例cにおいて描かれた文章構造図(因果関係)

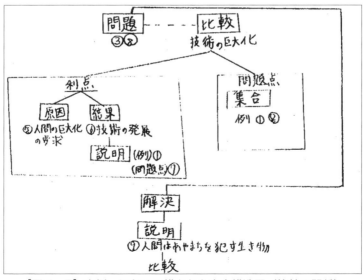

【図4-7】事例aにおいて描かれた文章構造図(比較の関係)

第4章　中学校段階における説明的文章の推論的読みの発達と学習可能性

第3項　説明的文章の論理的関係に関する理解方略教授への示唆

① 文章構造に関する知識の方略としての教授の有効性

　以上のように，本教授実験を見る限り，修辞的・論理的関係を示す概念を中心にした文章構造に関するメタ認知的知識の教授は，限定された局面においてではあるが有効性を持つものであったと言える。これは，ピアーソンらによって概観されているいくつかの文章構造の教授研究の結果とも一致する[11]。この結果からは，こうした読みの方法を方略として教授することの有効性が示唆される。しかし，当然ではあるがある方略は全ての読みの局面において有効なわけではなく，目的や状況においてふさわしい方略が選択されなくてはならない。したがって，どのような方略を教授するかは，読みの目的と対応した形で議論した上で，選択する必要がある。また，文章構造をどのようなものとしてとらえ，学習者にメタ認知的知識として何を教授するかも改めて検討する必要がある。

② 方略の習熟

　方略教授群において，学習者は文章構造に関するメタ認知的知識を十分に使いこなしてはいなかった。文章構造に関する知識がメタ認知的知識として定着し，さらに使いこなせるように習熟するには，長期に渡る学習が必要である。4時間という授業時間数は非常に少ないものであった。方略の習熟には，学年を通しての指導の計画が必要である。

③ 方略の選択

　上でも述べたが，文章構造に関する知識の運用が説明的文章の読みの方略の全てではない。今回の教授実験の事後テストの各設問においても，全て同じ方略が用いられたとは考えにくい。したがって，一つの方略に習熟させる過程と，複数の方略から最適な方略を選択することに習熟させる過程との二つの過程が考えられる。他の方略を含めて，どのような目的を持った場面でどのような方略を選択するかという過程においてこそ，方略の学習有効性は探求されなければならない。また，これまでの読みの授業

227

においては，授業者の指示によって読みの行為が決定されていた。しかし，学習者自身に目的を自覚させ，どのような読みの行動をとればよいかを自覚的に選択させる指導が重要となる。
④　学習者自身による方略の有効性の自覚
　方略の獲得には，その方略が有効であることを学習者自身がよく納得していることが重要であることが明らかにされている[12]。今回の教授実験では，そのような納得を実現することができなかったと思われる。

注

1) Ｐ．Ｎ．ジョンソン＝レアード（海保博之監修・ＡＩＵＥＯ訳）『メンタルモデル』産業図書，1988年，p.148
2) 文章理解における「問い」の役割については，R. C. シャンクの説明理論に関する一連の研究を参考にした。
3) ウィトゲンシュタインにおける「家族的類似」，認知意味論における「プロトタイプ」の考え方を参考にした。なお，これらの概念の理解については次の文献によった。
　坂原茂「認知的アプローチ」郡司隆男・阿部泰明・白井賢一郎・坂原茂・松本裕治『意味』岩波講座言語の科学4，第3章，岩波書店，1998年，pp.83-124
4) 秋田喜代美「文章理解」内田伸子編『言語機能の発達』新児童心理学講座第6巻，金子書房，1990年，p.124
5) Paris, S. G., Wasik, B. A., & Turner, J. C.（1991）. The development of strategic readers. In Kamil, M. L.（Eds.）, *Handbook of reading research*（Vol.2）. New York: Longman.
6) 小田迪夫『説明文教材の授業改革論』明治図書，1986年，pp.63-64
7) 井上尚美氏は「スキル」に対し「メタ認知的スキル」という概念を提示している（『国語の授業方法論』一光社，1983年，p.197）。
8) Pearson, P. D. & Fielding, L.（1991）. Comprehension instruction. In Kamil, M. L.（Eds.）*Handbook of reading research*（No.2）. pp.815-860, Longman.
9) 西郷竹彦『説明文の授業　理論と方法』明治図書，1985年，p.68
10) Ｂ．Ｊ．グロッス他「談話」Ｍ．Ｉ．ポズナー編『言語への認知的接近』産業図書，1993年，p.120。マイヤーにもほぼ同じ概念がある。
11) Pearson 他同注9論文
12) Paris 他同注6論文

第5章　教師の持つ説明的文章の読みの学力観と指導理論の検討

第1節　教師の持つ説明的文章の読みの学力観と授業のあり方をとらえる枠組み

第1項　国語科授業と教師の持つ国語学力モデルとの関わり

　国語学力モデル は，顕在的にあるいは潜在的に，授業に影響を及ぼしていると考えられる。本章は，国語学力論と授業論とを結び合わせることを大きなねらいとする。

　ところで，第1章第2節で検討したように，戦後の国語教育実践には，大きく分けて次のような国語学力モデルの類型があったと考えられる。

(1) 言語生活主義的国語学力モデル

(2) 言語技能主義的国語学力モデル

(3) 認識主義的国語学力モデル

　これらの国語学力モデルの類型が授業のあり方にそれぞれどのような影響を及ぼすかということについては，(1) の学力モデルについては国語科単元学習の授業を，(2) についてはスキル学習を，(3) については例えば文芸研の授業を見れば，その違いは明らかである。国語学習指導理論は国語学力モデルを内在させており，国語学力モデルの違いは授業のあり方の違いとなって現れると考えられる。

　しかし，日々に行われている多くの国語の授業は，特定の国語学習指導理論に依ったものではない。ここでは，国語学力モデルが授業者によって意識されないままに，いわば潜在的な国語学力モデルの影響のもとに授業が行われていると考えられる。

　このような授業から，潜在的な国語学力モデルを取り出して顕在化さ

せ，授業のあり方との関わりを明らかにすることは，一つには国語学力を観点とした授業研究の方向を開くことになり，もう一つには，授業の改善を行う上で有効であると考える。

　専門家としての教師を実践過程において省察・反省的思考を発達させていく存在ととらえる立場からは，授業を，予め外部に準備された理論や原理を実践に当てはめる過程と見なすことはできない。したがって，説明的文章の読みの授業における先の問題を研究成果が浸透したか否かという観点からのみとらえることは正当ではない。教師が実践を通して説明的文章の指導や特に文章の論理の理解に関してどのような実践的認識を形成しており，それがどのように授業を規定しているかという観点から授業の問題点や授業改善を考える方向が重要であるように思われる。

第2項　国語科教師の持つ説明的文章の読みの学力モデルの問題

　今日，授業の改善に関わる問題として，説明的文章の読みの授業において，字面の読みに終始した授業からの脱却が求められているが，ここにはどのような国語学力モデルとしての問題があるのだろうか。

　段落の要点をまとめ，段落相互の関係をとらえさせることは，文章の論理を理解する力および論理的思考力を身につけさせるという説明的文章指導の中心となる目標を実現する学習活動と見なされてきた。しかし一方で，そうした学習活動に終始した授業は，説明的文章の読みの授業，国語の授業の問題として指摘され，そうした授業からの脱却が長く叫ばれてきた。

　説明的文章の論理については，文章論がそれを記述する中心的な理論としての役割を果たしていた時期もあったが，現在では，筆者および読み手の認識に焦点が置かれ，理論的，実践的な研究が進展してきている。また，最近の授業実践報告には，多彩な学習活動を取り入れた授業が多く見られ，従来型の要旨把握の授業は少なくなっているという指摘もなされている。しかし，依然として多くの授業が段落の要点をとらえることを中心と

していることも同時に指摘される実態である。それは，これまでの研究成果が十分に取り入れられていないことも確かに大きな原因の一つであろう。だが，それらが浸透すれば，問題が解決するものと見なすことができるかと言えば，そうではない。教師の持つ説明的文章の読みの学力観が変わることが必要である。

　では，国語科教師は，説明的文章の読みの学力の中心となる「文章の論理をとらえる力」をどのように考え，学習者に学力を形成しているのだろうか。論理（論理的思考）という用語の用いられ方については，井上尚美による次のような早い時期の指摘がある[1]。

　　(1) 形式論理学の諸規則にかなった推論のこと（狭義）
　　(2) 筋道の通った思考，つまりある文章や話が論証の形式（前提－結論），または主張－理由という骨組み）を整えていること
　　(3) 分析，総合，抽象，比較関係づけなど，広く直感やイメージによる思考に対して「概念的」思考一般のこと（広義）

この用語のこうした使用状況は，今日においても大きくは変わっておらず，ここから教師による論理のとらえ方を推測することはできる。また，研究の進展の中には，論理がどのようなものであるかについて確かな言及も見られる[2]。しかし，文章の論理の，授業という場において教授・学習されるものとしての側面に注目するならば，教師が教材研究あるいは授業を行う中で，説明的文章の論理をどのようにとらえているかという実践的・実際的な問題として考えられなければならないと思われる。

第2節　中学校段階における国語科教師の持つ説明的文章の読みの学力観と指導理論の分析——教師への調査1と調査2を通して——

第1項　中学校国語科教師の持つ説明的文章の読みの学力観
——教師への調査1による分析——

1　問題設定

　説明的文章の論理をとらえさせる指導は，しばしば段落の要点をつなぐという形で行われる。その場合，教材本文の表現通りに，要約されることも多い。前章までに検討した「シンデレラの時計」の問題箇所である公共用時計の鐘の鳴り方について言えば，授業において，公共用時計が15分ごとに鐘を鳴らしていたかどうかは「わからない」とされることもある[3]。字義通りの読みであり，このような授業では，読み手による明示的な推論も十分には行われない。

　秋山聡は，「シンデレラの時計」の学習指導の実践報告を行っている[4]。単元全体の指導目標五つの中には次のようなものが見られた。

　　(2) 事実と意見を区別して筆者の訴えたいことをとらえることができる。
　　(3) 構成や展開に即して，文章中の事例や要点をまとめることができる。

前半部に関わり，部分精査段階（3時間）の第2時には，次のことが学習活動とされた。

　　筆者の疑問の解決方法を図表で表し確かめる。
　　　・問題提起　・調査，考察　・結論となるキーセンテンスを並べて図表化する。

この時間の学習内容は，次のように記されている。

　　〈疑問一〉　　シンデレラはどのようにして時を知ったのか。
　　◎問題提起　・11時45分に鳴る時計があったのか。
　　◎調査　　　・機械時計の歴史

第5章　教師の持つ説明的文章の読みの学力観と指導理論の検討

◎考察　　　・公共用時計の存在
◎結論　　　・シンデレラが聞いたのは公共用時計ではない。
◎問題提起　・15分ごとに鳴る時計はないのか。
◎調査　　　・室内用置き時計があった。
　　　　　　・一冊の本から，時計発見。
◎結論　　　・シンデレラの聞いた時計は室内用置き時計である。

　こうした学習内容には，先の問題箇所について，秋山の行った推論が「シンデレラが聞いたのは公共用時計ではない」と表されている。学習者の学習活動の成果「図表」も「鳴ったとしても1時間ごと」となっている。授業報告からは，このような推論がどのようにして行われたのかが明確にはわからないが，文章から筆者の意図（結論）を読み取るという形で，導き出されたものと推測される。

　しかし，ここでは，結論部分の筆者の明示されない推論と，読み手の行った明示的な推論とが区別されていない。第4章第3節で考察した調査によれば，これらを区別した場合，上に示された「結論」とは，異なる考えが学習者から提示されることが予想される。また，図表化の過程で，学習者の暗黙の推論を考慮することは，学習者の納得という点でも重要であると考えられる。あるいは，秋山の行った授業の中にもそれは現れていたかもしれない。しかし，意図的計画的な指導を行うためには，教師が持つ読みの学力モデルにおいて，これらの区別が意識されている必要があると思われる。

　本節は，国語科教師による説明的文章の論理のとらえ方がどのようなものであるかを調査を通して具体的にとらえることを課題とする。その際，論文や理論の形で明確に存在するものではなく，教師の心の中に存在する論理観を対象とすることから，具体的な説明的文章教材「シンデレラの時計」について，稿者が教師にインタビューを行うという方法を採ることにする。心の中の論理観は，はっきりとしないもの，あるいは，普断言明されないもの，意識されないものとして存在することが予想されることから，他者の問いに答えながら説明的文章の論理を意識化し話してもらい，

233

曖昧なことについてはその都度尋ねるというやり方で資料を得るのである。

　本調査では，国語科教師の論理のとらえ方の実態把握が中心になるが，その際，単なる分類にとどまらず，むしろそうした教師の論理のとらえ方が何から影響され，何によって規定されているかということまで明らかにすることをめざしたい。ここでは，説明的文章の読みの学力における暗黙の推論の位置を明らかにすることに焦点を当てる。その際，理論的な学力構造としてだけでなく，教材，学習者の読みの過程，授業，教師の持つ国語学力モデルとの関わりにおいてその位置を考える。

2　調査の目的と方法

(1) 目的および仮説の設定

　上述したことから，本調査の目的は，次のようにまとめられる。

　A　文章の論理についての意識的な学習が可能であり必要と思われる中学校段階の国語科教師が説明的文章の論理をどのようにとらえているかを明らかにする。

　B　そうした論理のとらえ方が何に規定あるいは影響されているかを明らかにする。

　そして，主に後者に関わって，質問項目を設定するため，次のような予想を簡単な仮説として立てた。

　a　説明的文章一般について考える論理と具体的な教材でとらえられる論理の間には違いがあるのではないか。その違いが何によって導かれているかを分析することで，論理のとらえ方を規定しているものを明らかにできないか。

　b　理論による影響があるのではないか。

　c　指導内容や指導方法，読み方との間に強い関わりがあるのではないか。

(2) 教材

　インタビューにおける質問は，①説明的文章一般の論理を問うものと②

具体的な教材の論理を問うものからなるが，後者については中学校2年生の説明的文章教材「シンデレラの時計」（光村図書『国語2』1992年文部省検定済み）を対象とし，主に前半部（形式段落の①から⑫段落）を中心にインタビューを行った。

（3）対象

中学校の現職教員8名および中学校教員希望者1名（全て鳴門教育大学大学院生）を調査の対象とした（表5－1参照）。9名中7名と多くの教師が「シンデレラの時計」を授業で取り扱った経験を持っていた（表中の*を付した者）。

（4）手順

次のような手順でインタビューを行った。
　①通読
　②インタビューの目的についての説明
　③教材の前半部を改めて読む
　④質問によるインタビュー（カセット・テープレコーダーで録音）

【表5－1】対象者一覧

教師	種別	教職年	性別	実施日
* A	中学現職	12	男	6/15
B	中学志望	なし	女	6/20
* C	中学現職	8	男	6/21
* D	中学現職	12	男	6/24
* E	中学現職	10	女	6/26
* F	中学現職	11	女	6/27
* G	中学現職	15	女	6/28
* H	中学現職	9	男	7/1
I	中学現職	5	男	7/1

※教職経験年数は入学時のもの。調査の実施は全て1996年。

(5) 質問項目

　質問は，上の仮説 a により①・②を，仮説 c によりその中の問 1・3 と問 6・9 を，また，仮説 b により③をそれぞれ予め用意したが，インタビューの過程で詳しく聞きたいことについては，適宜質問を補った。

① 説明的文章一般についての質問

　問 1　説明的文章でどんなことを教えたいか。

　問 2　説明的文章の指導では，論理あるいは論理的思考が重要といわれるが，説明的文章一般の「論理」とはどういうものか。

　問 3　教師や学習者を含めて読み手は，「論理」をどうやってとらえることができるか。

② 具体的な教材「シンデレラの時計」についての質問

　問 4　おもしろかったか。

　問 5　おもしろいとすれば，どこがおもしろいか。

　問 6　前半部を授業で教えるとして，具体的に教えたいことはどんなことか。

　問 7　前半の中で，特に大事な箇所を三カ所挙げるとすればどこか。

　問 8　この文章の「論理」は，どういうものか。

　問 9　「論理」は，学習者にどうやってとらえさせることができるか。

③ 影響についての質問

　問 10　インタビューを受けながら，答えながら，思ったこと，考えたことは何か。

　問 11　「論理」をそのように考えるようになったことに，影響を与えたものは何か。

　問 12　大学院に来てから「論理」や説明的文章について何か影響はあったか。

(6) 処理方法

　得られたインタビュー資料については，以下の手順で処理を行った。

　(1) 質問ごとの要約の作成（表 5－2 参照）

　(2) 教師による論理のとらえ方の類型化と考察

　(3) 論理のとらえ方に影響を与えているものの考察

　これらの過程で録音テープの必要な箇所をプロトコルとして文字に起こした。

第 5 章　教師の持つ説明的文章の読みの学力観と指導理論の検討

【表 5−2】教師への調査 1 のインタビュー結果の要約

（「経験」の項目は，「シンデレラの時計」の教授経験の有無を表す）

教師	性別	教職歴	経験	問1 一般教授	問2 一般論理	問3 とらえ方	問4 面白さ	問5 その所在	問6 具体教授
A	男	12年	有	・内容（新しい認識）。 ・わかりやすさの工夫。 ・おもしろさの工夫。	・説得（納得）の仕方。	・誰が誰に何を伝えようとしてその文章を書いたか。		（書き出し）	・書き出し，題のおもしろさ。 ・相手を説得するための順序。
B	女	なし	無	・問題（疑問）を持ったときに，読書により解決する。 ・自分だったらどういう問題を持つか。	・文章の組立て。 ・生活の中の問題をとらえる思考の仕方。	・要約により大筋をつかむ。課題とか結果・結論をまとめる。 ・どういう観点で物事をとらえているか。	・興味を持った。	・自分の立場で考えさせられたこと。	・子どもに疑問や問題を持たせ，考えさせる。 ・他の本を読んだり書く，話す，聞く活動も重視する。
C	男	8年	有	・論理的な文章を読み取る力。 ・自分のことばでまとめる力。 ・ことばの言い回し，使い方。 ・筆者の考えを自分のものにして，新しい考えを持つ。	・筋道立てて書かれている事柄。ことばの表現を追いながら内容を読み取ること。	・よく出てくることば（キーワード），接続詞に着目する。	・おもしろい。	・要点をとらえやすい。 ・道徳的な内容。 ・未知の内容。	・筆者の挙げている疑問点。 ・仮定の仕方。 ・接続詞の使い方。 ・結末への文章全体の流れ。
D	男	12年	有	・論の組立て。事実，意見，考察，情報（形式段落）をどう組み立てて，結論をまとめているか。 ・文体，文末，ことばとの関わり。	・整理能力。頭の中でごちゃごちゃになっていることを組み立てる能力。 ・文の組立て。	・一つの文のまとまり（形式段落）の組立てを考える。段落の中でポイントとなっている文を抜き出す。	・子どもにとっておもしろい。	・疑問が子どもにとって新しいのではないか。	・まず疑問点。どう組み立てて解決していったのか。
E	女	10年	有	・文章，段落の構成。 ・接続詞の使い方。 ・作者の意図。その説明文で何がいいたかったのか。	・文章全体の流れを見て，筆者が何をいいたいか。	・問題点について考える。 ・一段落からまとめ，大きな意味段落を見つけ，序論本論結論の大きな構成をとらえる。	・おもしろくなかった。	・昔のこと，外国のことで，子どもの生活に即していない。 ・最後がかたい。 ・教訓めいている。	・第一の疑問の解決の仕方につきる。 ・時代状況について話を触れる。 ・接続詞に着目する。 ・図書室で時計を調べさせる。

237

F	女	11年	有	・文章を読み取る力。文章の展開，構成，語句を理解し，筆者の言いたいことをつかむ力。・文章を読んで自分の生活のことを考えたり，気づいたりさせる。	・何かを説明するときに，根拠をきちんと示して，筋道を立てていること。事実に基づくことが多い。	・何の説明かというポイントをつかみ，疑問や課題を解決するための例とか事実を見つけていく。	・そんなにおもしろくはなかった。	・題名は興味をひくが，題名から想像することと文章の内容がかけ離れていて，がっかりする。	・④の疑問を検証する過程を順序立てて明らかにする。・時計や時間について生徒自身が考えてくれたらいい。・発展で図書館や本で調べる子が出たらいい。
G	女	15年	有	・科学的なものが多いと思うので，科学的な目を開かせる。・その中にある知識。・論証していく方法，わかりやすく文章を書いていく手法。	・筋道を立てて，わかりやすく書いてある。・筋道＝人を納得させるような書きぶり。	・まず一番は読むこと。・図や写真や絵とかを手だてとする。・筋道をはっきりさせる場合，文章構造を考える。	・興味深かった。	・時計の出現によって労働形態まで変わってしまった。・想像を超えるところまで時計の出現が影響していたこと。・よく言われることと結びつけてあるところ。	・時計の発達を中心に見ていった。・絵本では置き時計ではなく掛け時計があったので，そのずれに気をつける。・後半部が中心，前半は導入部分。
H	男	9年	有	・筆者がどんなことを考えて，それについてどういう話の展開でそれをよりわかるように説得しようとしているか。・内容を見ていく中で組立てにも目が向くといい。	・必ず問題提起があるが，それが文章を書く理由になっている。疑問の答えを見つけた後に，読み返すと，材料や順序が苦心されている。それが文章の論理。	・骨組みだけでは生きてこない。内容，キーワードをなくして構成を見るのは間違い。・内容を正確に理解し気づいたら構造がわかるといい。	・話自体はおもしろい。	・考えもしないことが，なじみ深いところから出てくる。・当時の社会状況まで行く。・日本の昔話はどうかと広がっていく。	・11時45分の鐘を聞くのが可能だったかということに対して，証拠を挙げながら可能だったと言えるようにする。・筆者の考えを深めていく姿勢。
I	男	5年	無	・教材内容・論理的に説明していく文章に慣れさせる。・順序立てて説明できるような力。・要約の仕方。・段落分け	・最終的に言いたいこと，仮説があって，それを理解させ説得するために，例を挙げながら筋道立てて説明すること。・筆者の思考過程がそのままのときもある。	・段落に分け，要点をとらえて，問題と結論を見る。・キーワード，繰り返し言い換えられること。・形式段落の頭のことばに注目する。	・あんまりおもしろくない。	・子どもは，題名にひかれるものがあるかな。	・時計の歴史的な背景。・わからないことがあるときは，本や文献を読めばいい。・シンデレラを読んでこんなこと考えるなんてすごいよ。・時間

第5章　教師の持つ説明的文章の読みの学力観と指導理論の検討

（表つづき　問7以降）

教師	問7 重要箇所	問8 具体論理	問9 とらえさせ方	問10 考えた事	問11 論理影響	問12 大学院影響
A	・一年間あるいは三年間で何を教えるかによるが，書き出し，説得するための順序，題。	・時間のない学習者に経済学者の筆者がどんな方法や順序で表現しているか。	・2年生なら，個人かグループで筆者の工夫を調べさせる。	・論理についてきちんと考えていなかった。	・偏見があった。 ・西郷竹彦理論 ・研究会	・自分自身が論理的ではない。 ・学習者のことを考えるようになった。
B	・④段落：筆者の着眼点。 ・⑤段落：考え方，解決の仕方の方向性。 ・⑪段落：本で解決。読書生活指導へ。	・事例→問題→解決の方法→解決のためにしたこと→本によって解決したという解決の方法の論理。 ・自分だったらどうするかという読み手自身の論理。	・どこに問題や結論があるか，要約したり，まとめたりする。 ・自分の問題，友達の問題を話し合う。	・読書生活指導の影響が強いことに気づいた。	・論理の意味が分からない。	・卒業論文の青木幹勇氏の影響が強い。
C	・疑問点（④段落） ・15分ごとということば。 ・指示語 ・最後の文末表現。	・15分ごとになっていた時計があるのかということを追っていくと確かにあったという内容。	・キーワード ・接続詞 ・指示語 ・文末	・論理的ということを考えたことがなくてあせった。	・卒業して困らないように，どんな学力を身につけさせるのかを考えたこと。 ・研究会	・心構え ・ことばに対する認識。
D	・まず④段落の疑問点。 ・①段落の会話による書き出しの書き方。	・疑問から出発して，調べたことを組み立てて，結論づけていく。 ・疑問か，意見か，調べたことか，文献からの情報か。	・段落のポイントとなるようなこと，文を抜き出させる。文をまとめ，それをつなぐと，一つの論が見えてくる。	・論理とはいったい何か。自分では考えていたことがあるがそれでいいのかと不安に思った。	・おもしろいところや段落分けをしていたが，それではいけないと授業の中で変わってきた。 ・特定の理論の影響はない。ピンとこなかった。	・事実と意見をしっかり分けておさえておかなければならないと強く思った。
E	・疑問とそれに対応する答え。 ・「にちがいない」とあるので，結局これはこの人の考え方であり，それに反論してもよい。	・作者の考えを追ってそれを系統づけていくのが説明文。第一の素朴の疑問とそれを解き明かすための作者の考え方を追っていくこと。	・要点をおさえる。 ・ワークシート，プリントの括弧の中にことばを入れさせる。 ・形式段落ごとに要点をまとめて，全体の流れをとらえさせる。	・自分自身が苦手で，それが子どもにも反映している。 ・指導法が画一化。 ・何の力をつけるかが認識不足。	・自分が受けてきた説明文の授業がそうだった。	・発達段階によって違う。

239

F	・④段落と⑫段落。疑問点とその答え。	・疑問があり，歴史の中に探っていった結果，王宮内の置き時計だったという答えが出てきたこと。 ・文献，歴史から答えを見つけたこと。 ・論理というともっと的確なものがある気がする。	・一番簡単なのはワークシート。キーワードを探させて，つないでいかせる。	・生徒の能力を低く見ていた。	・そういう部分が欠落している。研究会で研究されているのを聞きかじった。	
G	・④段落の疑問。 ・疑問を持って，それを解くために，機械時計の歴史をさぐるという手だてをとったこと。	・疑問を持って，それを解く方法を考えて，その方法に従っていろいろ検証してみる。その結果疑問が解ける。筋道立てている方法。他の文章にも共通の方法。	・疑問点，問題点をあげさせて，それを解く方法について書いてあるところをさがさせる。 ・最後結論は何か。 ・文章通りに。	・授業受ける側はつまらないだろう。もう少しおもしろくできないだろうか。 ・説明的文章に対する固定観念がある。	・自分の中にすっと入ってくるようなものが論理的に書けているもの。	・論理的に書くことが非常に難しい。
H	・文章を理解する上では④段落，切り込むためには「気になる点がいくつかある。」 ・疑問の答えとしては⑫段落，切り込むためには⑪段落「あっと驚いた。」という表現。	・問題追求の論理。疑問が出て，それを解決するためにこれをやって，また疑問が出て，最後に「ちがいない」と。 ・わかりやすく組み立てた論理ではない。	・疑問から答えに辿り着くために，いくつ疑問にぶつかりどんな考えを引き出したか。 ・要点を一文に絞るのが難しく，そうではないやり方。	・いろんな構造を知っていないと，説明文を読ませるときのねらいも一つや二つではない。 ・改めて考えると，論理展開は型に当てはめて教えるものではない。文章出発。	・プリント学習や要点をまとめることに生徒が慣れすぎているのではという疑問があった。 ・職場で授業を見てもらい，おもしろくないと言われたのがショックだった。	・教えたいことと学ばせたいことは，別ではないか。目標の二重構造。 ・学習の必然性ということ。
I	同左	・疑問を提示し，⑤段落で時計に注目し，その歴史をとらえ，15分ごとの時計となって，それがあったという結論に行き着く。 ・問題があって，考えがあって，情報があって…	・文章を書くに至った問題意識の所在と結論をとらえる。 ・どのようにして結論に至ったかを見る。 ・プリントにする。	・論理って何だろう。 ・いつもは指導書を見ている。	・論理について考えた事がなかった。	・レポートの書き方など。 ・論文を読む。 ・講義

第 5 章　教師の持つ説明的文章の読みの学力観と指導理論の検討

3　教師への調査 1 の結果と考察

(1)　論理のとらえ方の類型

①　三つの類型

　表 5−2 の要約のおもに問 2 と問 8 を見ると，論理の説明に，共通して登場することばが見られる。これらの特徴的なことばから，論理のとらえ方には，大きくは次の三つの類型があると考えられる。

　　Ⅰ−1　文章の具体的な表現内容のつながりとしての論理（内容筋道型）

　　Ⅰ−2　文章のまとまりへのラベリング（分類・特徴づけ）による思考の
　　　　　筋道としての論理（まとまり筋道型）

　　Ⅱ　説得の仕方としての論理（説得型）

　一つは，プロトコルにおいて「筋道」や「組立て」ということばによって特徴的に説明される論理である（Ⅰ筋道型）。これは，さらに，具体的な内容のつながりとしてとらえるか（Ⅰ−1　内容筋道型），文章のまとまりのつながりとしてとらえるか（Ⅰ−2　まとまり筋道型）によってさらに二つに分けられた。

　もう一つは，「説得」といったことばによって特徴的に論理を説明しているものである（Ⅱ説得型）。これらの類型について，具体的なプロトコルを見ながら以下に述べていく。

②　内容筋道型

　Ⅰ−1　内容筋道型は，文章の具体的な内容のつながりとして論理をとらえるものである。次の教師Ｃの一般的な論理を尋ねる問い（問 2）への応答のプロトコル（C-Q2 と表す。以下同じ）がそれである。

C-Q2「文章の論理ですね。私たちが一般に使う論理とは違うと思うんですよ。どうしても生徒につけさせたい力ということになってきますので，<u>筋道立てて書いてある事柄</u>をぼくは論理としてとらえています。そのような意味がわかることが論理的思考力をつけるということにつながっていくというふうに思っています。ちょっと一般に言う論理とは違うかもしれない。」

ここでは，説明的文章一般の論理について「筋道立てて書いてある事柄」と，「筋道」ということばを用いて論理を説明しているが，むしろ後の「事

241

柄」ということばがより大きな意味を持っている。それは，次の具体的説明的文章教材「シンデレラの時計」の論理を問う問8のプロトコルを見ると明らかである。

C-Q8 「この場合ですと，時計が11時45分を打つ音で時を知ったということは，当然15分おきに鐘が鳴っていたということになる。じゃあ，その15分おきに鳴っている鐘つきの時計というのがあるのかどうか。今ありませんからね。子どもはないというと思いますから。どういう時計かということとを15分ごとに鳴る鐘ということを手がかりに追っていくと，確かにあったと。それは，ドイツの本が来たときに室内用王室時計がそうであったと。ということが論理じゃないかなあと。」

　C-Q8のプロトコルでは，具体的な表現内容のつながりとして文章の論理を説明しており，次に述べる「Ⅰ-2　まとまり筋道型」のように，文章のまとまりに対して疑問・考え・意見といったラベリングを行っていない。こうした論理のとらえ方は，次の教師Fのプロトコルにも見られる。

F-Q8 「やっぱり疑問を持って，歴史の中に探っていった結果，機械時計の出現がヨーロッパの修道院で出てきた…で公共用時計が使われるようになって，でも，シンデレラの聞いたのはその公共用時計であったのかどうかはっきりしないから，これは推測っていうか，1時間ごとにしかその時計が鳴ってないんだったら15分ごとの鐘にはあてはまらないから，じゃあ15分ごとに鳴る時計があったのかということを調べて，で，結局，ドイツの室内用置き時計で15分ごとになる時計があったっていうことを調べて，これ全部文献で調べて，最後も本でわかって，シンデレラがどうして時を知ったのかというのは，王宮内の置き時計だったにちがいないという答えが出てきた。どう言ったらいいんでしょうか。」

　これらは，論理をあくまで文章の具体的な表現内容としてとらえていると思われる。
③　まとまり筋道型
　これに対してⅠ-2まとまり筋道型は，同じように「筋道」「組立て」ということばによって論理を説明しているが，具体的な教材を説明するにあ

242

第5章　教師の持つ説明的文章の読みの学力観と指導理論の検討

たっては，逆にⅠ−1のプロトコルのように具体的な内容によって論理を
記述しない。次のプロトコルのように，文章中のまとまりにラベリングす
ることによって，論理を説明するのである。

G-Q8「やはり疑問を持って，それを，疑問を解く方法を考えて，で，その方法
にしたがって，いろいろこう検証してみる。で，その結果，長い間の疑問が解
ける。そういうふうにちゃんと筋道立てて，考える方法じゃないかと思いま
す。
（Q：筋道というのは：質問者。以下同じ）同じような形で，入っていくこと
が，疑問を書いて，その疑問を解く方法を考えて，それをいろいろ自分なりに
考えてみて，で結論を書くという，やっぱり筋道がよくわかるというか，方法
ですね。」

　また，教師Dは，論理を説明するにあたって，学習者に論理をとらえさ
せる際に文章のあるまとまりがどのような情報の種類であるかをはっきり
させることを強調している。

D-Q8「論理というのはまず疑問点が出ないと論理にならないと思うんですよ。
疑問から出発して，自分の調べたところを組み立てていくっていうんですか，
この文章だと。この中でまた疑問点を自分なりに，出てきた疑問点を考え，そ
こでまた調べていくと。で最後に，結論。結論づけていくという。ただ，これ
は，一番最後のところ結論になっているようでなってないんですね，これは。
「ではないのか」とかね，「こうではないのか」というふうに結論づけているの
で，その辺りも結論のときにはちょこっと言いますけどもねえ，授業の中で
は。結論づけているようで，本当にそうなのか。この文の書き方で言うと，本
当にこれは結論づけたことになるのかどうかというようなところを最後には
つけますけどね。
（Q：組立というのをもう少し具体的に）まず，読み取りからやりますねえ，教
材の。どこの，例えば，第②段落だったらどれがポイントになるか，この辺り
あれだけど，特に④からですね。④からまずどれが疑問か，まず疑問を挙げさ
せたりね，まず，線引かしたりして。それをどういうふうな流れで書いている
のか。これが意見なのか，疑問なのか，自分で調べたことなのかということを
まず書かしますね。黒板か，自分のノートに書かせて，これは，みんなが納得

243

して，ああやっぱりこれがポイントだなあということで，これは，今度は，この人の意見なのか，考えなのか，疑問なのか，または，調べたことなのか，違う文献からの情報なのかというようなところを書かせて，その書かせたところをどういうふうに文と文とが関わっているのかというところを見させますね。」

こうしたラベリングは，論証の手続きを表していると考えられ，論理もそうした概念的な思考の筋道あるいは G-Q8 に述べられているように思考の方法としてとらえられていると思われる。

しかし，Ⅰ-2の類型でも，具体的な文章の論理をとらえるとき，特に授業においては，Ⅰ-1と同様に表現内容の要点をともなう。これは，上のプロトコルの波線部にもうかがえるが，次のプロトコルは，Ⅰ-1とⅠ-2の両方の特徴を併せ持った具体的教材の論理の説明である。

I-Q8「「素朴な疑問である」って疑問が提示されて，それを受けて，時計の歴史に注目すればいいよって考えて，時計の歴史をとらえて，じゃあシンデレラがかなーってことに。じゃあ 15 分ごとだけどもってことになって，で，あった。そういう時計があったんだってことになって，という流れに。問題があって，考えがあって，情報があって，で，問題が二つあって，それを受けて一つの大きな問題が解けた。何言ってんだかわかんないな。」

このことからも，Ⅰ-1とⅠ-2は，大きな分類の下位分類ととらえるべきであることがわかるが，具体的な内容と思考の種類や方法のどちらに焦点が当てられているかということによって，やはり二つに分けられると考える。

④ 説得型

これらに対し，Ⅱ説得型は，「説得」「わかりやすさ」「工夫」といったことばによって特徴的に論理を説明しているものである。典型的には，次の教師Aのプロトコルがそれに当たる。

A-Q2「論理をどうこうというふうにきちんと自分の中では考えていなかったということです。その，論理ということばではね。でも，今の間瀬先生の聞き方

第5章　教師の持つ説明的文章の読みの学力観と指導理論の検討

に，今，今ですよ，今まで考えてきたんじゃなくって，もし当てはめるとすれば，さっきいった中では，二番目三番目のことをね，ぼくの中では，論理的に考える，論理的に話すとか，論理的に書くとか，そのとき必要なことであると考えてきたのではないか。つまり，いかに相手を想定して，相手を説得するか。そのためには，どういう方法で，どういう材料で，どういう手順で，それをこう考える。それから，受け手の側からしたら，そういう，話したり書いたりしてる側のね，意図になるべく沿って，それを受け容れることで納得する。ちょっとまとまっていませんが。説得とか納得とかということばで考えていたと思います。

（Q：そういうのがいわゆる論理に相当するだろうと。）ぼくの中のね。自分の中だけで整然と組み立てられたものというよりも，自分の中で組み立てた，整理されたものが，受け手に与えたときに，そこでも，なるほど本当だとか，そういうふうに受けとられるような形のものを論理としてぼくは受けとめていた。すいません，あんまりきちんと考えていなかった。」

このように，説得型では，書き手と読み手の関係において論理がとらえられる。それは，次の具体的な教材の論理の説明を見ることによってよりはっきりとわかる。

A-Q8「この文章の論理はどういうものか。ちょっとはじめにいったことと矛盾したら申し訳ありません。繰り返しになってしまいますが，この「シンデレラ」の文章で，筆者が何を伝えたいのか。その伝えるために，どういう方法を工夫しているのか。ここでは，経済学者の筆者が時間のないと言われる学習者を意識して，しかし時間というものがないないということを感じながらもそのことについては冗漫な，ずっと追っかけていくようなことはしてない，現実はそうでありながらそれに目をきちんと向けてない。そういうことを考えさせる，そういう目的があるとぼくはこれを思っていたので，そのことをどういう方法で，例えばどんな書き出しで，どんな冒頭の文章で，いやがらずにさりげなく，しかもわかりやすく，どう順序立てて，表現してるか。それがこの文章の論理じゃないかと。とすると，さっき言ったことは，内容のことは触れなかったので，一番はじめに聞かれたときに論理を。」

⑤　類型の融合

三つの類型を想定したが，ある教師のプロトコルがいずれか一つの類型

245

に分類されるというような純粋なものはむしろ少ない。多くのプロトコル
が，二つ以上の類型の性質を持っていた（表5-2参照）。それは，Ⅰ-1と
Ⅰ-2という下位分類の間だけでなく，例えば教師G・H・Ⅰのような，
一般的な論理ではⅡでありながら，具体的な文章の論理についてはⅠ-1
あるいはⅠ-2で説明することも見られる。これは，一人の教師（読み手）
がいくつかの層において，しかもそれらが未分化のままで，文章を理解し
ていることを示していると思われる。

（2）類型の周辺
①　共通性あるいは汎用性と相対性
　　Ⅰ-2の類型の論理のとらえ方では，ラベリングのラベルは，「シンデ
レラの時計」だけでなく，他の文章にも共通するものである。このことは，
方法性を強調する教師Gが次のように述べていることからもうかがえる。

G-Q8「（Q：筋道というのは）同じような形で，入っていくことが，疑問を書い
　　て，その疑問を解く方法を考えて，それをいろいろ自分なりに考えてみて，で
　　結論を書くという，やっぱり筋道がよくわかるというか，方法ですね。
　　（Q：同じような形というのは他の文章にも共通するというような意味です
　　か。）はい，そうです。」

　　Ⅰ-2では，「要約する」「キーワード」といった論理のとらえさせ方も
どの説明的文章にも共通して用いることのできるものと考えられている。
Ⅰ-1の類型の論理のとらえ方では，論理は常に具体的で教材によって異
なることになるが，しかし，そのとらえ方はやはり共通する汎用性のある
ものとして考えられている（教師C）。
　　このように論理を共通性・汎用性によってとらえようとする考え方は，
学力の転移性を重視し，確かな学力を身につけさせようという考え方に基
づくと考えられる。教師Cは，そのことをはっきりと述べている（表5-2
の問11の要約参照）。
　　一方，Ⅱの説得型で論理をとらえる教師Aは，ある教材（例えば「シンデ
レラの時計」）の論理を他の教材との比較・相違によって相対的にとらえて

いる。これは，一年間あるいは三年間のカリキュラムの中で教材を位置づけようとする考え方に基づくと思われる。

　こうした論理のとらえ方の違いは，学力の習熟という点から考えると，対立すべきことではなく，むしろ年間のカリキュラムのみならず，一時間の授業においても同時に実現すべきものである。

② 　論理の種類の違いへの自覚化

　中には，論理の種類の違いに意識的なプロトコルが見られた。教師Hの次のプロトコルがそれである。

H-Q8「<u>問題追求の論理ですよね，きっとね。わかりやすく組み立てた論理では</u><u>ないですよね</u>。これ，きっとね。これを知るために，これをやって，そこからこういう疑問が出てきて，それを解決するためにはこうすればいいと考えて，それでもまだそこに確固たる事実としての裏付けがないから，それを探して，そして最後に自分で，これは間違いないと自分で決めたっていう展開になっているだろうと思うんです。もちろん最初のシンデレラの話そのものについて触れているところは，この人の話の切り出し方というか，興味をひくためのいわばさわりの部分だと思うんですが，実際にこう中心に入っていくとその組立てが，ていうか論理じゃないかなあ。で，そこでやめずにさらにもう一個疑問が出てきて，それについてはどうだろうって考えて，また何かを調べて，そして事実を確認して，で，さらにまた調べて，さらに自分なりに結論を導いてきた。<u>だから，問題追求，問題をさらにさらにというように追求していくために</u><u>どんな思考をしていったかという論理展開なのかなあ。ってとらえないと，他</u><u>の文章と同じようには，きっと指導はできませんよね。同じように指導しよう</u><u>とするから無理が出てきますよね</u>。って，昔思っていればもう少し…。でも，実際ことばをとっていくときには，とりにくいからどんなやり方をしてもやりにくいところは出てくると思いますよね。でも，割り切れないですもんね，実際。こんなにきちんとわかりやすく明確に，っていうか明解にわかるような文章ばかりだったら，いいんですけど。実際は，そんなのばかりじゃないから，その人が話したおおよその，いろいろな，たくさん話したことや書いたことの中から，あの，拾い出してそれを…していくような読みができないとだめですよね。」

　教師Hは，インタビューに答え，話しながら文章の論理にいくつかの種

類があることを自覚している。これは，教師自信が述べているように，これまでの授業の中で問題に感じていたことが止揚されたものである。

③　形式的な論理への批判意識の存在

　全ての教師のプロトコルにおいて，論理は内容との結びつきにおいてとらえられており，いわゆる形式論理や，論証形式など形式的なルールに近いものとして論理を説明するプロトコルは見られなかった。むしろ，プロトコルの中には，こうした形式的な論理に対する批判的な見方が見られた。

A-Q10「（Q：それは，論理というものを論理っていうことばではなくて，違うもので置き換えていたということか。）ぼくの中では，あえて論理ってことを使わなかったのは，ぼくの中にぼくのこれは偏ったとらえだけれども，論理ってことがあまりプラスイメージのことばとしてぼくの中にないので。本当はプラスでもマイナスでもないんですよね，論理っていうのは。一つの方法としてとらえればいいんだけれど，ぼくの中には理屈とか，これはぼくの偏ったイメージなので。あいつは，理屈っぽいとか。それはマイナスイメージで使っているでしょう。論理張った，形式張った，強引に相手を押さえつけるそのためのテクニックっていうか。本当はそうじゃないんだということは，理解はしているつもりなんだけども，ぼくの中のイメージにはそういうものが強いので。その説明的文章は，論理によって納得させるってことはわかってるんだけども，でも，ぼくの中ではあんまりそういうふうなあえてわざわざ論理ということばを選択していなかったっていうことです。」

　A-Q10ほどではないが，教師Cの次のプロトコルにもそういう見方がうかがえる。

C-Q2「（Q：一般に言う論理というのは。）全く考えてなかった。段階をきちんと追って，話し手が演繹法・帰納法とか使っていって，一つの筋を持っていて，展開していくという展開の一つの過程，組立てを論理とぼくは言うと思うんです。（Q：それとは違って。）まず，もっと，ことばを追いながら，ことばを手がかりにしながら，内容をとらえさせるということじゃないかなと。あんまり深く考えてない。ことばの表現をですね，追いながら，まとまりをつかんで。どうしても論理的思考というのは，かたまりごとに，段落とか，一つの文

248

第 5 章　教師の持つ説明的文章の読みの学力観と指導理論の検討

章の流れごとに見ていきますけども，そうではなくて，表現とかことばをおさ
えながら丹念に読み取っていく。それが段落とかにつながっていくというの
はあると思うんですけど。ことばを丹念に，ことばのつながりですか，ことば
のつながりを追っていくっていうことじゃないかなと。大きく言っちゃうと，
私の言っている論理というのは，文章というまとまりのつながり。構築。で，
生徒に教えたい論理というのは，ことばを手がかりとして内容を読み取ってい
く。その結果，段落のまとまりに気づき，逆の場合もあるかもしれませんけれ
ども，文章の一つの，一本の主張に気づく方法じゃないかなと。」

　このような見方から，形式的なルールとしての論理を教授する論理とし
ては，持っていないと考えられる。しかし，こうした形式的な論理に対し
て，教師Ａはインタビューを通して次のようにも述べ，その重要性を認め
ている。

A-Q10「だから，今しゃべって思ったのは，でもそういうふうに論理っていうこ
とばがあって，<u>そいつをきちんと，ぼくの持っているイメージで論理っていう
ことを外すんじゃなくて，もうちょっと論理ってことを，そのものを，ことば
のそいつをどこかでふまえておいてやればよかったなって今は思いますよ。
これは今まで思ってきたこととは全然違う</u>，間瀬先生としゃべってインタ
ビューに答えながら，ぼくはそういう偏ったイメージのことをやって外したけ
ども，将来どうしても出てくることなので，本当に論理っていうことばそのも
のをねもう少し扱ってもよかったなと，今は思いましたね。それしゃべりなが
ら。こういうふうになったきっかけにね，１年生の文章に論理学者の文章が出
てくるんですよ。どっかで。それがね，またね，いかにもぼくの言う理屈っぽ
いという文章だったので，ぼく好かんかったんです，それが。つまり，Ａだか
らＢだと。だからＣだというような，なんか形だったので，あんまりぼくの
持っているやなイメージに合致したので，なんとなくその論理っていうことが
ね。それから大学で自分が学んできた論理学の講義なんかもあまりおもしろ
いと思わなかったし，だから，好みです。すいませんが，そのことは。それで
ぼくはちょっとはずしてきた。」

　また，形式化された論理に対して，憧憬あるいは強迫観念をうかがわせ
る次のようなプロトコルが見られた。

249

F-Q8「論理って言うと，もっと的確なことばというか，私がだらだら内容を言うんじゃなくて，こうっていうようなものがあるような気がするんですが，自分では言えない。

（Q：的確なものとはどういったものか。）どうしてもきちんとした用語とか，そういうものを並べることが論理のような気がしてしまう。そういうことを知らないもんで，そういうことを並べなければいけないのではないかと。何とか先生の文献とかに書かれているようなものを並べなければいけないんではないかって思ってしまう。」

このように，教師の心の中には，批判的な意識として，また逆説的な意味での憧憬として，形式的な論理が存在する。

④　行為としての論理の把握

次のようなプロトコルの存在は，論理が行為や態度のレベルにおいてとらえられることを示している。

A-Q8「（Q：その実証的というのは，どういうところが実証的なんですか。）これで言ったら，見てまわるところが，あったんです。文献にあたったとか，それから博物館歩いたとか，そういうことです。あるいは，歴史とか。文献にあたるってことがここでは一番の大きなことのように思いますが，実際に足で探すとか，訪れる度にどうこうとか，そういうところです。それから予想したことをほっとかないで，文献にあたるっていうことですね。本当にそうであるっていう確証を得るまで。そういうことです。」

こうしたプロトコルは他にも存在し，筆者の現実的・実際的な行為と結びつけて論理をとらえられる傾向が見られた。

（3）論理のとらえ方の違いを規定しているもの

①　理論の影響

典型的なⅡの類型の論理のとらえ方を自覚的に持っている教師Aは，西郷理論の影響を強く受けている。それについては，本人もはっきりと述べている（表5-2の問12参照）。こうした理論の影響は，教師自身が意識的に論理をとらえる結果を導くと考えられる。

250

第5章　教師の持つ説明的文章の読みの学力観と指導理論の検討

　理論の影響は，Bにも見られた。Bは，青木幹勇の影響を強く受けているが，青木の理論が直接的には説明的文章の論理に関わるものではないためか，文章の論理は，書き手の問う問題に読み手が問題を持って読むことの重要性を指摘するという形で影響が現れていた。

　こうした理論の影響は，予想していたほどには見られなかった。中には，影響を否定するプロトコルも見られた（表5−2の問11の要約参照）。

②　教授方法の影響

　それでは，特に理論の影響のない，主にⅠ−1およびⅠ−2の類型の論理のとらえ方は，どうしてそのようなとらえ方をするようになったのであろうか。このことについて，最も強い関連を持つと思われるのは，教授方法あるいは授業の中での読ませ方である。それは，はっきりとⅡの類型であった教師A以外の8名のうち7名が教授方法や論理の理解のさせ方として，例えば次のプロトコルのように要点やキーワードを考えさせる方法をあげていることによる。

C-Q3「まずその私たちはちょっと違うと思うんですね。経験的というか，もう訓練受けてますので。読んで，かたまり・段落的に把握して，ことばに，語句に着目してなんですけども。ですからもうぱっと線引けますし，読みながらですね。子どもの場合には，読み取らせ方ですよね，繰り返しになりますけれども，よく出てくる語句。ポイントになるようなことば。接続詞などに着目して，行きたいなと思ってます。」

B-Q3「要約とか，そういうふうに書かれていることの大筋をつかんだり，結果とか課題とか結論とか，そういうふうにまとめてみたりとか。それからあと，文の組立て方をどうなっているだろうっていうところを分類とかして，質問しながら同時に，説明的文章の，今言ったのは形の方だけれども，内容をとらえて，どういう観点で物事を伝えるか，考え方を発展させるその発展のさせ方とか。そういうものを文章の中でとらえられることとか。」

D-Q3「とらえ方ですか。んー，非常に難しいなあ。やっぱり一つの文のまとまりが，形式段落になってると思うんですよ。一つの筆者の言いたいところというのかな。一つのまとまりが集まっていったら一つの段落になり，意味の段落になったり，一つの大きな言いたいことになっていると思うんですよ。だか

251

ら，その辺りを。（何でした問題？どうやったら論理をとらえることができるか。）だから，文とか段落に着目して，そのやっぱり組立てを考えるっていうところがポイントになると思っていますけど。これで一つのまとまり，これで一つのまとまり，この段落で一つのまとまり。こういうふうな。説明的文章の時は特に私がよくやることなんですけど，<u>段落の中でポイントとなることば，または文を抜き出さすんですよ</u>。例えば，形式段落にしろ，まあ，出しにくいところもありますけれども，一つのまとまりにしろ，一番大事な文とか，そういうのを抜き出さして，それで組立てさせていくっていうことをよくやるんで，それが思考につながって行ってるんじゃないかなと。それで，自分の中では，少しはわかってくれてるんじゃないかなあというふうに思ってるんですけれども。」

E-Q3「授業の流れっていうので言ってもいいですか。授業の流れは，最初に，はじめ言ったように，説明的文章をまず通して読んで，大きな問題点，教材によっては大きな問題点とか作者の問題にしているところとかを出して，それについて生徒は考えていくっていうやり方をとることもあるし，それから，<u>1段落から順番に形式段落ごとにまとめていって</u>，それで大きな意味段落を位置づけて，それから序論本論結論っていうような大きな構成でとらえていく場合もあるんで。全体の構成をとらえるっていうのが目標にしているからそういうふうな読み方になるんですけれども。」

I-Q3「これもよくわかんないんですけど，<u>段落分けて，要点とらえて</u>，それから，問題と結論を見て考えるか，そういうことをすると一つとらえられるかなとは思いますけども。なんか，筆者の思考過程がそのまんまの時もあるのかなと思いますけども。こういった問題が起きて，こういうふうにやってみた，こうやってきた，こう考えてみた，だからこういう結論を出したというパターンのもあるし，いきなり結論が先に来て，それは形はいろいろなんですけど。意識して逆に最初に結論を持ってくる人もいるから，わかんないけど。ただ，それも正確に読み取って欲しいというか，伝えたい表れだと思うから。誰もわかるまいとして書く人はいないと思うので。段落構成，それと，<u>キーワード。キーワードってわかんないんですけど，繰り返し言い換えられることばとか</u>，そういったことばだとか。あとは，形式段落の頭に来ていることばに注目して，なんか結論を先に言うときには…。」

これらは，読み方ではあるが，論理をとらえるための方法というよりは，

論理について意識的で明確な考えがない場合，むしろこうした読み方・指導方法に規定される形で，論理が考えられているという実態を表すものではないかと思われる。一般的な論理についてはⅡの類型によって説明しながら，具体的な論理についてはⅠ－1やⅠ－2の類型の論理によって説明しているプロトコルは，指導方法として要点・キーワードを考えさせるということを挙げている。一方，Ⅱに分類されたAの教授方法は，こうした要点をとらえさせるという指導法をとらない。つまり，こうした論理の理解の仕方をとることによって，論理のとらえ方がⅠ－1やⅠ－2の類型となると予想されるのである。とすれば，指導方法の開発をともなわなければ，論理に関するとらえ方の変革は行われにくいということになる。

③　論理の明確化と外部との関わり

　多くの教師が，授業の問題点について述べている。さらに，Cは，問題意識の存在とはっきりとした考えを持つに至った過程における研究会の存在の大きさについても述べている。Aに対する西郷理論の影響については，既に述べたが，Aは，一年間あるいは三年間のカリキュラムへと志向するようになったことについて，研究会の存在の大きさについても述べている。これらは，論理についての考えの意識化，明確化に対し，理論のみならず研究会といった教師主体の外部の存在が有効なものとなることを示している。

4　国語科教師における説明的文章の論理のとらえ方

　以上考察してきた教師の論理のとらえ方を図に表すと，図5－1のようになる。

　　Ⅰ－1　文章の具体的な表現内容のつながりとしての論理（内容筋道型）
　　Ⅰ－2　文章のまとまりへのラベリング（分類・特徴づけ）による思考の
　　　　　　筋道としての論理（まとまり筋道型）
　　Ⅱ　　説得の仕方としての論理（説得型）

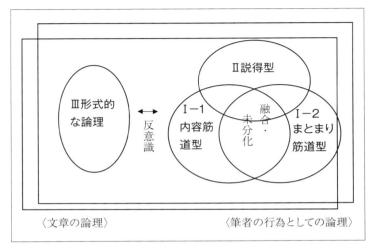

【図5-1】教師による論理のとらえ方のモデル

　教師における説明的文章の論理のとらえ方の形成には，次のような過程が見られた。
・教材分析・授業行為による論理の把握
・授業における問題点の意識化
・理論・研究会等の外部との交通
・論理の意識化・明確化・精緻化
・年間あるいは三年間のカリキュラムの開発

　教師への調査1では，教師による論理のとらえ方の実態把握が中心となった。得られたインタビュー資料の示す範囲で，影響関係・形成過程など動的な側面の探究も試みた。説明的文章の論理に対するこのようなアプローチは，認知心理学における素朴理論の考え方に影響を受けている。山祐嗣は論理（推論）に対する接近法として次のように述べている[5]。

　　　ここでは，さらに第5として，心の中に理論を仮定するアプローチを追加する。これは，主として認知発達研究の中の知識獲得を説明する理論とし

て用いられているが，適用を子どもに限定する必要はない。Wellman は，ある知識体系が理論と呼べるには，少なくとも次のような3つの特徴を備えているという。すなわち，①ある領域に関する知識に適度な首尾一貫性を持っており，②理論が階層性を成してくると，各事象に対して存在論的な関わりが可能となり，③各事象を因果的な枠組みの中でとらえる，というものである。子どもが知識を獲得していく過程は，知識が組織化されていく過程，すなわちこのような理論を心の中に構築して物事を因果的に考えることができるようになっていく過程としてとらえられるのである。

　この第5のアプローチは，論理学を規範とするような推論研究においてはまだあまり顧みられていない。しかしこれは，他のアプローチに対抗するものではなく，むしろそれらに，より理論的で包括的な説明を与えることができるものであると期待できる。すなわち，バイアス，形式ルール，内容従属ルール，メンタルモデルなどの構成や使用の因果的説明を主体に与えるものと考えられる。

本研究は，こうした方向にあるものと考える。

第2項　中学校国語科教師の持つ説明的文章の読みの
指導理論における推論的読みの位置——教師への調査2による分析——

1　教師への調査2の概要と方法
（1）目的と方法
　教師による説明的文章の論理のとらえ方の意識的側面，実態的な側面を明らかにした教師への調査1を受け，教師への調査2では，非明示的な論理および読み手による暗黙の推論という観点から国語科教師の持つ論理の理解に関する学力モデルおよび指導理論を明らかにすることを目的とした。

　調査2でも「シンデレラの時計」を用いてインタビューを行った。その中で，稿者は，教師に対して「シンデレラの時計」における先の問題に関して問題提起を行い，そのことを授業で取り上げることを提案した。教師には，それに対するそれぞれの考えを述べてもらった。このような対話を

通して，論理の非明示性と暗黙の推論ということが，教師のこれまでの説明的文章の読みや論理の指導の中にどのように位置づくかということが明らかになると考えた。また，調査1では談話として表されなかった教師による文章の論理のとらえ方のさらに深部が明らかになると考えた。

① 対象および時期

1998年度に鳴門教育大学大学院に在籍した中学校現職の国語科教師5名（表5-3参照）を対象に同年7月から9月にかけて調査を行った。

【表5-3】教師の略歴（調査時）

	性別	教職在職年数	教材授業経験の有無
教師A	男	14年目	無
教師B	女	14年目	無
教師C	女	13年目	有
教師D	男	15年目	有
教師E	女	12年目	無

② 主な質問項目

Q 説明文の指導で大事にしていること。

Q 前半部について。筆者は，結論部で公共用時計の鐘の鳴り方について何も述べないままに結論を出している。読み手は，公共用時計が1時間ごとに鐘を鳴らしていたと暗黙のうちに推論する。このことをどう考えるか。授業で扱うか。扱うとすればどう扱うか。

Q 読み手が暗黙のうちに推論することは，他の文章を読むときにも見られることだが，そのことをどう考えるか。

2 教師への調査2の結果および考察

インタビューの談話を文字に起こしたものを分析・考察した結果，おもに論理の非明示性および読み手による推論に関して，調査1では現れなかった教師による文章の論理のとらえ方および指導理論の重要な側面がいくつか明らかになった。

第5章　教師の持つ説明的文章の読みの学力観と指導理論の検討

（1）解釈としてとらえられる側面

　教師Eは，「シンデレラの時計」を授業で扱った経験はないが，問題箇所に関して授業でどう扱うかという質問に対し，「ねらいによる」としながらも，その授業場面を想定して次のように述べている。

E「もしかしたら生徒が聞くかもしれん。公共用時計ってどうなんって，ぱっと授業で言いそうな気がするけど，そしたら，やっぱりもういっぺんその記述を見て，公共用時計についてどんなに書いてるみたいなことを生徒と一緒に見て，書いてないねえ，わからんねえ，みたいな感じにするんじゃないかな。で，1時間ごとになりよったかもしれんし，間にあったのもあったかもしれんけど，公共用時計ではこの中でわからんけど，シンデレラが時間を知るということに関しては，あの公共用時計で知ったかもしれん可能性はあるけど，少なくても置き時計でそういうものがあったというのは，全くおかしいということはないかもしれんねえ，みたいな。でも，こうやって結論を置き時計だけで言うのも根拠が足りんかもしれんねえ，みたいのも触れるかもしれない。それ触れないと意味がないですね。考えてみてね。置き時計かもしれんけど，公共用時計の可能性もあるから，もうちょっとここは説明がいるねえ，みたいな話になるんじゃないかな。」

　教師Eの想定する授業場面では，問題箇所に関して，まずいくつかの可能性を吟味するという行為が，学習者の問いにはじまる教師と学習者の共同作業として進められる。それは，やがて，教材の吟味や批判へと結びつく。このように集団の中で教材を解釈する行為として，非明示的な論理の理解はとらえられている。

　こうした行為は，教師Eの中で，「ことば・記述をおさえて読む」という指導理論に位置づけられる。

E「筆者は，読み手はわかるだろうというふうに考えて書いているかもしれない。でも，文章の問題にするんじゃないかなあ。それが，さっきから私がこだわっていることばをおさえて読む指導が足りなかったんじゃないかということに関わってくるんですけど。あんまりことばって記述にこだわらずに読んだら，納得して読むと思うんですよ，これを。公共用時計は1時間ごとになってたんだなと読むかもしれないし，あるいは，すっかり忘れてよかったよかっ

257

たと読むかもしれないけど。私もぱーっと読んだら，それで終わったかもしれないけど，教材として読んだらここやっぱりおかしいなというか，展開がおかしいなというか，ひっかかるわけで。こだわらずに読んだらひっかからないと思うんですけど。でも，国語の時間に，しっかり記述をおさえて読むということを学習させようとしたら，そういうところで，文章の問題になっていくんじゃないかな。」

(2) 読みの構えとしてとらえる側面

　教師Bは，稿者との対話の中で，読み手の暗黙の推論を自覚化する指導のあり方を次第に次のように想定していった。

B「思っちゃうよね。一般的にそういうふうに思い込まれていることでもね，落ち着いて考えるとおかしい，みんながそう思っていることでもおかしいこともあるんだねと言います。落ち着いてよく自分で考えないといかんでしょって。今一般的通念にだまされてたでしょ。世の中ではそういうことがあるんですよって言います。」

B「文章読むときもそうだし，日々の生活でも，みんながそうだそうだと思っていることが必ずしも正しいことではないということをよく知ってて，自分なりに落ち着いて考えることが大事だねって言います。」

B「一回やった後だから，まず，ほっといて読ませて，これこれはどうだったと聞いて，社会的通念を言っちゃったら，ほらだまされたとか。前に，自分なりに考えて…。事実そのものをとらえる。書いてあることをそのまま受け取る。今まで説明的文章って批判的に読むって言ってたけど，批判的に読むってそういうことだったんですかね。なんか，本当にそうかなって思いながら読む。だから，やり方としてはほらだまされたをやって，もう一度同じようにやる。書いてあることをそのまま受け取る，事実をそのまま受け取る姿勢で読まないと，自分の考えや主観を入れて読んでると間違うことがあるよと言う。そういうのって，説明を自分でするときにすごく大事になると思うんですよ。自分が説明する何かを。調べてきたことを報告するときに，ディベート的な論題による発表会みたいなのしたんですけど，客観的事実に基づいた根拠がないと人を納得させることができないようなのをやったので，さっきの説明的文章の読み方というのと自分が説明するときの説明の仕方というのが同じように関わっていると思うんですよ。事実をとらえるという，主観を入れないというのはす

第5章　教師の持つ説明的文章の読みの学力観と指導理論の検討

ごく難しいですね。」

　教師Bは，説明的文章の読みにおける暗黙の推論の問題を「一般的通念にだまされることがある」という国語の授業の場面を離れたものとして一般化している。そのことで，学習の必要性を生活に結びつけて学習者に実感させようとしている。

　また，説明的文章の読みの指導に関しては，文章を読んで理解するときに，そうした思い込みをしないようにする読みの構えを形成するという学習過程を想定している。さらに，そのことを「書いてあること，事実をそのまま受け取る」というこれまで抱いていた指導理論の中に取り込んでいる。このようなとらえ方は，教師Eと共通する面がある。

(3) 授業をおもしろくする一つの見方としてとらえる側面

　教師Dは，文章に表現された発見的な事実に興味を持たせるというような，いわば説明的文章の読みの学習指導の読書指導化をこれまでの授業で行ってきている。文章の論理については，段落の要点を細かくとらえさせることはせず，キーワードの把握により簡略化してとらえさせようとしている。そうした授業の中に，問題箇所に関する稿者の提案を取り入れると，その扱いは次のようになる。

D「確かに不備というのは感じさせられますけど。論理的でありながらその部分がないと本当は裏づけになっていないということは考えられると思うけど。すっと読んでしまいますね，そこの部分というのは。けれど，一つの見方としては言うかも知れませんね，これから後。それが，体制に，これがないからこうなっているということの方には結びついていかないような気がしますけど，指導として。公共用時計が1時間ごとに鳴っているか鳴っていないかという事実がふまえられていないから，この話は論として非常に弱いということは，ちょっと扱わないと思う。でも不思議だよな，これ1時間ということが出てこないからねというような言い方はするかも知れない。逆に擁護してしまうかもしれないですね。結局こういうことで相手を完璧に打破することはできない，相手を負かすことはできないけれど，結局ここでこの筆者が言わなければ

259

ならなかった，証明しなければならなかったのは15分ごとに鳴る時計があったかどうかが一番問題だということが言えればいいんだ。だから，公共用時計であろうと室内用時計であろうと，それはどちらでもかまわんではないかというような見方になるんじゃないかと思うんですけど。そういう読み方が果たして説明文的な読み方になるかどうかはわかりませんけど，ねらいとしては，そういうことで，説明してあることが，ここで言えば疑問を解決しているという事実をとらえるということができればいいんじゃないかと思うので。話を膨らませることに扱っても，それがまっすぐ影響は出てこない。しかし，発見ですね，そういうこと言われると。」

　教師Dは，問題箇所に注目することに興味を抱いている。しかし，それは授業のあり方を変えるほどのものではない。「一つの見方」として，授業をおもしろくするもの，学習者のこれまでの教材の受け取り方を広げるものとして，取り入れようとしている。

(4) 論理の理解の段階性

　教師Aは，この文章をインタビューへの協力のためにはじめて読んだ。問題箇所については，やはり「ねらいによる」また「必ずしも意識しなくてもいいのではないか」という発言があったが，論理を読み取るというねらいのもとに扱うとしたらという仮定において，授業を想定してもらった。

A「たぶん言われれば，ああそうだなあ。そこを中心に課題を設定していこうとすると，なんでそのことを言わないんだろう，わざと隠しているのかなあということは，そういう見方で読んでみることは可能だと思う。今みたいに，クイズみたいにして，書かれたものを読むということが大事なんじゃないかなあ。ぼくも，斜めに読んでいるもので。子どももきっちり文章を読んでいないで，字面をずっと追って，おもしろそうなところを見ていくというか。文学的文章だと，そうやって読んでも，印象的なところを多くの人が見つけられるんですけど，自分の感想でいい場合が多いからそんなに困らないんですけど。説明的文章を同じように読んでいくと，結局大事なところを読み落としたり，作者の仕掛けというかそういうのを読み落としたりする可能性が高い。だから形式

第5章　教師の持つ説明的文章の読みの学力観と指導理論の検討

段落ごとに読ませたりすることをした方がいいのかなと思う。ただそれがストレートにぶつけていったときに，書かれていないことって子どもたちには見つけられない。書かれていないことを聞かれたときに，ちゃんと考えられるかどうかというのは，学年によって，個人によって差があったりするから。ちょっとそこらへんで授業の中でいつも書かれていないことを扱うのは難しい。でも，それがうまくはまればおもしろい授業ができるような気がいつもしてるんですけど，だいたいはまらないですから。」

　教師Aの授業想定の談話には，非明示的なことを授業で取り上げることが難しいものであるという実感とともに授業をおもしろくするものではないかという期待が述べられている。しかし，ここには同時に，形式段落に沿って要点をとらえながら読むことが，文章の論理の非明示性をとらえるための前段階とする考え方が見られる。
　先の教師Dでも，問題箇所を扱うことが段落ごとに要点をとらえる授業をおもしろくするのではないかということが述べられていて，ここにも，文章の論理の理解およびその指導を段階的なものとしてとらえる考え方が同時に見て取れる。

D「筋道ですからね。論理の組立てというのは，正当性のある筋道だった考え方が通っていて，はじめて結論が出てくるということだから。それをとらえさせる上で，途中にこういうところがあると，それが，一つのポイントというか波立たせるところになりますね。必ず授業やっていて，段落に番号打たせるでしょ。常套的なことを言うと，各段落の要点をまとめていくんですよね。前半部分の要旨をまとめようという，結構単調な作業が非常に続くんですよね。そういう作業が一番のネックになっているんですよね，説明文の。また，同じことを繰り返しやって行くのか。表にでもなってですね，一言二言の流れができてくれば，子どもたちは非常に乗るんだけれども。単調にまるいちなんとかかんとかと書いていくとですね，途中でいやになっていくんですよね。長ければ長いほど。そういう中で，なんかここが問題だということがあれば，いいかもしれないけど，それ以前の問題でしょ。要点まとめなければいけないというのはまた別問題だから。ただ，論理を確認する作業の中というのかな，そういった作業を通さないでもいいから，どういうことが簡単に書いてあるかを書いて

261

矢印書いて書いて矢印書いてということをやる中で，これおかしいねということをつかませるっていうか。それやれば，すごく，ほうっと思うと思います。すごく機転になると思うんだけど。私は，各段落の要点をまとめていく作業をほとんどやらないことにしていますから。説明文の常套的な読解指導をやっていないから，あまり気にならない。各段落の要旨をとらえていった方が，こういうところにも気づくんじゃないですか。どうなんだろう。」

(5)〈私の読み〉と〈教えるための読み〉との区別

　教師Cは，教材研究の段階において，問題箇所について「あれっおかしいな」という感覚を持ったという。

C「それを読んだときに思った。15分ごとに鳴っていたとも考えられると書いている。ここに目を付けた生徒がいたらどうしようかと考えた。この一文がなければいいな。⑧段落の一文が妙に引っかかった。どう教えるかと言われると困る。公共用時計のことは書かなくてもいい。なんで，この文章の中に入れたのか。そうなると私は答えられない。調べた順序がそうであったからということなのだろうけど。その辺で私は困る。これまでの授業では，順番を追っていっただけ。答えがこれだからどうだというように帰らなかったので，質問はなかった。⑧段落の一文は，自分が読んだときにひっかかっていて，出るとまずいなと思っていた。」

　「出るとまずいな」につながる教師Cによる談話は，教材研究段階の〈私の読み〉と教材を教室で教えるときの〈教えるための読み〉における論理のとらえ方との間に区別が設けられていることを示していると考えられる。〈私の読み〉においては，論理の非明示性は読みの対象になっている。しかし，〈教えるための読み〉においてそれは捨象され，明示的な論理のみが対象となるのである。このことを教師C自身は次のように分析する。

C「私今一読総合法の本を読んでて，あのやり方ですればここ引っかかると思うんですよ。関係づけをしていくから。授業の中ではああいう教え方してないんですよね。文と文，語と語の関係づけというような。現場の国語の教師の中には，そういうふうにあっち行ったりこっち行ったりする考えをする，そういうふうなものを教えにくいと受けとめている人が多い。こういうのはいい教

材じゃないというふうに。（中略）教師の中にも，序論本論結論と進むという
パターンが説明文にはあると決めてて，あるいは，起承転結というのがあっ
て，それにうまいこと乗せれる教材がいい教材という考え方があるんですね，
きっと。それをとっていくためには，段落で考えていこうと。だから形式段落
を大きなその形にはめていくというようにして，文にこだわるということはや
られていないと思う。」

　教師Cによれば，教室での〈教えるための読み〉では，論理は段落ごと
にとらえられる。さらに，教師Cの分析は，教師集団の持つ教材観・教材
価値に及んでいて，段落の要点の把握が，文章の全体構造として論理をと
らえることと結びついていると述べられている。〈教えるための読み〉への
強い意志により，文章の論理は定式化・パターン化されたものとしてとら
えられるのである。

3　国語科教師の持つ説明的文章の論理のとらえ方と指導理論
① 　教師における説明的文章の指導理論の存在
　説明的文章の論理の非明示性と読み手による暗黙の推論の問題は，それ
ぞれの教師が通常行う説明的文章の授業の中に，それを取り入れた授業の
あり方を想定するという形で談話に現れた。このことは，教師が何らかの
理論を持って授業を行っているという素朴理論の考え方に沿った結果であ
ると思われる。
② 　指導理論における読み手の推論の問題
　教師の抱く指導理論における「ありのままに読む」という読みのモデル
は，文章に明示された表現を規準としたものである。しかし，「ありのまま
に読む」ということは，本文の記述を追うことによってのみ成立するもの
ではない。読み手は，仮にそのようなことを心がけていても，自らの既有
知識を用いて暗黙のうちに推論を行う。「ありのままに読む」ということ
は，そのような推論を自覚化し，それらと文章の明示的な記述とを選り分
けるという作業が必要なものである。したがって，「ありのままに読む」と
いう理論が，読み手の行う推論をその読みのモデルの中に位置づけていな

263

いのならば，それは「形式的言語操作」に陥りかねない。読みのモデルには，無意識の部分を見据えておく必要がある。

③　理論における論理の指導の問題

　教師が，例えば説明的文章の読みの学習指導の読書指導化というように，直接には論理に関わらない指導理論を自覚的に形成していることがある。それは，しばしば段落の要点をまとめる授業からの脱却を契機としており，その理論の範囲では，多彩な言語活動や授業の改善を実現することができるだろう。しかし，文章の論理をとらえるということの指導理論を更新させていなければ，文章の論理をとらえさせることが授業の目標あるいは条件となったとき，結果的にもとの問題を再現してしまうことになりかねない。

④　論理の解釈について

　教師の想定する授業の中では，問題箇所が筆者の意図やなぜ文章がそうなっているかということについて解釈を行うという形で扱われることが見られた。文章が日常言語で書かれ，具体的な内容をともなう以上，説明的文章の論理をとらえる行為には，解釈という煩雑な側面が必ず存在する。いわゆる文章構成の型や認識の方法は，さまざまな個々の文章や事象について解釈する際，共用可能な概念を用いることで解釈の煩雑さを整理する働きをもつと考えられる。これらの概念に限らなくとも，文章の論理をとらえさせる指導において，論理について何らかの一般化したとらえ方をすることは，それを国語学力としてモデル化しようとするものであると思われる。しかし，逆に一般化した概念のみでは，それぞれの文章の論理を具体的にとらえることができない。解釈という形での論理の把握もやはり必要であると考えられる。

264

第3項　中学校国語科教師の持つ説明的文章の読みの学力観と指導理論の授業方法との関係

　教師への調査1と調査2の結果および考察から，中学校教師の説明的文章の読みの学力観においては，文章の論理が段落の要点のつながりとしてとらえる傾向にあること，明示的な情報の字義通りの理解を説明的文章の読みの中核的な学力としてとらえる傾向にあること，推論的読みは授業で育成する中核的な学力としてはとらえられず，まずは発展的な段階のものや話題の一つとして周辺的なものと位置づけられる傾向にあることが明らかとなった。

　こうしたことから，教師の持つ学力観は，学習指導要領や学習指導論の摂取を通して拡張しながら，まずは新しい学力像は，周辺に位置づけられ，その重要性への認識が深まるにつれて中心化が行われ，授業における中核的な学習課題となると想定される（図5-2参照）。こうした中心化は，どのような国語学力を育てる教師でありたいかという国語科教師としてのアイデンティティの形成と関わりがあると考えられる。

　また，教師の持つ説明的文章の読みの学力モデルが授業のあり方やそこで学習者に形成される学力のあり方と深く関わっていて，明示的な情報の読み取りから推論的読みへと学力観への転換が必要と思われる。しかし，教師の持つ学力観は，同じく教師が持つ説明的文章の理解に対する信念や授業方法など指導理論と分かちがたく結びついているため，転換のためには，授業方法や学習方法の開発とともに行われる必要があると考えられる。

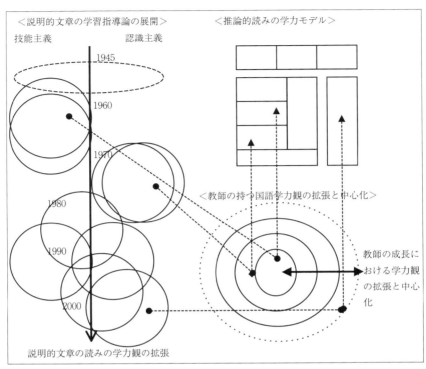

【図5−2】説明的文章の学習指導論の展開と教師の学力観の中心化と拡張

第3節　米国における説明的文章の読みの指導観の検討

第1項　米国における読みの理解方略の指導方法の類型と指導過程

1　読むことの理解方略の教授

　いわゆる「認知革命」以降，読みの研究はテクスト理解の心的過程を解明することを中心に行われてきた。その中で明らかになったのは，理解における読み手の既有知識の果たす役割の大きさとそれを用いた推論の重要性である。近年，我が国の国語科教育研究においても，読者論の探究とと

もに，読みの内的過程に沿った教授を行うことの重要性が注目され，認知心理学における研究の成果を取り入れた読みの教授の研究が進みつつあるが，米国における読みの教授方法の研究は，こうした文章理解過程の研究とさらに密接な関わりをもって行われている[6]。

　米国では，自立的な読み手を育てることを読みの教授の目標とし，上のようにとらえられる方略的読みを身につけさせる教授方法の研究が行われ，研究成果が蓄積されてきている。一方，我が国でも，自立した読み手を育てることは近年ますます重視される国語科教育研究の課題である。したがって，米国において方略的読みがどのように教授されているかを明らかにすることは重要なことであると思われる。

　以上のことから，本節では，米国における方略的読みの教授方法を検討することを課題とする。米国における典型的な読みの指導のあり方については，例えば森田信義によって記述されているが[7]，本節では，方略的読みの教授方法について，次の手順で検討を行う。

(1) 方略的読みの教授方法の類型とその概要をとらえる。

(2) 方略的読みの教授方法を，①教授される方略の違い，②具体的な教授のあり方の違い，③共通性という三つの観点から検討する。

(3) 我が国における方略的読みの教授への示唆を得る。

2　理解方略の教授方法の類型

　P. D. ピアーソンと L. フィールディングは，読みの理解の教授を概説しているが[8]，その中の教授方法は次のように大きく二つに分けられる。

・物語テクスト，説明的テクストのそれぞれのテクストの種類に特定的に有効な教授方法

・テクストの種類に特定的でない一般的に有効な教授方法

　ピアーソンらによって紹介されている教授方法は，いくつもの実験研究において有効性の検証された方法を集めたものであり，一つの全体的な方略的読みの教授方法は示されていない。

　これに対して，J. A. ウィンと A. S. パリンサーは，方略的読みの全体的

な教授方法を概説している。彼らの挙げる教授方法は，「直接的教授（Direct Instruction）」「明快な説明（Explicit Explanation）」「認知的見習い期間（Cognitive Apprenticeship）」「ホール・ランゲージ（Whole Language）」の四つであり，それぞれの教授方法について次のように説明している[9]。

《直接的教授》

　　検討されるべき読みの教授への第一のアプローチである直接的教授は，効果的な教授の訓練に関する過程－所産の研究の結果として紹介された（Rosenshine, 1979）。この研究は，教師の行動の重要性とこれらの生徒の到達との関係への注意を促した。読みの方略の直接的教授は，体系的な系統立てられた読みの方略の教授によって特徴づけられる（Gersten, Woodward & Darch, 1986）。方略は，一般的に，方略が分解され単純な段階から複雑な段階へと生徒に与えられるようにする課題分析に基づいて，連続的な方式の中に存在している。教師は，典型的には，練習提示および体系的な修正手続きのためのスクリプトを使って，読みの方略の各ステップを明示し，その使用の見本を示す。生徒は，しばしば規則やヒューリスティックを通して，系統的にそのステップを教授される（Baumann, 1988）。生徒は，促進を供給し次第にそれをなくしていく教師とともに，これらのステップを練習する。方略のそれぞれのステップは，生徒が熟練の基準に達するまで次のステップは紹介されないで練習される。成果の評価は，生徒が一定の手続きを追っているかどうかに基づいている。そのため，方略の使用を個人化するための余地はほとんどない。（後略）

《明快な説明》

　　明快な説明は，読みのスキルが方略として整理し直され，そして，これらに従事することに関わる推論が強調された読みの教授へのアプローチである。はじめ，教師は，読みの方略についての宣言的，状況的，手続き的知識を生徒に与える。ある方略を与えるときに，教師は"口に出して考える"が，これは例えば次のような読みの相について教師の考えることを生徒と共有することを必然的に含む。（a）教師が，テクストを理解するのが困難なときに使う心的過程。（b）方略の使用が，教師が困難を取り除くことを助ける様子。（c）教師が方略を実行する心的ステップ。（後略）

《認知的見習い》

　　認知的見習いという用語は，熟練者がこれらの過程を使うコンテクスト

において複雑な課題を成し遂げるために使う学習過程を言っている。

（中略）

　相互教授は，認知的見習いを具体化する読みの教授へのアプローチである。相互教授では，生徒と教師はテクストを読んでいる間対話に従事する。対話は，次の四つの方略の使用によって構築されるが，支配はされない。すなわち，〈要約する〉〈自己質問〉〈予想する〉〈明確にする〉である。教師は，生徒が独立して方略を使うことができる能力を獲得するように，対話を通して，生徒に援助を与える。相互教授のはじめの数日の間，生徒は方略に関して直接的教授を受ける。教師は，生徒に対話の言葉を知らせるために四つの方略を説明し見本を示す。この次に，生徒と教師は，テクストを理解するのを助ける方略を使って，交替で話し合いを進める。全てのときに，生徒は，適切に方略を使うように要求され，そして，そうする必要があるように援助を与えられる。例えば，話し合いのはじめの数日の間，教師は，生徒のリーダーに対し要約または問いの見本を示し，リーダーの完成するべき不完全な問いを繰り返す，あるいは与える。生徒が方略を独立してうまく使えるようになるにつれ，教師は与える援助を少なくする。対話の間中，援助のレベルは特定のテクストに対するそれぞれの子どもの必要に合わせて調整される。子どもたちは話し合いのリーダーの役を交替しても，他の人の要約につけ加えたり，自分自身で予想をしたり，明確にするために尋ねたりして，いつでも話し合いに参加するように奨励される。教師は，協力することを通じて四つの方略の使用によってテクストを理解することをいっしょに成し遂げるように，生徒に援助を与える。（後略）

《ホール・ランゲージ》

　ホール・ランゲージは，おそらくモデルあるいはアプローチというよりも教授の哲学と呼ぶのがよいだろう。それはまた，たくさんの実践や結合された信念が教師の協同的な研究によって発達してきたような "草の根運動"（Y. Goodman, 1989; Watson, 1989）として特徴づけられてきた。Watson（1989）は，次のようなホール・ランゲージの定義を提供している。すなわち，"ホール・ランゲージは学習者と学習，教師と教授，言語，そしてカリキュラムについての信念によって支持される教育に関する見方である"（p.133）。

　ホール・ランゲージの教室のすみからすみまで，実際の個人にあてたものとして意味のあるコンテクストの中で実行される読むことと書くことの

過程に焦点が置かれている。生徒は，一般的に，ひとりひとりにあるいは小グループで焦点を置いて彼ら自身のテクストと書く話題を選び，彼ら自身の興味を実行する。

（中略）

　全般的に，ホール・ランゲージにおける教師は，議論された他のアプローチにおける教師がするより，方略的な行為に対する明確な注意を与えることが少ない。K. Goodman（1986）は，言語を第一に（言語使用のコンテクストの外で）語ることを戒める。教師の主要な役割の一つは，彼ら自身の生活における読むことと書くことの使用と有効性の見本を示すことである。ホール・ランゲージには，読みを導く方略だけでなく出版物の約束事の教授がある。しかしながら，これは，しばしば（Atwell（1987）のミニ授業の例が示すように，常にではないが），生徒の追求によって示されたときの"教授可能な瞬間"のコンテクストにおけるものであり，実際の読み書きの課題のコンテクストにおけるものである。

3　教授のあり方の違い──要約の教授──

　文章の要約は，米国における方略教授の研究において多く取り上げられている方略である。ここでは，「直接的教授」と「協同的教授」において，要約が方略としてそれぞれどのように教授されているかを具体的に見ていきたい。

　「直接的教授」では，例えば表5−4に示したような手順で要約をするための方略が「直接的に」そして「明快に」教授される。

　一方，パリンサーらの「協同的教授」においても，要約の手続き的なルールは，次のような形で「直接的に」教授される[10]。

　　生徒は教授に先行して二つ，後に二つの5学年の説明的テクスト（Brown & Day, 1983; と Day, 1980 から）を与えられた。彼らは，五つの主要な要約のルールのいずれかをどこに適用することができるかを尋ねられた。五つのルールは，（1）ささいなことの**削除**，（2）冗長さの**削除**，（3）**上位概念**，典型例の集まりが上位の用語に置き換えられたところ，（4）要約の足場作りとして役立てられる話題文の**選択**，（5）話題文が明言されていない段落のための話題文の**生成**である（詳しくは，Brown & Day, 1983 を参照）。ブラウン

270

第5章　教師の持つ説明的文章の読みの学力観と指導理論の検討

とデイは，援助を受けていない7年生は削除以外のいずれのルールを使うの
にも大きな困難を有することを明らかにした。したがって，我々は，課題を
単純化した。そして，(1) 彼らに五つのルールが何であるかを告げ，それら
を黒板に例とともに書いた。(2) 彼らに前に書かれた二つのテクストにこれ
らのルールを適用するように求めた。(後略)

　このような要約の手続きを教授する段階では，「直接的教授」と「協同的
教授」の間に決定的な違いは見られない。しかし，「協同的教授」では，表
5−5に示したような対話の過程においても方略の使用が教授される。表
5−5の下線部のように，生徒は対話の中で要約を行っているが，それは要
約を書くという目的を達成するためのものではなく，文章を理解するため
に行われる行為としての要約である。こうしたところに，二つの教授方法
の違いが端的にあらわれていると考えられる。

　ところで，この対話の過程には，注目すべき所がもう一箇所あると思わ
れる。それは，波線部である。波線部20. Bの生徒は，テクストでは「水
を地下の塩の層に送り込む」となっているところを「地下の塩の層から水

【表5−4】「直接的教授」における要約の教授の段階 [11]

要約を書くための四つの特定的なルールを助ける四つの一般的なステップ
1.　**テクストを理解しているかどうか確かめる**（Make sure you understand the text）"このテクストは何についてのものか？" "書き手は何を言っていたか？" 一般的なテーマを自分自身に言ってみなさい。
2.　**見直す**（look back）　主題を正しくとらえてきたかどうか確かめるために テクストを再読しなさい。さらに，テクストの重要な部分が何かを本当に理解 しているかどうかを確かめるために読みなさい。**さあ要約を書くための四つの ルールを使おう。**
3.　**考え直す**（rethink）テクストの段落を再読しなさい。その段落のテーマを 自分自身に言ってみなさい。そのテーマは話題文か。あなたはそれに下線を施 していたか。あるいは，話題文ははずれていたか。もしはずれているなら，あ なたは余白に話題文を書いたか。
4.　**チェックと再チェック**（check and double-check）あなたは，一覧表をそ のままにしていないか。あなたの要約において，事柄を一覧表にしていないか

どうか確かめなさい。同じことを繰り返していないかどうか確かめなさい。何かをとばしていないか。全ての重要な情報が要約の中にあるか。

要約を書くための四つのルール

1. **集まりをつぶす**（Collapse lists.） 事柄の集まりを見たら，全体の集まりのための単語あるいは句による名前を考えてみなさい。例えば，目，耳，首，腕や足のような集まりを見たら，"身体の部分"と言うことができる。あるいは，アイス・スケート，スキーやそりのような集まりを見たら，"冬のスポーツ"と言うことができる。

2. **話題文を利用する**（Use topic sentences.） しばしば書き手は段落の全体を要約する文を書く。それは話題文と呼ばれる。筆者がそれを与えていたら，要約にそれを使うことができる。不幸にも，全ての段落が話題文を含むわけではない。それは，あなた自身で話題文を作らなければならないことを意味する。話題文が見られないときには，自分自身で話題文を作りなさい。

3. **不必要な細部を除く**（Get rid of unnecessary detail.） テクストの情報の中には，一つの段落において繰り返されるものがある。換言すると，一つの段落で同じことがいろいろな異なる方法で言われている。他のテクスト情報の中には，重要ではない，ささいなものもある。要約は短いものであることを意味するのだから，繰り返された情報，あるいは取るに足らない情報は取り除きなさい。

4. **段落をつぶす**（Collapse paragraphs.） 段落はしばしばお互いに関係がある。段落の中には，一つのあるいはそれ以上の他の段落を説明しているものもある。段落の中には，他の段落にある情報を広げただけのものもある。段落の中には，他の段落より必要なものもある。どの段落を保持するべきか，あるいは取り除くべきか，そして，どの段落を一緒につなぐべきかを決めなさい。

最後の示唆

要約にみがきをかける たくさんの情報が下の段落から縮小されたとき，その結果として生じた集中された情報は，しばしばとても不自然な印象を与える。この問題を直し，もっと自然に感じられる要約を創造しなさい。調整は，言い換え，「そして」「なぜなら」のようなつなぎの句の挿入，そしてはじめあるいは結びの言葉の挿入を含むが，しかし，これらに限定されるわけではない。言い換えは二つの理由でここでは特に有効である。すなわち，一つ目は，それは材料を記憶するあなたの能力を向上させるから。そして，二つ目は，それは，他の状況では盗作として知られる，書き手の言葉を使うことを避けるから。

第5章　教師の持つ説明的文章の読みの学力観と指導理論の検討

【表5-5】「協同的授業」における対話（教授の13日目）[12]

| テクスト： | アメリカでは，塩は三つの基本的な方法によって生産される。太陽光線を利用した（太陽光）蒸発脱水法，採鉱，そして，人工蒸発脱水法である。塩が太陽光蒸発脱水法によって抽出されるには，気候が暑く乾燥していなければならない。したがって，太陽による塩は，南海岸やグレートソルトレイクに沿った熱帯のような地域において採取される。|

1．C： 塩を生産する三つの異なる基本的な方法の名を挙げてください。
2．A： 蒸発脱水法，採鉱，蒸発脱水法……人工熱蒸発脱水法
3．C： 正しい，とてもいい。<u>この段落の私の要約は，塩が生産されている方法についてです。</u>
4．*T： とてもよろしい。次の先生を選んでくれる？（生徒は次の先生を選ぶ。）

テクスト： 塩の生産の二番目に古い形は採鉱である。作業を非常に危険にそして困難にしていた初期の方法と違って，今日の方法は特別な機械を使い，塩の採鉱はより容易で安全である。古い表現である「塩の採鉱に戻れ」はもうあてはまらない。

5．L： しばしば昔の塩の採鉱を説明する二つの言葉をあげなさい。
6．K： 塩の採鉱に戻れ？
7．L： いいえ。Angelaは？
8．A： 危険だと困難だ。
9．L： 正しい。この段落は，全て古い塩の採鉱と今日の塩の採鉱との比較についてです。
10．*T： すばらしい！
11．L： 私は，予想をします。
12・*T： よろしい。
13．L： それは塩が最初に発見された時のことを言うだろうと，ええと，それは塩が何からできてて，どうやって作られるかを言うだろうと思う。
14．*T： オーケー。次の先生を選んでいい？

テクスト： 食卓塩は三番目の方法－人工的蒸発脱水法－によって作られる。

273

水を地下の塩の層に送り込むことは，塩を溶して地表に持ってくる塩水を作る。高温での浄化の後には，塩は私たちのテーブルへの準備ができている。

15.　K：　浄化の後，塩は何への準備ができている？
16.　C：　私たちのテーブル。
17.　K：　それは正しい。要約すると，浄化の後塩は私たちのテーブルの上にのる。
18.＊T：　よくできましたよ，Ken。私は，その仕事の全てをよろこんでいます。でも，私は，他に私たちの要約につけ加えることがあると思います。含めるべきだと私が思うもっと重要な情報があります。この段落は主に何についてのもの？
19.　A：　人工的蒸発脱水法という三番目の方法。
20.　B：　それは，主に，地下の塩の層から水をくみ出すこと，それは地表に持ってこられる塩水を作るために塩を溶かす。
21.＊T：　Angela がぴったりのところをまさに言い当てた。この段落は主に人工的蒸発脱水法の方法についてで，そしてこの段落のその他はみんなその過程について言っています。

（後略）　　　　　　　　　　　　　　　注　＊Tは，教師による介入

をくみ出す」と誤って理解している（英語では，テクストでは［pomping-into-］となっているところを 20. B は要約するときに［pomping-from-］と述べた）が，教師はこの発言に対して 21.＊T「Angela がまさにぴったりのところを言い当てた」とだけ述べて正しい理解を与えていない。これは，17 から 21 の対話においてはよりよい要約をすることが対話の目的となっているための，また，間違った生徒の誤りをそれとなく示すための教育的タクトと考えるのが妥当であろう。しかし，このことは，これらの対話の過程においては，四つの方略をより適切に運用するということが目的であって，テクストの正確な認識を行うということは目的となっていないことを意味していると考えられる。

4 共通点 ——方略的読みの教授方法研究の背景——

　これらの方略的読みの教授方法が実証的に研究され，提示されるように
なった背景は，どのようなものであったのか。

　「直接的教授」を進める研究者であるガーナーは，ダーキンによる 1978-
1979 年の論文における伝統的な読みの教授に対する批判的な指摘と，方略
的読みの教授方法の研究，特に「直接的教授」と「明快な説明」との関係
を次のように明確に述べている [13]。

　　　なぜ検討された研究の中の直接的，明快な教授のこのような優勢が重要
　　であるかという理由は，"教室は教授が提供され受けられる場所である"
　　（Durkin, 1981, p.516）という広く広がった信念にも関わらず，読みの理解に
　　おける直接的教授が小学校では実際にほとんど見い出されないと思われる
　　という最近の証拠を我々が持つことである。Durkin（1978-1979）は，直接
　　的理解教授にささげられているのは，小学校の読みと社会科の授業におけ
　　る教授時間である 17,997 分間の 1%以下であることを明らかにした。追跡研
　　究で彼女は，五つのもっともよく売れている基礎シリーズの教師用解説書
　　において，応用問題と助言の与えられていない練習問題は，直接的，明快な
　　理解教授の示唆が現れるよりはるかに頻繁に現れることを明らかにした。
　　Pearson（1982）は，Durkin の二つの研究は，教師と教科書の "助言の与え
　　られない練習の大きなかたまりをなす薬" の強調をあばいていることに特
　　に言及している。

　「協同的教授」のウィンとパリンサーも，教授方法を概説するにあたっ
て，ダーキンのあばき出した伝統的な読みの教室の状況を踏まえて次のよ
うに述べている [14]。

　　　我々は，はじめに，教師が教室において生徒およびテクストと相互に関わ
　　る際の教師の役割を議論する。伝統的に（Dole 他，1991; Durkin, 1978-
　　1979），教師の活動は，（a）特定の段落の読みの間あるいはそれに続いて理
　　解の質問を尋ねること，あるいは（b）分離した読みの下位スキルの直接的
　　な教授を与えることのいずれかに重点が置かれてきた。教師はしばしば生
　　徒を例えば彼らが話題について何を知っているかを尋ねる，予想をすると
　　いった活動に従事させていながら，あまりこれらの活動に従事することの

価値を指摘しなかったり，生徒が彼ら自身でそのようにすることを奨励しなかった。彼らがテクストを理解したり記憶するために何をする必要があるかということを生徒が熟考したり理解したりすることに対する注意は，明白にあるいは潜在的にも，ほとんど引き起こされていない。

　教師は，生徒が自立した方略的な読み手になるのを援助するために何をすることができるか。この問いを呼びかけるため，我々は読みの教授への四つの現行の教授的アプローチを概観する。（後略）

このように，方略的読みの教授研究が行われている背景は，「直接的教授」と「協同的教授」とに共通して，伝統的な読みの教授における教師の教授行為の問題性，どのような読みの能力が身につけられてきたのかということの問い直しという当時の米国の読みの教授における問題状況があったことと言える。そして，こうした問題は我が国の国語科教育がずっと抱えてきた問題でもあると思われる。米国の方略的読みの教授方法の検討が我が国に示唆することを以下に記す。

(1) 米国における方略的読みの教授研究の歴史的背景は，我が国の現在の問題状況と共通性を有しており，そのことは，我が国においても従来から必要性が指摘されていた読みの指導研究の一つの方向が改めて重要であると思われた。すなわち，読みの過程を明らかにした上で，教授内容としてとらえ直し，さらに，それをどのように教授すればよいかということを実証的に明らかにする方向の重要性である。

(2) 「協同的教授」の研究は，我が国でも近年盛んに議論されている教師と学習者あるいは学習者間の「対話」を再構築することを，望ましい教室の状態としてだけではなく，読みの学力を身につけさせることにどのように関わるかという問題として実証的に研究することの可能性を示唆していた。

(3) 文学的文章と説明的文章というそれぞれの文章の種類に特定的に有効な読みの方略の教授方法を開発することの重要性を確認することができたと同時に，それらを統合して考えるような読みの教授のあり方が示唆された。

第5章　教師の持つ説明的文章の読みの学力観と指導理論の検討

第2項　我が国における説明的文章の読みの学力形成論への示唆

①　心理学の研究成果と授業改善

　以上に見たように，米国において，読みの方略の教授への注目や，読みの指導における推論への重視は，授業の水準でも，また，国語教科書の水準においても見られた。そうしたことの原因について，森田信義は次のように指摘する [15]。

　　　心理学の領域では，読みの過程のモデルの追求がなされており，読み方教育の専門書には，ほとんどの場合，こうしたモデルに関しての言及がなされている。学習心理学の成果が国語科の研究に取り入れられ，読みの教育を，いっそう確かなものにしていくという研究の方式ができあがっているといえる。

　我が国においては，従来，心理学と教科の授業改善との距離は，それほど近いものではなかったように思われるが，近年では，積極的な生徒指導という考え方のもと，自己効力感を育てるといったことが授業の課題とされる。読みの授業については，直接的な心理学との交渉は多く見られるものではないが，メタ認知の重視，授業後のふりかえりの徹底など，認知心理学の研究成果が授業過程として定着している面もある。理解方略の指導については，第1章で検討したように，授業において，現実的な場面で方略を使用させることに研究的な視点は移ってきているが，特定の学習指導理論に依拠しない授業においては，一般的とは言えない。

②　教授される理解方略

　実際に教授される理解方略は，次のようなものである。

要約	重要度
推論	予想
問い生成	明確化
分析	再読
モニタリング	

277

しかし，各研究において提案されている方略は必ずしも一致しているわけではない。例えば，次の三者において，教授または教授の提案が行われている読みの方略を整理すると表5-6のようである（ガーナーとドール他は「直接的／明快な教授」，パリンサーは「協同的教授」の推進者である）。

　(1) Garner, R. (1987) [16]

　(2) Dole, J. A., Duffy, G. G., Roehler, L. R., & Pearson, P. D. (1991) [17]

　(3) Palincsar, A. S., & Brown, A. L. (1989) [18]

【表5-6】理解方略の教授

方略の種類		テキストベース			知識ベース			モニタリング		
方法	方　略	要約	重要度	推論	予想	問い生成	明確化	分析	再読	モニタリング
直明	(1) Garner	○		○				○	○	○
	(2) Dole 他	○	○	○			○			○
協同	(3) Palincsar	○			○	○	○			

　我が国における学習指導論と比較すると，非常にシンプルなもので，方略教授によって自立した読み手を育てようとする意図がうかがわれるとともに，背景にある読書教育観が見て取れる。また，心理学をベースにしているため，考え方としては，方略の種類として分類したように，文章理解過程に沿ったものとなっている。

　これらは小学校段階を中心としたものではあるが，こうした点から，我が国の説明的文章の学習指導論をふりかえってみると，少々複雑化し過ぎているようにも思われる。教授する高次の読みの学力について，学習者が自立して取り組むことができるよう，とらえ直すことが課題と考えられる。

③　協同的な教授方法とメタ認知

　米国においても，協同的な教授方法へと移行していることが見て取れた。具体的な指導の方法や過程は，我が国で行われている少人数授業と大きく異なることはないが，学習者自身が何を学習するのか，なぜ学習する

のかというメタ認知をともなった学習を実現しようとしている点などは，説明的文章の読みの学力形成論に取り込むべき点である。

注

1）井上尚美『言語論理教育への道』文化開発社，1977 年，p.35

2）例えば，小田迪夫「連載　論理的表現の基礎訓練学習」（『教育科学国語教育』第 488 〜 505 号，1994 年 4 月号〜 1995 年 3 月号）の特に第 488〜493 号。

3）国語教育研究所編『中学校国語教材研究大事典』（明治図書，1993 年）における「シンデレラの時計」の項（項目執筆者は清水孟，pp.448-450）

4）秋山聡「六『シンデレラの時計』『鏡を考える』（二年対話読み）」竹長吉正編『説明文の基本読み・対話読み 3 中学校編』明治図書，1996 年，p.149

5）山祐嗣「推論」日本児童研究所編『児童心理学の進歩―1995 年版―』第 4 章，金子書房，1995 年，p.71

6）森田信義「読むことの教育」森田信義編著『アメリカの国語教育』溪水社，1992 年，p.86

7）森田同注 6 書，pp.49-90

8）Pearson, P. D. & Fielding, L. (1991). Comprehension instruction. In Kamil, M. L. (Eds.), *Handbook of reading research* (Vol.2, pp.815-860). Longman.

9）Winn, J. A., & Palincsar, A. S. (1993). Reading instruction in childhood and adolescence. In S. R. Yussen, & M. C. Smith (Eds.), *Reading across the life span*. New York: Springer-Verlag. pp.142-149

10）Palincsar, A.S., & Brown, A.L. (1984). Reciprocal Teaching of Comprehension-Fostering and Comprehension-Monitoreng Activities. *Cognition and Instruction*, 1, (2), pp.133-134

11）Hare, V. C., & Borchardt, K.M. (1984). Direct instruction of summarization skills. *Reading Research Quaterly*, 20 (1), p.66

12）同上論文，p.162，TABL12

13）Garner, R. (1987). *Metacognition and reading comprehentio*n. Norwood, NJ; Ablex. p.110

14）Winn 他同注 9 論文，pp.141-142

15）森田同注 6 書，p.86

16）Garner 同注 13 書，pp.105-126

17）Dole, J. A., Duffy, G. G., Roehler, L. R., & Pearson, P. D. (1991). Moving from the old to the new: Research on reading comprehension instruction. *Review of Educational Research*, 61.

18）Palincsar, A. S., & Brown, A. L. (1989). Classroom dialogues to promote self-regulated comprehension. In J. E. Brophy (Ed.), *Avances in research in teaching; Teaching for meaningful learning and self-regulation* (Vol.1. pp.35-71), Greenwich, CT: JAI.

第6章　中学校段階における協同的過程による説明的文章の推論的読みの形成

第1節　学力モデルの拡張による授業仮説の設定

第1項　説明的文章の読みの授業における学習者と教師の課題

　第3章から第5章までの分析と考察から導かれた，第Ⅰ軸〜第Ⅲ軸に沿った研究成果をふまえるならば，説明的文章に表された筆者による論証の理解について，非明示的な暗黙の前提を推論によって補って理解する読みの学力を形成することが，本章で解決すべき研究課題として設定される。

　第2章においては，説明的文章の読みの学力モデルにしたがって，推論的読みの過程を次のようなものと想定した。

① テキストベースの命題間を修辞的・論理的関係を補ってつなぐ過程
② 状況モデルにおいて階層的な知識空間を形成する過程
③ 課題状況に合わせて，両者を統合し，修辞・論証モデルを形成する過程
④ 課題状況と環境に合わせて，修辞・論証モデルを外在化する過程
⑤ これらの過程をメタ認知的にモニタリングする過程

　このことについて，第3章から第5章までの研究成果をふまえると，上述したような論証の暗黙性を理解する推論的読みは，次のような過程をたどるものと想定される。

1）土台となる仮のテキストベースを形成する。
2）修辞的・論理的関係のとらえるための知識を働かせて命題間の関係を把握する。
3）状況モデルを形成しながらモニタリングを行い，根拠と主張をつなぐ。

4）欠落している前提の存在を意識化する。

5）いくつかの考えられる前提を仮説的に想起する。

6）評価を行い，最適なものを選択する。

　こうした過程は，学力モデルにおける全ての要素が相互に関わって形成される読みで，学習者がはじめから自立的に行うには困難なものである。第5章において検討した米国における方略教授の類型についての検討をふまえるならば，授業において学習者のうちにこうした過程を実現するためには，小グループによる協同的過程を取り入れる必要があると考えられる。そして，そうした過程を継続的に授業において経験することが，推論的読みを形成することになると思われる。

　寺井正憲は，1980年頃登場した説明的文章指導論を「修辞学的な読み」として特徴づけている[1]。それらは「レトリックを特定の言語表現技法に限定せず，むしろ言語表現一般に存在するもの，言語表現の本質にかかわるものとみる立場」[2]に立ち，説明的文章の読みを，文章表現に積極的に反応し，その有効性を評価する行為としてとらえ，段落の要点把握から文章構成の理解へと進む説明的文章の固定化した目標設定や指導過程から脱却することをめざしている。その方向性は，現在に至るまで続いている。

　こうした中で，説明的文章の読みの指導においては，井上尚美による「論理的思考」という用語の用いられ方の分類[3]にしたがえば第三の意味すなわち「分析，総合，抽象，比較関係づけなど，広く直感やイメージによる思考に対して「概念的」思考一般のこと（広義）」を対象として「論理」の学習が行われることが多くなったように思われる。しかし一方で，「論理」の中核を第二の意味すなわち「論証」に据え直す論も示されている[4]。「論証」はレトリックの一領域でもあり，中等教育という学校段階を考慮するならば，説明的文章の読みの指導において重要な意味を持つ。

　では，国語科の授業過程とりわけ学習者同士の話し合いという協同的過程において，学習者はどのように説明的文章の論証をとらえるのか。またそれはどのような点において生産的な読みと見ることができるのか。これまでにも，説明的文章の「論理」の協同的な学習の過程を明らかにする優

第 6 章　中学校段階における協同的過程による説明的文章の推論的読みの形成

れた研究が見られる[5]。しかし，小学校段階を中心としたものでもあり，必ずしも論証を対象としていない。また，論証を軸とした説明的文章教材の分析や学習指導論も示されているが，協同的な過程をその研究の範囲とするものではない。

　そこで，本章では，中学校の説明的文章の読みの授業の中で行われた小グループによる話し合いの録音データの分析を通して，協同的な読みの過程において学習者が論証をどのように理解するか，推論的読みの学力がどのように形成されるのかを事例的に明らかにすることを研究課題として設定する。

第 2 項　協同的論証としての話し合い過程のモデル
——中学生の小集団による話し合い過程の分析を通して——

1　協同的な過程における探索的会話の重要性

　小学校中学年から中学校段階にかけての小グループによる話し合い過程の発達的特徴とらえるために，同一課題を用いて調査を行い，マーサーの提示した話し合い過程を特徴づける概念を枠組みとして分析を行った[6]。マーサーが提示した話し合いの類型は次のようなものである[7]。

　　論争的会話（disputational talk）：意見の決裂と個人的な意思決定によって特徴づけられる。情報が共有される事や，建設的な批判や提案がなされる事はほとんどない。主張と反論によって構成される顕著に短いやりとり。

　　累積的会話（cumulative talk）：会話の参加者は積極的にお互いが言ったことを積み重ねていくが，それは批判的なものではない。参加者は蓄積によって共通の理解を構成しようとして会話を行う。繰り返しと，確認と，精緻化によって特徴づけられる。

　　探索的会話（exploratory talk）：会話の参加者が批判的で，しかし建設的にお互いの考えに関わり合っているときに生じる。発言や提案は共同で検討を行うために提示される。彼らは，反論を述べられる事も，その反論に対して，さらに反論を受けることもあるだろうが，その反論は十分な根拠

283

に基づくものであるし，代替の仮説も提示される。そして，進歩は最終的な全員の賛同によって生じる。

　これらは，9歳から10歳の小学生が話し合いを通して問題解決を行う過程の談話資料について，話し合いの質の観点から特徴的なものを類型化し，どのような話し合いが行われた場合に思考が深まるかを意義づけたものであり，発話の連接関係や機能について言語学的な分析を行うものではない。また，発達をとらえる指標として提示されたものでもない。しかし，調査を通して得られた談話資料を分析する中で，話し合い過程の発達の特徴や契機をとらえる際の指標としても用いることができると考えた。

　調査で得られた談話資料の分析を通して，小学校中学年から高学年にかけては，論争的会話として特徴づけられる話し合いから，累積的会話として特徴づけられるものへの変化の過程として大きくその発達過程がとらえられた。そして，このような変化の中で，4年生段階で探索的会話が出現する様がとらえられた。

　一方，高学年では，話し合いの課題となっている場面状況の想定がさらに具体化するなど，累積的会話の発展が見られたが，意見の対立や理由の追及など探索的会話の成立要件が出現しにくくなるという課題も見られた。また，参考調査として行った成人の話し合いは，「話し合いの計画」「理由付けの探求」「代替案の検討」「状況の想定」といった特徴が見られたが，これらのうち，高学年の話し合いにおいても行われていたのは，「状況の想定」であった。「理由づけの探求」は，限られたグループの中でしか行われていなかった。

2　中学校段階における協同的論証としての話し合いの成立

　同じ課題を用いて，中学校段階の話し合い過程についても調査を行い，論理性の発達という観点から分析を行った。論理性をとらえる際の規準としては，主張（claim），事実・データ（data），理由づけ（warrant），裏づけ（backing），限定（qualifier），反証（rebuttal）の六つの要素から構成されるトゥールミンの議論モデルを用いた。

第6章　中学校段階における協同的過程による説明的文章の推論的読みの形成

　探索的会話が成立していた中学校の1年生と2年生の各1グループの話し合いには，トゥールミンのモデルのほとんどの要素が見られた。しかし，それは一人の話し手が論証的な要素を全て備えた発話を行うというものではなく，話し合いの過程において，お互いが発言を補い合う形で，全体として論証の各要素が出現するというものであった。

　また，こうした協同的な論証が成立していく過程には，論証モデルの中のいずれかの要素に焦点が当たる局面が見られた。それは次のようなものである。

　　主張を表出する局面…参加者が，主張を述べ合う過程。事実とも理由づけとも区別の付きにくい理由がともなう場合もある。

　　理由を検討する局面…表出された主張の根拠や理由づけを述べ合ったり求めたりした上で，それらの妥当性を検討し合う過程。裏づけまで検討されることは少ない。

　　反証を想定する局面…出された主張に対し，反論を述べたり，主張が妥当性や有効性を持つ範囲や可能性の限界について検討する過程。主張が成立しない条件を述べるなどして反論することに終始する場合もある。

　　主張を統合する局面…いくつか出された主張の中から最も説得力や妥当性の高いものを選んだり，主張を統合したりすることで，結論へと導く過程。失敗する場合もある。

　中2のグループの探索的話し合いを論証という観点から分析したところ，次のようなことがとらえられた。まず，調査で用いた課題による話し合い過程では，話し合いの参加者個人が他の参加者に向けて論証を十分に行うということは見られなかった。むしろ，一人一人の発話は，論証という点から見れば，主張を述べていたり，反証を述べていたり，応答する中で理由づけを述べていたりと，要素的なものであった。しかし，話し合い過程の全体あるいは発話同士の関係をとらえると，ある主張の論証が成立しているというものであり，話し合いは協同的な論証の過程としてとらえられた。

　一方で，話し合いは，論理的な要素によってのみ成り立っているわけではなかった。主張の対立が参加者同士の情緒的な対立関係を生じさせても

285

いた。その対立を乗り越える原因には，二つの共感があった。一つは，共有された事実を根拠とする際の論理的な共感である。それは，「理由を検討する局面」において「国際連合でもやってるやん」といった事実の指摘の際に見られた。もう一つは，よりよい解決方法へと向かおうとする情緒的な共感であった。「握手だけでいいか」といった問いかけに対する「そっけないなあ」というつぶやきに見られた。これらの共感が協同的な論証を支えていたのである。

　中学校段階において中学生の論理的思考力は高まる。しかし，探索的な話し合い過程は，論理的思考力を用いて協同的に論証を成立させていく探究的な側面と，その過程において共有可能なものに対してお互いに共感を抱く調整的な側面との両面によって成立するものと考えられた。

第3項　説明的文章の読みの授業仮説の設定

1　推論的読みにおける解釈と協同的論証としての話し合い

　以上のように，中学生における小グループの話し合いの過程は，個人が完全な論証を出し合って互いに検証する場というより，構成メンバーが，話し合いの過程において，仮説の提示，根拠の提示，理由づけの創出，反証による検証といった役割をそのときどきに入れ替わり果たし合う協同的な論証の過程であるととらえられた。この過程を推論的読みの学力モデルに対応させながらモデル化すると図6－1のようになると考えられる。

　協同的な説明的文章の読みの過程における，筆者による対象の説明や主張の論証に対する読み手による理解は，重なり合う三層の過程をとる。一層目は，筆者の推論の過程をたどる過程である。筆者自身が，推論の妥当性について，反対の見方を示したり，導出を行ったりしている。それらについて，意味を想起し，状況モデルを形成しながら，意味を理解する。また，その妥当性をモニタリングする。個人においては，こうした再認的な読みになりがちである。「これどういうことかな？」「あれっ，おかしいな」という疑問が生じると，二層目の推論に移行する。

286

第6章　中学校段階における協同的過程による説明的文章の推論的読みの形成

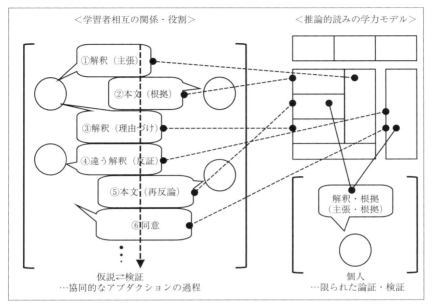

【図6-1】協同的過程における意見の表出と協同的推論

　二層目は，筆者の論証において，意味がとらえにくい部分や暗黙となっている部分について，読み手が推論的に解釈する過程である。「これはどういう意味か？」「この根拠（事例やデータ）から，この主張が導かれるか？」「導かれるとすれば，どういう前提が必要か？」といった問いを立てながら，推論を行い解釈を導くとともに，その妥当性をモニタリングする。「このような前提を補うと筋が通る」となれば推論的な読みに，「この条件では成り立たない」「補う前提が多すぎる」となれば批判的な読みとなる。さまざまな観点から検討し，想起する仮説，検証すべき解釈も複数となる。したがって，協同的な過程が必要である。

　三層目は，筆者の論証過程やそこで用いられている表現やレトリックを評価する過程である。「この表現は根拠を客観的に伝える」「この主張の表現は含みがあって効果的だ／曖昧だ」「賛成だ／反対だ」といった評価的な読みが行われる。同じ表現を対象として肯定的評価，否定的評価の両面が

287

成り立つため，集団で検討するのがよいと思われる。

2 協同的過程を取り入れた授業仮説の設定

　授業全体としては，個人の読みの過程，小グループによる学習者主導の協同的過程と，クラス全体による教師主導の協同的過程からなる授業過程は次のようなものとなるだろう。

　まず，個人の読みにおける疑問や解釈を想起することがベースとなる。個人が疑問や解釈を自由に想起することを求める課題と，共通して設定される課題とがある（学習課題）。説明的文章の読みにおいては，根拠となる事実的事象の説明から，現実的な世界に向けての主張に移行する部分について，学習課題を設定すべきであると考える。

　次に，小集団になったときに，自分とは異なる疑問を抱く他者に出会ったり，同じ疑問からも異なる解釈が生じたりする現実から，自己の読みへの反省的思考や，他者の読みへの共感，批判が起きる。また，それらを媒介に新しい解釈が生み出される。そして，それらの検討を通して，最適な解釈を選択しようとする。ここでは，複数の解釈が出されることが重要である。説明的文章における推論の妥当性は，複数の可能な仮説的解釈の中から最適なものを選択することによって妥当性が確かめられる場合が多いからである。次に，小集団において学習者に，責任を持って何らかの合意を形成させることが重要と考える。最終的に複数の解釈が認められることになっても，学習者が責任を持って解釈の最適性を求めることが重要と考えるからである。そして，全体の過程において，解釈の広がりや妥当性の規準が確認される。

　さらに，授業において提示する推論的読みを行わせる話し合い課題のあり方についても，図6−2のように類型化を行った。情報の明示性（明示的な情報を問うか，非明示的な情報を問うか），読みの客観性（論理的な関係を問うか，論理的な関係の評価を問うか）の二軸を設定し，具体的な問いは，筆者と読み手（わたし），他の学習者（○○さん）の三者の関係性において設定するものとした。

第6章　中学校段階における協同的過程による説明的文章の推論的読みの形成

　ここで問題とするのは共通して設定される課題である。まず，1のような明示的な情報を問う課題の場合，先に「協同的論証」と定義した過程や機能を持つ協同的過程は成立しにくい。わからないことがわかる，わかったことが確認できるといった互恵的な学習が成立することになる場合が多い。2の場合も，そうである。文章に示された筆者の主張に対する評価を問い，話し合いを行わせると，自分の主張や価値と，筆者の主張はどれだけ一致するかという形で各自の判断を述べ合うといった結果になりやすい。それでは，筆者の結論のみを問題としていて，結論が導かれる論理すなわち根拠や理由づけの有無や導出の妥当性を検討することにはならない。

　協同的論証の機能を果たす話し合いを行わせるためには，非明示的な情報について問う3や4の学習課題がよいと思われる。ただし，もともと文章にはないもの，暗黙のものを意識的に問うことは難しい。3においては，納得する人としない人の違いを探究する課題にすると，筆者の暗黙の前提

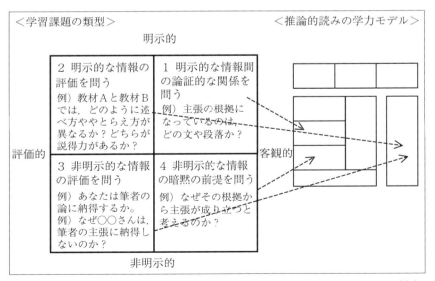

【図6-2】推論的読みの形成のための学習課題の類型と形成的学力モデルの対応

289

や読み手が補って考えた推論の違いが問題になる。4では，直接的に，筆者の暗黙の前提を問う探究的な課題となる。

　以上のような授業仮説について，次節で観察を行った授業の授業者と協議を行い，授業過程を検討した。

第2節　小グループの話し合いによる説明的文章の推論的読みの形成過程の分析――授業観察1と授業観察2を通して――

第1項　論証の批判的理解
――授業観察1における協同的な論証理解の過程――

1　中学校説明的文章教材における論証の構造と理解

　授業観察1の授業実践において扱われた説明的文章教材である河合雅雄稿「若者が文化を創造する」（中学2年・学校図書）については，前章までに何度か取り上げたが，ここでは，次の三つの観点から改めて分析を行う。

・どのような明示的な論証構造を備えているか（明示的読み）

・欠落した要素，不十分な点はないか（批判的読み）

・どのような要素を補えば十分な論証となるか（推論的読み）

　この教材は，動物生態学者の筆者が，サルの食文化に関する創出・分有・伝承の説明から，人間における相互理解の可能性，若者の創造性について主張を行う文章である。本論部において，宮崎県幸島のサルの新しい食文化，海に入るといった文化的行動について，若いサルによる創出・分有・伝承の過程と，年老いたリーダーのサルたちとの断絶について説明がなされた後，結論部において，次のように主張が述べられる（⑳～㉒，④は形式段落の通し番号）。

　　⑳　岩の上のリーダーと海の中の若いサルたちの構図から，人間社会での大人と子供の関係について，いくつかの教訓を得ることができる。つまり，この構図は，そっくりサルを人間に置き換えることができるというこ

第6章　中学校段階における協同的過程による説明的文章の推論的読みの形成

とだ。年がいくと保守的になり，若い者の行動型や思考様式が理解でき
なくなる。そして，若者との間に価値観の上で大きなギャップができ，お
互いに相手の行動を非難し合うようになってしまう。こうなると，もは
や水と油の関係になり，相互の疎外感を深めるだけである。

㉑　サルたちの間では，このギャップはどうしようもなく，埋め合わすこと
ができない性質のものだ。だが，人間はそうあってはならないし，ギャッ
プを埋めて相互理解の土俵を築くことができるはずである。年がいって
も，柔軟な思考と深い理解を持つことができるのが，人間の特性である。
それができず，保守頑迷であれば，その人の頭脳はサル並みのレベルにと
どまっているというべきであろう。

㉒　もう一つは，すでに述べてきたことだが，いたずらに危険を恐れていて
は，新しい発見や地平を開くことができないということだ。冒険心こそ
若者の特権である。

　終末の二つの段落でそれぞれ述べられた筆者の主張の論証構造は次のよ
うにとらえることができる（本文に明示されていない，稿者が補った情報は括
弧に入れて示す。以下同じ）。

　㉑段落における論証

　　根拠：若いサルと年寄りのサルは新しい文化的行動の分有において対
　　　　　立している。

　　論拠：人間はサルより高度な動物だ（サル並みのレベルでとどまっては
　　　　　ならない）。

　　主張：人間は対立のギャップを埋め相互理解の土俵を築くことができる。

　㉒段落における論証

　　根拠：新しい文化は若いサルが創出した。

　　論拠：（文化の創出において）人間とサルは似ている。

　　主張：若者の冒険心が新しい発見や地平を開く。

　このように筆者の論証をとらえると，二つの主張を支える論拠には矛盾
が生じることになる。専門家である筆者は，サルと人間の関係についてそ
のような理論しか有していないのか。そう思って論拠を探す範囲を文章の
全体に広げると，次の段落が目に留まる。

291

④　下等な動物は生得的なものによって行動が支配されていくが，高等に
　なるに従って，外界への適応の幅が大きくなり，個体の行動に変化が見ら
　れる。つまり，学習によって行動の自由度が大きくなる。その中で，個体
　が創り出す行動がある。創出された行動，それが文化の母体になる。

　ここで「下等な動物」とは，サルを指してはいない。サルと人間を下等
か高等かというように二分するのではなく，両者の関係を「高等になるに
従って，外界への適応の幅が大きくなり，個体の行動に変化が見られる」
ものと見なせば，二つの主張は矛盾する論拠に支えられたものではなくな
る。それを論証形式にしたがって表せば次のようになる。
　㉑・㉒段落における論証
　　　根拠：若いサルが創出した食文化は，年寄りのサルに分有されない。
　　　論拠：「高等になるに従って，外界への適応の幅が大きくなり，個体の
　　　　　　行動に変化が見られる。」
　　　主張：若者が文化を創造するという創出の部分ではサルも人間も同じ
　　　　　　だが，人間は相互理解の土俵を築くことができる。
　ここからは，批判的な読みが推論的な読みを導く過程，あるいは批判的
な読みから推論的な読みへの志向の転換の過程を取り出すことができる。

2　小グループの話し合いにおける論証理解の協同性

　では，教室における現実の読み手である学習者は，説明的文章の論証を
どのようにとらえ，批判的に，あるいは推論的に読むのか。ここでは，宮
本浩治（実践時広島大学附属中・高等学校教諭）が，2008年2月に同校中学
2年生を対象に行った「若者が文化を創造する」の授業における学習者の
話し合い過程を分析する[8]。

　宮本は，筆者の論証に関する話し合いを行わせるまでに，次のような授
業過程をたどっている。第1時では，初読後「筆者の主張に納得するか」
という課題でB6判のカードに短い作文を書かせた（クラス全体で，納得す
るが4分の3，しないが4分の1）。第2時では，そのうちの何枚かを集めて
プリントにしたものを配付し，黙読させた（プリントにおける納得する・し

第6章　中学校段階における協同的過程による説明的文章の推論的読みの形成

ないの割合は約半々）。そして，筆者による文化の定義および文化の形成過程を確認した後，プリントの中の「納得しない」とした学習者の短作文を軸に，次のような問いによって，話し合いによる読みの課題を提示した。

　　Q：筆者の主張に納得しない人はなぜ納得しないのか。

　これは，終末部の本文の矛盾，筆者と読者の関係について，学習者同士の協同的な行為を通して考えさせることをねらいとするものである。この課題について，4〜6人の小グループで話し合いを行わせた。稿者は全グループの話し合いを録音し，文字に起こした。ここではある班の話し合い過程を分析・考察する（mは男子，fは女子を示す）。

〈スクリプト1〉

　　m1：え，納得できないっていうんはさ。じゃけえ，若い人らが文化を創ったんじゃ。

　　f2：あの四角で囲んである図〔稿者注：板書のこと〕に，納得できない。

　　m1：ああ，そういうこと。はい。

　　f1：その，書いてあるやつで，みんな，だいたい同じようなこと言いよるけど。あの，何かいね。あの，若者がやっとるのは文化じゃなくて流行で。

　　f2：若者が文化を創造するって。若者だけで。

　　f1：じゃないよ。だから，保守的に。あの，何。年取った人の保守的な思想も一緒に，それも協力して文化ってなっていくっていうのを書いてあるよね。みんな同じようなんで統一して。

　　f2：年寄りを置き去りにして。

　　f3：置き去りじゃないよ。ふふふ。

　　f1：かわいそう，それ。

　　f2：んー。意見というか。納得できない。

　　f1：矛盾なんじゃない。矛盾なんじゃけど。

　　f2：うん。どことどこが？

　　f1：矛盾でもないんだけど。

　スクリプト1は，文化に対する自分たちの考えと筆者の考えとの対立点を確認する過程である。f1は，「若者がやっとるのは文化じゃなくて流行で。」と，人間の若者の行動を「流行」と定義する。さらに，f2の本文を

293

確認する発言を「じゃないよ。」と否定した上で，「年取った人の保守的な思想も一緒に，それも協力して文化ってなっていくっていうのを書いてあるよね。」と，人間の文化形成過程には年を取った人も積極的な役割を果たすという，短作文に示された級友の論と，筆者の論の対立点を見出している。

〈スクリプト2〉

　　　　ｆ1：なんかさ，ここにさ，年がいくと保守的になりって書いてあるじゃんか。

　　　　ｆ2：うん。

　　　　ｆ1：で，ここにさ，えっと，年がいっても柔軟な思考と深い理解を持つことができるのが人間の特性であるとか書いてあるじゃんか。

　　　　ｆ2：あ～。

　　　　ｆ1：どっちなんって感じじゃんか。

　　　　ｆ3：はは。

　　　　ｆ1：で，それができず保守頑迷，ガンメイって読むんかいね。頑迷であれば，その人の頭脳は猿並のレベルで，とかひどいじゃんか。

　　　　ｆ3：ひでー。ひでー。

　　　　ｆ2：ひどいねえ。

　　　　ｆ1：どっちなんって感じやんか。

　　　　ｆ2：あーだから，そうよね。猿をそっくり人間に置き換えることができてないよね。

　　　　ｆ1：そうそうそう。

　　　　ｆ3：置き換えるのに失敗してるよね。なんか。

　　　　ｍ1：辛口チェックみたいな。

　　　　ｆ3：若者が文化を創造してるってところは書いとるけど。

　　　　ｍ1：発言が無駄すぎるって。

　スクリプト2は，本文の中の矛盾を確認する過程である。ｆ1は「ここにさ，年がいくと保守的になりって書いてあるじゃんか。」「ここにさ，えっと，年がいっても柔軟な思考と深い理解を持つことができるのが人間の特性であるとか書いてあるじゃんか。」「どっちなんって感じじゃんか。」という一連の発言により，矛盾を指摘する。まわりのｆ2，ｆ3はそれに

294

同意している。

〈スクプト3〉

　　T：どないなっとる，話し合い。

　　m1：今ね。なんか。

　　f1：ここに保守的になりって書いてあって，こっちで，なんか柔軟な思考
　　　　や理解を持つことができるのが人間の特性で，それができず保守的で
　　　　あれば，その人の頭脳は猿並を持っているとか，なんかどっちなんみ
　　　　たいな。

　　T：で，これがあるからなんや。

　　f1：いや，なんかどっちなんみたいな。えー。

　　T：ハハハ。なんで，ここをとらえたときに納得できないっていうふうに
　　　　言ってるんだろうかって考えたらどうなる。筆者は，何しとるんや，こ
　　　　こで。

　　m1：え，じゃ例にしちゃだめなんじゃないん。

　　T：そこに対して疑問を抱いたかもしれんじゃろ。じゃあ，なんで筆者は
　　　　置き換えたんかな。

　　f2：感情を無視して。

　　T：え？感情を無視して？

　　f2：え，だって，人間ってさ，気持ちがあるじゃん。

　　f1：昔猿だってこと。おっ，きたんじゃない。

　　T：はい，よく話し合ってごらん。

　　f1：進化したってことだよね。

　　f2：そう，進化した。

　　f1：人間は進化したんだよって。

　　f2：進化した時点で置き換えちゃだめだよね。

　　f1：そうそうそう。っていうのが大事よね。

　　f2：そうよね。大事よね。

　　f1：ってかなんか，同盟が組めそう。進化同盟みたいな。

　　f2：そうなんよ。これ書いとけばさあ。

　　m1：じゃけ，要するにたとえが間違ってるってこと。たとえるものが。

　　f1：そうそうそうそうそう。

　　f3：なんか言ってることが全部でごちゃごちゃになっとる。

　　f2：うん。

　　f1：ごちゃごちゃなんだって。

ｆ２：だって，柔軟な思考と深い理解を持つことができたから，こう人間が
　　　　　　猿よりえらくなったのに。
　　　ｆ３：同じことになっとるよ。

　スクリプト３は，先の過程で確認した矛盾がなぜ認められないものなの
かを説明する過程である。机間巡視で訪れた教師の問いを受け，ここでも
ｆ１がリードする。彼女の「人間は進化した」という発言により，人間と
サルとの関係を確定する。ｆ２はそれを受け，「進化した時点で置き換え
ちゃだめだよね。」と筆者の論の運びの問題点を指摘する。ところが，ｆ１
は，さらに「同盟が組めそう。進化同盟みたいな。」と感覚的なことばに
よって，サルと人間の類似性を見出している。

〈スクリプト４〉

　　　ｆ２：矛盾してはないんじゃないん。あ，でも。
　　　ｆ１：矛盾ではないんじゃけどね。
　　　ｆ３：矛盾ではないんじゃけど。
　　　ｆ２：だって，猿たちの間では埋め合わすことができない性質だけど，人間
　　　　　　はそうであってはならないし。あーわからん。
　　　ｆ３：だからなんか。
　　　ｆ１：矛盾とまではいかないよね。
　　　ｆ３：うん，そうだよね。若者が考え出したものは，老人がなんか受け入れ
　　　　　　てどうこうするみたいな。
　　　ｆ３：若者派なんじゃない。顔はどうか知らんけど。
　　　ｆ２：筆者若者派じゃん。

　スクリプト４は，矛盾ととらえた二つの主張の論拠をつなごうとする過
程である。ｆ２の発話「矛盾してはないんじゃないん。」に，ｆ１，ｆ３は
ともに呼応するが，その先にたどり着くことはできていない。「矛盾ではな
いんじゃけど。」という直感により，両者を矛盾なくつなぐものを求めよう
としているが，この先は，教師と学習者の協同が必要なようである。

　このように見ると，「なぜ納得しないのか」という話し合い課題は，はじ
め（スクリプト１から２の過程で）批判的な読みを駆動させるのに十分な働
きをする。ところが，スクリプト３の過程では，「進化」という枠組みを形

296

成することで，矛盾の統合に向かう。批判的な読みは，推論的な読みへの志向を生み出しているのである。そうした読みの志向の転換は，この場合結論を見出してはいない。そこに至るには教師の支援を必要とするようである。

　他のグループの話し合いでも，批判的な読みは成立していた。しかし，そこから推論的な読みへの転換が起こっていたのは本グループにおいてのみである。読みの志向性の転換という点においても，教授・学習過程が必要であると考えられる。

　以上，説明的文章教材の論証構造および協同的な読みの過程の分析の観点を提示し，現実の学習者の小グループによる話し合い過程の分析考察を行った。その結果，次のことが成果として得られた。

- ・説明的文章教材の論証における明示的な根拠と暗黙的な理由づけとの関係をとらえようとする推論に，読みの生産性が発揮されるという構造が明らかとなったこと。
- ・現実的な読みの授業において，批判的な読みが生産的な論証理解の駆動力として有効に働き得ること。
- ・現実的な学習者の読みにも，批判的な読みから推論的な読みへの志向の転換が見出され，それが協同的な過程として実現していることがとらえられたこと。

第2項　論証の推論的理解
——授業観察2における協同的な論証理解の過程——

1　説明的文章教材の論証理解における仮説的推論
(1)　説明的文章教材の論証理解における課題
　小・中学校の国語教科書に採録された説明的文章教材については，「中学校では事実や出来事を意見を交えずに記述した説明文の学習によって，まずある事柄や事実を理解する基礎を固める」[9] という指摘があるように，事実の説明に重きが置かれ，説明的文章教材の論証は，規範的な観点から

297

見れば，欠落した要素のある不十分なものが多いと言わざるを得ない。

とは言え，規範への適合性という点では，自然科学的な内容について「仮説－検証」型の文章展開で書かれた教材は，文章全体が論証的な構造をなしている。また，科学的な事実を説明した文章では，論証を用いた説明が行われている場合が多い。それは自然科学における研究方法および科学的説明の方法が論証モデルと一致するからである。だが，そこでも，論証的な関係が理解しやすいように表現されているかと言えば必ずしもそうではない。明示的に示されていても離れて配置されていることもあり，文章に示された情報を論証的な関係で結ぶこと（橋渡し推論）の難しさがある。論証理解の課題の一つはここにある。

一方の，規範的とは言えない説明的文章教材における論証理解の課題は何か。光野は，トゥールミンのモデルを用いて教科書教材を分析し，次のような指摘を行っている[10]。

> 教科書教材として掲載されている説明的文章を「報告」か「論説」かで分類し整理した結果，「報告」の文章が小学校低学年から中学校にかけて，「論説」の文章が小学校高学年以上に多く掲載されていることがわかった。さらに，「論説」の文章においては，小学校高学年から中学校にかけては，日常言語の特色である「理由づけ」が省略されているものが多いといった特色も分かった。

中には，「理由づけ」が常識に支えられていて言明する必要のないもの，自動的な処理に任せた方がよいものもあるが，理由づけを補うことで理解の深まる教材もある。省略された理由づけを補うことは教授方略として提案されてもきた[11]。論証理解の課題のもう一つはこの点に設定される。

(2)「寂しい時代と聴く力」における論証理解

このような論証理解の二つの課題について，中学校国語教科書に採録された説明的文章教材，鷲田清一稿「寂しい時代と聴く力」（学校図書・中学3年・2005年文部科学省検定済み）に基づいて考えてみる。本教材は，「聴く」ことの主体性について，近代における主体のあり方の問題から論じて

第6章　中学校段階における協同的過程による説明的文章の推論的読みの形成

いて批評性があり，高校段階での評論との連続性を考えることも可能である。書誌的に見ると，講演記録を基にして同名のタイトルで雑誌に掲載されたもので[12]，「話すこと・聞くこと」について意識させる言語教材と位置づけることもできるが，論証の理解という面においても，興味深い読みの課題が見出される。

　この教材の構成は次のようにとらえられる（①〜⑰は形式段落の通し番号）。

Ⅰ　①〜⑧　問題設定…現代におけるコミュニケーション疎外の問題と原因。

Ⅱ　⑨〜⑪　問題解決…赤ちゃんに対する大人の関心の持ち方の中に，相手に対して能動的になることの本来的なあり方を「一つの答え」として見出す。

Ⅲ　⑫〜⑰　展開…他者の話を聞く状況での他者への関心の向け方の心構え。

　Ⅰでは，携帯電話の「ワン切り」や恋愛などの例から，「自分を心の，あるいは意識のあて先にしてくれるような他人」（⑦段落）に，「自分の存在が依存してしまう」（⑧段落）ことを近代人の抱える問題として提起する。そして，Ⅱでその「一つの答え」（⑨段落）を田口ランディのエッセイの中の次のような事例に見出し，問題解決の糸口とする。

⑩　──赤ちゃんはとにかく生きようとしてる。その力はすごい。赤ちゃんはギャーギャー泣いて，お乳欲しがって，ウバウバ飲んで，寝て，うんこして，命綱のお母さんの顔を懸命に覚えて，とにかく必死で生きようとしている。その生きようとする力に大人はぼう然とさせられる。感動させられてしまう。てのひらに入るような小さな存在なのに，そして世話を受けないと二十四時間要介護ですぐ死んでしまう，そんなちっぽけな存在なのに，赤ちゃんは，ただ生きるということ，ただ存在するということだけのために，こんなに必死になれる。その姿が，弱いものをいっぱい抱え込んだ大人たちの世界を明るくした。生きる力を与えてくれた。──

⑪　ランディさんの友達は，受け身ではなくて，逆に自分が他人に関心を持つことで生きる力を得るということが人にはあるのだと言っている。普

299

通は，わたしの自由が奪われているとか，この子がいなかったらわたしは
もっと自分の時間があるのにとか，ネガティブにそのことをとらえるの
ですが，ランディさんの友達は，人は他人に関心を持つことで，実はそこ
からある力を得るということがあるのだということを教えてくれたので
す。

　ここで，赤ちゃんと大人の例がどのような意味で「答え」になっている
のかということは，⑪段落の「人は他人に関心を持つことで，実はそこか
らある力を得るということがあるのだ」ということをそのまま受け入れれ
ば理解可能なようにも思われ，表層的には，次のような論証関係がとらえ
られる。

　事実・データ…大人は赤ちゃんの世話をすることで生きる力を得る（⑩
　　段落）。

　主張…人は受け身ではなく，他人に関心を持つことで生きる力を得るこ
　　とがある（⑪段落）。

　しかし，Ⅰでの問題設定に立ち返って，この場合も大人は赤ちゃんとい
う他者に依存して自己存在を確認しているのではないかと疑うと，理解は
十分ではなくなる。この部分の理解は次のような推論の階層性を持って進
行するものと思われる。

　1）大人が赤ちゃんの世話をすることは，⑪段落「自分が他人に関心を持
　　つことで生きる力を得る」ことの例である。

　2）大人が赤ちゃんに関心を持つことで力を得るのは，他者に依存した自
　　己のあり方ではないか。

　3）赤ちゃんは，世話をする大人に関心を示しているわけではなくただ泣
　　くだけである。したがって，「自分を心の，あるいは意識のあて先にし
　　てくれるような他人」（⑦段落）ではない。

　4）そうした他者である赤ちゃんに大人は関心を持つのだから，ここでの
　　大人は受け身ではなく積極的な自己のあり方の例である。

　5）だから，赤ちゃんと大人の例は，Ⅰでの問題設定に対する「一つの答
　　え」である。

第6章 中学校段階における協同的過程による説明的文章の推論的読みの形成

　1）は，Ⅰの隣接する⑩・⑪段落間の橋渡し推論によって成立する理解である。次の2）は，Ⅰの⑧段落に基づいた反証である。3）および4）は，Ⅰの⑦段落に遡って，⑩で描かれた赤ちゃんの存在とそれに対する大人主体のあり方について精緻化推論を行ったものである。2）から4）をふまえて，5）でより確かな理解が成立する。

　授業においては，1）の水準から2）へ，そして3）〜5）へと学習者を導きたいが，それはどのようにして可能か。上の過程では，とりわけ2）と3）の過程が重要である。この過程に至るには，Ⅰにおける「ワン切り」の例と，Ⅱにおける赤ちゃんの例との違いを説明する必要がある。二つの例を比べることで，「ワン切り」の例では，着信の痕跡を他人が自分を意識のあて先にしてくれたことの記しとして受けとめることで自己存在を確かめているのに対し，赤ちゃんの例では，赤ちゃんはただ必死に生きているだけの他者であり，意識を自分（大人）に向けてくれるような存在ではないことが理解される。ここで，二つの例における自己と他者の関係の違いを明確にするのは，⑦段落の「自分を心の，あるいは意識のあて先にしてくれるような他人」という表現である。これを枠組みとして，二つの例における自己と他者の関係の違いを説明する仮説（理由づけ）を形成することで，赤ちゃんと大人の例が「一つの答え」であることが理解できるのである（原典でもこのことは明示的に述べられていない）。論証モデルに沿って言えば，こうした推論によって，先の事実・データと主張を結ぶ次のような理由づけが補われる。

　　理由づけ…自分を意識のあて先にしてくれるような他人に関心を持つことが積極的な自己のあり方である。赤ちゃんはただ生きることに必死な存在であり，大人にとって自分を意識のあて先にしてくれるような他者ではない。

（3）論証理解における仮説的推論

　こうした読み手による理由づけの推論は，どのような性質のものであるのか。それは，「仮説的推論（アブダクション）」として特徴づけられるもの

301

と考えられる。佐藤佐敏は，これを文学作品を事例とした文章の解釈および授業論に援用しているが[13]，本研究では，説明的文章の論証理解の過程を説明する枠組みとしてとらえ直したい。

　仮説的推論は，パース（Peirce, C. S.）が演繹的推論，帰納的推論の他に重要な科学的な推論の方法として唱えたもので，次のような推論形式をとる[14]。

　　驚くべき事実Ｃが観察される。
　　しかしもしＨが真であれば，Ｃは当然の事柄であろう。
　　よって，Ｈが真であると考えるべき理由がある。

　本教材の読みにおける仮説的推論は，書き手と読み手の二つの相において想定される。まず書き手は「驚くべき事実」として赤ちゃんの例を発見し，それをもとに主張を述べているが，記述としては「仮説」が十分明示化されていない。それを補うのが，読み手による推論である。読み手は，事例と主張を表層的に受け取ることも可能であるが，より確証を抱いて理解するためには，事例を説明する仮説を本文全体を参照して再構成する必要があるのである。

　ところで，米盛裕二は，仮説的推論における仮説の形成過程について次のように述べる[15]。

　　　いいかえると，パースはアブダクションによる仮説形成は二つの段階を踏まえて行われると考えているのです。つまりアブダクションは最初にいろいろな仮説を思いつく示唆的（洞察的）段階とそれらの仮説について検討し，そのなかからもっとも正しいと思われる仮説を選ぶ（あるいは，それらの仮説の他にもっと適切な仮説がないかどうかを考える）熟考的な推論の段階からなっています。

　これまで見たように，読み手は，読みの過程においてさまざまな推論を行うが，同時に「現実には読み手は怠惰で最小限の推論しか行いません」[16]とも指摘される。とすれば，国語科授業での読みにおいてパースの言う推論の段階的な過程が成立しやすいのは，協同的な過程（話し合い）を通してではないだろうか。では，それはどのように成立するのか。

第6章　中学校段階における協同的過程による説明的文章の推論的読みの形成

2　協同的な過程における論証理解と仮説的推論

(1) 授業の概要

　ここでは，授業観察2として，上述の問題に対して，「寂しい時代と聴く力」を扱った読みの授業における少人数のグループによる話し合い過程を分析することで，論証理解における仮説的推論の過程がどのようなものであるのかを明らかにする。対象とするのは，前項と同じく宮本浩治が，2008年5月に広島大学附属中学校3年生に対して行った授業で得られた談話資料である [17]。授業構想の段階で，授業者と上記のような教材の論証構造について検討を行い，ⅠとⅡの間の飛躍を補うことを話し合いの課題とすることと，おおまかな授業展開を定めた。授業は全4時間で，次のように展開した。

　第1時：通読後，カードに感想等を記述させる。

　第2時：Ⅰでの「寂しい時代」の示す内容と問題設定を読み取らせた後，
　　　　　Ⅱでの赤ちゃんの例がなぜ「一つの答え」になるのかという課題で小
　　　　　グループによる話し合い（1回目）を行わせる。

　第3時：前時の話し合いの結果をまとめさせ（2回目），発表させるとと
　　　　　もに理解を確認する。ⅡとⅢがどのようにつながるかをグループで話
　　　　　し合わせ（3回目），Ⅰ～Ⅲの関係を理解する。

　第4時：「聴く」の用字に込められた意味から，Ⅰ，Ⅱ，Ⅲのつながりを
　　　　　とらえさせた上で，現代における「聴く」ことの状況を考えさせる。

　赤ちゃんの例に関わる話し合いは第2時（約8分）と第3時（約5分）の計2回であるが，2回目は1回目のまとめを行ったもので両者は連続的である。話し合いは，3名～5名の7つのグループで，次のような課題で行われた。

　　　話し合い課題：なぜ赤ちゃんと大人の例が「一つの答え」になるのか。

　以下に具体的に分析・考察を行うのは，第3時に行われた2回目の話し合いを録音し，文字に起こした資料についてである。なお，論証理解に関して仮説的推論が十分に行われるためには，授業過程における教師の教授行為が重要な意味を持つが，本稿では，学習者が行う仮説的推論に焦点化

303

して問題設定しているため，授業過程についての考察は行わない。

（2）協同的な過程における仮説的推論のあり方
　上記課題に対する各グループの話し合い結果を分類すると次のように
なった。
　　a　赤ちゃんの生きることへの必死さが大人が積極的に生きる上での見
　　本となるとしたグループ…4例
　　b　子を持つことで大人は他人に関心を持つことができるようになると
　　したグループ…1例
　　c　Ⅰにおける赤ちゃんに関わることは「意識のあて先にしてくれるよ
　　うな他人」を求めることとは違うとしたグループ…1例
　　d　話し合いの不成立…1例
　これらのうち，aとbは，Ⅱにおける赤ちゃんに焦点化し，学習者の持
つ経験や信念をもとに生み出された推論であり，cは教材のⅠの部分をも
とに生み出されたものとなっている。ここでは，aから1グループ（5班），
cから1グループ（4班）についてそれぞれ談話資料を引用し，分析・考察
を行う（mは男子，fは女子を示す）。
　まず，5班の話し合いは次のようであった（5班2回目の話し合い過程の一
部）。
〈スクリプト5〉
　　m1：関心ていうかさぁ，赤ちゃんてさぁ，関心ていうん？　大人からみた
　　ら？ 1)
　　m3：生きる力。
　　m2：そんなこと考えずにさぁ，生きるか死ぬかどっちかしろってことよ。
　　m1：だけ，そういうことをする，赤ん坊に関心を持っている大人がいいん
　　じゃないっていう。
　　m2：生きるか死ぬか，で，生きている人に関心を持とうよってこと。
　　m3：結局関心持てっていうことを言いたいんだろ。
　　m1：そう。
　　m3：なんに関心を持つん？

第 6 章　中学校段階における協同的過程による説明的文章の推論的読みの形成

ｍ１：赤ん坊。

ｍ３：他人って誰？

ｍ１：だけ，大人から見た赤ん坊じゃないん。

ｍ２：違う違う。赤ん坊，他人，他人違う。

ｍ１：他人，自分が大人で，赤ん坊が他人。赤ん坊が生きるために頑張る
　　　けぇ，すげぇって。じゃけぇ，生きる力。2)

ｍ３：自分の居場所は別に見つかってないじゃん。3)

ｍ１：こいつを守ってやらなきゃいけないっていう。

ｍ３：何かに一生懸命になれば忘れられるよってこと？4)

ｍ１：うばうば，寝る。やり方わかんねぇよ。

ｍ２：いや，だけぇさぁ，生きることに必死になってる人のやつとかじゃな
　　　いん？5)

ｍ３：でも，それって別にあれじゃん。居場所見つかってないやん。6)

ｍ２：必死に生きようとしている。じゃけ，誰かがおらにゃ死んでしまうっ
　　　て言いよるじゃろ，赤ちゃんが。

ｍ３：赤ちゃんが？

ｍ２：泣きながら。

ｍ３：これ誰になれって言っとん？

ｍ２：赤ちゃん。

　ここでは，下線部１）のｍ１の発話をはじめ，何度か事例における「関
心を持つ」という行為の主体と対象を確認する発話が繰り返される。そう
いう中で，2）においてｍ１は赤ちゃんに焦点化し，「生きるために頑張る
赤ちゃんはすごい」という仮説を立てる。それに対しｍ３は，3）において
Ⅰの⑥段落の文言「居場所」を手がかりにして，ｍ１の仮説ではⅠと赤ちゃ
んの例とのつながりが見出せないことをモニタリングしながら，もう一方
では4）において，そうした仮説の可能性を確かめる。これに，5）でｍ２
も加わり，ｍ１の仮説の補強を試みるが，6）のように，ｍ３はⅠとのつな
がりを見出せないことから，この仮説に合意せず，再度赤ちゃんと大人の
関係の確認へと戻る。この後，ｍ１は同じ仮説をもう一度述べｍ３が疑義
を提示するということを繰り返すが，ｍ３も他の仮説を提示するにはいた
らないまま話し合いを終える。

305

一方，より妥当な理解へと到達したのは４班である。それは次のような話し合い過程においてである（４班２回目の話し合い過程）。

〈スクリプト６〉

　　ｆ１：人に関心を持つってことは人の話を聞くっていうこと？

　　ｆ２：とりあえず関心を持つっていうことがどういうことかってことを赤ちゃんの例で示して，聞くっていうのは関心を持つってことの一つの分野みたいな。

　　<u>ｔ：どこが関心持っとお？　誰が関心持っとお？</u>7)

　　ｆ１：例の中で？

　　ｔ：うん。

　　<u>ｆ１：お母さんが赤ちゃんに。</u>8)

　　ｔ：どういうところから？

　　ｆ１：どういうところから？　生きる力。

　　ｆ２：ん？

　　ｔ：ｍ１，なんで？

　　<u>ｍ１：生きるのに一生懸命で。</u>9)

　　ｔ：それは誰が？

　　ｍ１：赤ちゃんが。

　　ｔ：でも，今，ｆ１は大人が，お母さんが関心を持つって言ったよな。それはなんで？　どういうところから？

　　<u>ｆ２：こういうことに気づいたってこと自体が関心持っとるじゃん。</u>10)

　　ｆ１：一生懸命生きる姿を見とること自体が関心持っとるってこと？

　　ｆ２：一生懸命っていう気持ちを感じ取っとるってことはさあ，それだけで関心なんじゃないん。で，何を言えばいいん？

　　ｆ１：存在理由。正しい存在理由。

　　ｍ１：赤ちゃんイコール…

　　<u>ｆ１：赤ちゃんに関心を持つってことは，人に依存するってことじゃないん。</u>11)

　　ｆ２：うちらこの前の授業でからさあ，賛成の人も反対の人も重要なのかって言ったときに，他人に依存すると，他人を求めると，他人に関心を持つとの違いがあるって考える人は，あれでということで。

　　ｆ１：求めるっていうのと，関心を持つっていうのと…

第 6 章　中学校段階における協同的過程による説明的文章の推論的読みの形成

ｆ２：っていうのが違うって考える人はこの人に賛成するし，いっしょって
　　　考える人は…
ｆ１：違うよね。
ｆ２：違うと思うけど。
ｆ１：電話，ワン切りするようなことと，人の話を聞くってことは別のもの
　　　でしょ。12)
ｆ２：ワン切りするのは，その人に関心があるんじゃなくて，その人の中の
　　　自分に関心があるわけで，これは本当に赤ちゃんに関心がある。13)
ｆ１：ああ。
ｆ２：自分抜きで考えれるのがいいねっていうのが，筆者のいいたいこと
　　　じゃけえ。その結果，自分の意志もわかっとったみたいな感じ…そん
　　　な理想，理想じゃない。
ｍ１：赤ちゃんはいろいろして，自分のことを監視しとるみたいな。

　この班では，下線部 7) で教師が赤ちゃんの例における「関心を持つ」行
為の主体と対象の関係を問い，8) でｆ１がそれを明確にする。9) でｍ１
は赤ちゃんに焦点化するが，教師の手助けもあり，10) でｆ２が大人に再
び焦点を戻す。このあとｆ１は，何度かｆ２の発言を確認しながらも，11)
の「赤ちゃんに関心を持つってことは，人に依存するってことじゃない
ん。」という発言によって，大人が I で問題にされた「依存」に当たるので
はないかというもう一つの仮説を提示する。これに対し，ｆ２は，12) で
I のワン切りの例における関心と赤ちゃんの例における関心のあり方の違
いを説明するに至り，他のメンバーも合意する。

　こうした 5 班と 4 班の話し合いには，共通する過程と異なる過程とが見
られる。共通するのは，次の過程である。
　・赤ちゃんの例で「関心を持つ」行為の動作主と被動作主とを明確にす
　　る過程。
　・赤ちゃんの一生懸命さに焦点化する過程。
　・赤ちゃんへの焦点化を修正し，大人に焦点化する過程。
　5 班は，II の赤ちゃんの例と読み手の知識の中にある信念とを結びつけ
て仮説を形成し提示しているが，他の仮説は提示されなかった。また，I

307

に示された事例や説明に戻る読みが見られなかった。

　一方，5班には見られず，より妥当な推論へと至った4班に見られたのは，次のような過程である。

　　・可能性のある別の仮説を提示する過程。

　　・別の仮説を否定し，より妥当な仮説を提示する過程。

　　・本文のⅠの部分から仮説の前提となる考え方を選び取る過程。

　4班のこうした過程は，Ⅰにおけるワン切りの例とⅡにおける赤ちゃんの例との違いを明確にし，それを説明する仮説を形成し得たことに一つの成因がある。もう一つは，形成する仮説（「その人の中の自分に関心がある」）の前提となる考え方をおそらく文章のⅠの部分に見出していた点である。

　説明的文章の読みにおいて，読み手の既有知識を用いた推論は重要な役割を果たす。しかし，特に論証の理解においては，文章の提示した枠組みを本文の中で参照し，それに沿って仮説的推論を組み立てることが重要となっている。

3　論証理解における協同性の効果

　本項では，説明的文章の読みにおける論証の理解が，話し合いという協同的過程における仮説的推論によって成立するという想定から，実際の話し合いの談話資料を分析・考察した。その結果，学習者が協同的に行う仮説的推論の特徴が明らかになった。

　一つは，仮説を形成する際，本文の特定の箇所や立場への焦点化がなされ，そのありようが仮説の内容を規定していたことである。二つ目に，学習者の形成する仮説には，文章内の事例と既有知識とを結びつけて形成するものと，事例および既有知識と文章内に提示された枠組みとを結びつけて形成するものとが見られたことである。文章の全体的な参照が後者を成立させていた。三つ目に，協同的過程において，反証的な仮説を含め，複数の仮説が形成されることでより妥当性の高い推論へと到達し得たことである。四つ目に，協同的過程においては，学習者相互が他者の形成した仮説に対して，妥当性を批判的に吟味する役割とともに，補強する役割を果

たすことがあり，その両側面が推論の深まりをもたらしていたことである。

第3節　協同的過程を通した説明的文章の推論的読みの形成

第1項　協同的過程を通した説明的文章の推論的読みの授業の展開

　協同的過程を通して推論的読み，なかでも論証における暗黙の前提の理解という推論的読みの学力を形成する授業として，宮本浩治（実践時広島大学附属中・高等学校教諭）が行った中学校の各学年における授業について，継続に観察した。

　　中2：河合雅雄「若者が文化を創造する」（学校図書・中2）　2008年2月
　　中3：鷲田清一「寂しい時代と聴く力」（学校図書・中3）　2008年5月
　　中1：手塚治虫「この小さな地球の上で」（三省堂・中1）および安田喜憲
　　　　　「モアイは語る」（光村図書・中2）　2009年12月

　中1では，多くの学習者が随筆における個人的な経験の説明と，評論における科学的な説明との違いをとらえていた。しかし，両者におけるアナロジーによる推論の共通性についてはとらえられていなかった。

　中2では，筆者の二つの主張を導き出す理由づけの間にある表層的な矛盾について，批判的な理解がなされていた。しかし，表層的な矛盾を統合する真の理由づけについては理解に至っていなかった。

　中3では，筆者の述べる根拠から，主張を導く暗黙の理由づけを補う推論について，自己の経験からの推論は行っていたが，文章の枠組みを用いた推論は一部の学習者にしか見られなかった。

　以上のように，中1から中3にかけて，筆者の述べる推論（根拠と主張）に，暗黙の前提（理由づけ）が存在することがより意識可能になる。しかし，それを学習者が協同的過程において全て意識的に補い，表現することは難しく，教師による支援が必要であった。

第2項　協同的過程を通した説明的文章の推論的読みの形成論

　前節で分析・考察した二つの授業では，学習者は，協同的過程を通して，筆者による論証における暗黙の前提を補って理解することを部分的にではあるが行っていた。そういう点において，協同的過程は，説明的文章の推論的読みの成立に有効に機能していた。このことから，説明的文章の推論的読みの形成に関して次のことが示唆される。

①　説明的文章の推論的読みの明確化

　中学生の個人による読みの実態において，こうした推論的読みが十分経験されていたかと言えば，第4章における学習者への読みの調査の結果は，そのことを示してはいなかった。学習者の個人による読みは，文章の明示的な情報を中心とする場合が多かった（第4章）。本研究では，学力モデルを構想する中で，推論的読みの大まかな種類として，次のものを設定した（第2章）。

　　　A　橋渡し推論によって，明示された命題間の関係を補って理解する過程

　　　B　明示された命題間の関係を論証的な関係としてとらえながら，さらに暗黙の前提を精緻化推論によって補って理解する過程

　さらに，具体的な中学校説明的文章教材の分析からは，B 精緻化推論による推論的読みの類型として，次のものが見出される（第3章第3節）。

　　　a　説明の対象となる事象の状況の細部を補う推論

　　　b　論証の導出における前提を補う推論

　　　c　読み手が問題を設定し解決する推論

　推論的読みの学力は，こうしたいくつか種類の推論から構成されており，推論の特徴を明確にすることは，具体的な教材の学習指導においてどのような推論を行えばよいかということや学習課題の整理など，学力形成を規定する要因を明確にする。

②　国語科教師の学力観における推論的読みの中心化の可能性

310

第6章　中学校段階における協同的過程による説明的文章の推論的読みの形成

　国語科教師の学力観において，推論的読みが中心的なものに位置づけられることの可能性が示唆される。本研究では，文章理解モデルに基づいて読みの学力モデルを構想する中で，説明的文章の推論的読みを「説明的文章の理解において，読み手が自らの既有知識を用いて，暗黙の部分を補いながら，筆者の科学的説明における正当化の過程や価値的主張にむけての論証をたどる読み」（第2章第4節）と定義し，その国語学力として意義を教材分析，学習者の読みの過程の分析を通して論じた。しかし，教師の持つ学力観においては，明示的な情報のうちの骨格的な部分を理解することを読みの学力の中心ととらえる学力観が支配的で，推論的読みを授業で取り上げることを提案しても，それは授業における学習の周辺的な部分に位置づけられるにとどまった（第5章）。その原因として，教師において国語学力観が授業方法と結びついた形で存在することが想定された。

　観察した二つの授業の授業仮説および指導過程については，学習課題，小グループによる話し合い，全体的過程という授業方法として提示した。それは，第5章第3節で検討した1990年代の米国における理解方略の教授や，第1章において検討した2000年代における我が国の理解方略指導の状況をふまえたものでもある。前節で，実際の授業実践を通して，協同的過程によって推論的読みが成立することが示されたが，推論的読みを目標としてだけでなく，授業仮説や実際の授業過程，学習の結果とともに示せば，教師の説明的文章の読みの学力観において周辺に置かれた推論的読みが中心化される契機にもなり得ると思われる。

③　説明的文章の推論的読みの協同的側面の定位

　では，こうした推論的読みは，個人の認知的な能力として学力モデルに位置づければ完結するものかと言えば，そうではない。推論的読みにおける解釈の妥当性は，集団において確かめられるものでもあった。協同的論証について論じた際に述べたように，暗黙の前提の想定には複数の仮説が成り立ち，理解の妥当性はそうしたものの中の最適性において確かめられる。個人において認識され，確定されるものというよりは，社会的に認識され，選択されるというものである。したがって，推論的読みの学力にお

いて，こうした協同的に認識を形成し，妥当性を検証するという側面は不可欠である。もちろん，個人にとどまる場合も多いが，本質的に社会的な側面を持つものと定義する必要があるものと考えられる。それは，検証の局面だけでなく，認識の発見や形成の側面においてもそうである。

④　協同的論証による読むことの総体として推論的読みの学習の成立

　二つの授業は，トゥールミンの論証モデルで言えば，根拠から主張がどのように導出されるのかという理由づけに相当する部分について，学習者が推論を行うことで理解することを学習課題としていた。それは，個人においては，そのことがなぜ問題なのかがすぐには理解できないような課題であるが，小グループによる話し合いという協同的過程において，学習者は課題の意味を理解し，複数の可能な前提（仮説）を補い，お互いに反証を試みることで，根拠と主張とを結びつけるより説得力のある理由づけを導き出していた。その過程は，個人による論証をともなった解釈の承認というものではなく，学習者同士が局面局面で，解釈の提示，反証の提示，部分的な承認といった役割を果たす，協同的な論証の過程であった。解釈の提示は，筆者の提示した事実や事例から主張が成立するとすれば，その間にはどのような説明が必要かというような仮説的推論（アブダクション）によるもので，複数の仮説が提示され，それらの妥当性を検討することでよりよい解釈となっていた。

　このように，説明的文章の「文章の論理」に関する推論的読みは，単に既知の命題から未知の命題を生み出すことではない。個人における過程であっても，また協同的過程を通したものであっても，読みの総体としての経験である。説明的文章の推論的読みの学力形成とは，文章に表された筆者の推論・論証に対する自己および他者による複数の推論の提示とその検証という読みの行為の総体を十分に経験することが基盤となり，そうした行為を発展的，継続的に経験することで成立するものと考えられる。

第6章　中学校段階における協同的過程による説明的文章の推論的読みの形成

注

1）寺井正憲「説明的文章の読解指導における現状——「修辞学的な読み」の指導に関する問題——」『文教大学国文』第18号，1989年3月

2）小田迪夫『説明的文章の授業改革論』明治図書，1986年，p.39

3）井上尚美『言語論理教育への道』文化開発社，1977年，p.35

4）光野公司郎『国際化・情報化社会に対応する国語科教育——論証能力の育成指導を中心として』溪水社，2003年他

5）河野順子『〈対話〉による説明的文章の学習指導』風間書房，2006年

6）間瀬茂夫・守田庸一・松友一雄・田中俊哉「小学生の話し合い能力の発達に関する研究——同一課題による調査を通した考察——」『国語科教育』第62集，2007年，pp.67-74

7）Mercer, N. (1996) The quality of talk in children's collaborative activity in the classroom. *Learning and Instruction*, 4, 359-377. 引用は，松尾剛・富田英司・丸野俊一「対話の場としての教室づくりに関する研究の現状と課題：グラウンド・ルールとリヴォイシングを中心にして」（『教師の"ディスカッション教育"技能の開発と教育支援システム作り』平成14～16年度科研報告書，研究代表者：丸野俊一）から。

8）宮本浩治は，2009年11月開催の第115回全国大学国語教育学会（福岡大会）ラウンド・テーブル「発達をふまえた話し合い学習指導——小学校と中学校とをつなぐ——」で実践報告を行っている。

9）石原千秋『評論入門のための高校入試国語』日本放送出版協会，2005年，p.12

10）光野同注4書，p.60

11）井上尚美『思考力育成への方略』明治図書，1998年，p.92

12）『母の友』2003年3月号，pp.36-45

13）佐藤佐敏「解釈におけるアブダクションの働き——C. S. Peirce の認識論に基づく「読みの授業論」の構築——」『国語科教育』第67集，2009年，pp.27-34

14）米盛裕二『アブダクション』勁草書房，2007年，p.54

15）米盛同上書，p.50

16）甲田直美『文章を理解するとは』スリーエーネットワーク，2009年，p.60

17）両者の共同研究として第116回全国大学国語教育学会において口頭発表を行った（間瀬・宮本浩治「小グループの話し合いにおける説明的文章の推論的読みに関する研究」2009年5月31日，秋田大学）。

結章　説明的文章の読みの学力形成論の展開

第1節　前章までの研究成果の総括

　本研究では，学力形成の中心的な場である授業を構成する四つの軸，すなわち教材である説明的文章（第Ⅰ軸），読み手としての学習者（第Ⅱ軸），読みの授業を設計し実践する教師（第Ⅲ軸），授業における学習者同士の協同的過程（第Ⅳ軸）にしたがって，説明的文章の読みの学力，なかでも推論的読みの学力がどのように形成されるかという問題に取り組んできた。ここでは，第1章から第6章までの研究成果の総括を行う。

（第1章）

　第1章では，第一の研究課題に取り組んだ。学力論争史，説明的文章の読みの学習指導に関する研究，認知心理学における文章理解研究といった先行研究の検討を通して，説明的文章の読みの学力形成論の研究課題を再設定した。

　第1節では，学力論争史から学力形成論の課題を求めた。戦後の学力論争を五つの時期でとらえ，特に第三期および第四期の後の学力概念批判論から，現在の国語学力研究が取り組むべき課題を検討した。学力概念批判は，学力論争が学力既定に終始し混迷する状況に対して向けられ，学力を学習および認知過程としてとらえ直すことを求めた。また，学校知にとどまらず，学習の総体を文化と社会にひらかれた意味あるものとして位置づけるべきことを求めていた。こうした議論をふまえ，国語学力研究は，国語学力を学習者主体における認知的な過程としてとらえ直すとともに，思考力や判断力に関連する高次の能力の学習過程を明らかにする方向へと進む必要があると課題をとらえた。

　第2節では，こうした課題からこれまでの国語学力論の展開をふりかえった上で，説明的文章の読みの学習指導研究の展開から本研究が取り組

315

むべき研究課題を検討した。認識論的な説明的文章の理解を基盤としながら，認知心理学等の研究成果を取り入れ，学習者の認知過程や学習過程，発達に沿って，より高次の読みの学力を把握し，それが他者との関係や協同的な学習の過程の中でどのように形成されるかを実証的に明らかにすることを研究課題ととらえた。

第3節では，本研究を学力モデルに依拠した研究と位置づけた上で，序章で挙げた四つの軸をとらえるための枠組みを先行研究の成果をふまえて，次のようにとらえ直した。

第Ⅰ軸（説明的文章教材）…客体として教科の学力を規定する側面を持つのが理解の対象である説明的文章の文章構造である。したがって，説明的文章の持つ文章構造をどのようなものとしてとらえるか，記述するかということが，学力を規定することになる。しかし一方で，自然言語の特徴がそうであるように，説明的文章は，自立的な意味構造を持つものというよりは，読み手主体が持つ既有知識や推論によって意味が補われることで意味や論理の理解が成立するものである。また，現実世界の事象を扱うということでは共通しながらも，特定の領域を対象としたものではなく，かつて非文学や実用文という名称で呼ばれたこともあったように，いくつかのジャンルの総称である。読み手の知識およびさまざまな領域の知識との関わりが反映するものとして，説明的文章の構造をとらえる必要がある。

第Ⅱ軸（学習者）…学習者は，自己の持つさまざまな水準の知識を用いて思考を行い，文章を推論的に理解する存在であるととらえる。したがって，説明的文章の読みの学力も，新しく獲得される知識や能力のみによって成立するのではなく，そうした学習者の持つ知識や思考力，推論の働きが合わさって成立するものである。また，文章を読む課題状況に応じて，ふさわしい読み方や理解方略を選択的に用いて文章を効果的に理解しようとする存在ととらえる。

第Ⅲ軸（教師）…国語科の教師は，説明的文章の読みの学力について意識的あるいは無意識的に持つ何らかの考え，すなわち学力観を持つ存在である。教師は，自らの持つ学力観に規定されながら授業を実践している。

結章　説明的文章の読みの学力形成論の展開

そうした教師の学力観は，国語教育の歴史や社会において求められる学力像との関係においてとらえられる必要がある。

第Ⅳ軸（協同的過程）…学習者同士の協同的な過程は，個人の思考の結果が表出される場ではない。思考における役割や，また，共同作業を進める上での役割をお互いに果たし合い，他の学習者や自らが他者に発した問いを共有し対話しながら，思考を行い，文章を理解し，推論を行う過程である。

（第2章）

第2章では，第二の研究課題を明らかにするため，先行研究による二つの文章理解モデルを取り上げ検討するとともに，説明的文章における「論理」およびその理解のあり方について，知識哲学，科学哲学，修辞学などを手がかりにして検討することで，形成論的な読みの学力モデルを構築した。

第1節では，説明的文章を読むことの目的と「文章の論理」の理解との関係について検討した。説明的文章の文章構造には，筆者の推論による知識の正当化の過程および結果が論理として反映するため，読み手が文章から知識を妥当なものとして受け取るためには，文章構造に反映した論理に沿って文章を理解することが必要となる。そうした文章理解過程をモデルとして表した読解モデルが，読みの学力の内的な構造を明らかにする形成論的な学力モデルを構築するための基本的枠組みになると位置づけた。

第2節では，文章理解モデルを検討することで，説明的文章の読みの学力の構造をとらえるための枠組みを設定した。ヴァン・ダイクとキンチュによるテキストベースと状況モデルという二種類の表象からなる文章理解モデル，マイヤーによる説明的文章を理解するための構造的方略による文章理解モデルを検討し，文章理解過程において読み手の行う推論を特徴づけた。

第3節では，知識の正当性をもたらす推論や論証について，汎用的な論証，科学的知識の正当化を行う科学的説明，常識を用いた説得や価値について論証を行うレトリックによる論証という三つの観点から検討し，その

317

ことを通して，説明的文章の理解過程において形成される状況モデルを知識空間としてとらえ直した。そうした知識と推論および論証の種類の関係の検討から，説明的文章の理解においては，知識空間の違いと階層性が存在することが想定された。まず，土台となるのは，直接的あるいは間接的に共通して体験可能な生活世界である。次に，因果法則や原理，理論による説明を可能にするのが学問的世界である。さらに，筆者が説明的文章を通して読み手に伝えようとするのは，二つの世界の知識が統合されることでもたらされる統合的世界の実現や更新である。読み手は，説明的文章の読みの過程において，筆者の説明の対象である学問的世界を背景とした知識と，事例として筆者によって引用される生活世界における知識や読み手自身がこの世界において持つ知識や経験とを関連づけながら，状況モデルを形成し，文章を理解するものと考えた。

第4節では，「推論的読み」の規定を行うとともに，社会構成主義的な知識観から，集団過程において読みの学習が行われることの意義を論じた。その上で，国語科授業における説明的文章の推論的読みを分析するための形成論的な学力モデルを構想した。

（第3章）

第3章では，第Ⅰ軸および第三の研究課題に対応し，中学校説明的文章教材について，修辞・論証の理解に焦点を当てた分析を行うことで，現実的な説明的文章教材を類型化するとともに，系統性・段階性を明らかにした。

第1節でこうした観点を設定した後，第2節で，二つの教材について，修辞・論証モデルの分析を行った。一つは，マイヤーが提示した修辞的・論理的関係を分析する方法を用いて文章構造の整合性の分析を，もう一つは，トゥールミンの論証モデルを用いた論証構造の分析を行った。科学的説明とレトリックによる論証とがどのように結合するかが明らかとなった。

第3節では，読み手によるいくつかの推論に注目した教材分析を行った。一つには，説明の対象の状況の推論，二つ目に，筆者の問題解決的な推論・

論証における暗黙の前提の推論，三つ目に読み手が，説明的文章を読む過程において自ら設定した問題を解決する際の推論について，それぞれ文章構造との関連において分析を行った。

第4節では，文章のテーマや内容と論証の方法に注目して，中学校の国語教科書における説明的文章教材について，三年間の段階性や系統性を分析した。中1の説明的文章教材では，帰納法や仮説演繹法といった発見的な推論の方法が文章における論証方法として用いられていた。中2教材では，演繹的な方法で自然の法則を説明しながら，例外に注目することで社会的な主張を行っていた。中3教材では，歴史的な変化の説明から主張を導いていた。歴史的な変化の原因を明らかにし，その重要性に注目することで主張を行っていた。説明の水準としては，中1では現象的な説明，中2では因果法則的な説明，中3では記号論的な説明がなされていた。

（第4章）

第4章では，第Ⅱ軸および第四の研究課題に対応し，学習者の説明的文章の理解過程の実態と，発達段階による理解のあり方の違い，修辞・論証モデル形成のための理解方略の学習可能性について，小学校高学年および中学生に対する調査を通して探究した。

第1節で学習者を対象に行う読みの調査の観点を設定した後，第2節では，中学校2年生を対象として，文章理解過程における読みの目的や教材の文章構造と，読みの行為の種類との関係を明らかにする実態調査を行った。その際，はじめの指示によって与えた一時的な読みの目的や，文章を読む目的に対するメタ認知的知識によって，理解過程における読みの行動が変化するかどうかも確かめた。読みの行為は，一時的な目的の影響より，文章構造との関わりの方が大きいという結果が得られた。

第3節では，まず，中学校2年生を対象とした調査を通して，説明的文章の読みの過程において行う暗黙の推論に対して学習者がどのくらい意識的になれるのかをとらえた。初読時には文章に明示的な情報に意識が向かい，暗黙の推論には意識が向かないが，再読時には意識を向けることが可能なことが明らかとなった。また，小学校高学年（5年生・6年生）と中学

生（1年生・2年生）に対する説明的文章の読みの実態調査を通して，文章理解過程における無意識的な推論と意識的な推論との違いと，発達段階との関係を明らかにした。批判的な読みの構えで読ませるか否かという課題状況の条件の設定の違いが，学年段階の違いと理解の程度に対してどのように影響するかを見ると，中学校段階では批判的な読みの構えを持つことによって文章の記述により正確な理解を形成することがわかった。しかし，設定していた矛盾のある箇所への批判的な理解は，読みの構えによっても，また学年段階によっても違いのないことが明らかになった。

第4節では，中学校3年生に対する比較教授実験を通して，理解方略の教授によって橋渡し推論を明示化することが文章理解を深めるかどうかを検証した。事後テストにおいて有意差が見られたのは，二つの事項を関連づけて考える設問においてであった。本文の該当箇所一カ所を探して答えることができる問題では差が見られず，修辞的・論理的関係を表す概念を理解方略として学習することは，文章全般の理解を深めるというよりは，その有効性が二項間を関連づけるような特定の種類の理解（高次の理解）に限られると判断された。

（第5章）

第5章では，第Ⅲ軸および第五の研究課題に対応し，教師の持つ説明的文章の読みの学力観と授業のあり方との関連について，授業記録の分析，インタビュー調査，米国における読みの教授のあり方との比較という三つの方法を用いて検討した。

第1節では，教師の持つ説明的文章の読みの学力観と授業のあり方との関わりをとらえる枠組みを設定した。

第2節では，中学校国語科教師に対するインタビュー調査を通して，授業のあり方の背後にある教師主体の持つ説明的文章の論理に関する考え方と指導理論との関係を明らかにした。具体的な説明的文章教材を取り上げ，文章の論理をどのようなものとしてとらえているか，読み手の行う推論を読みの学力としてどのようにとらえているかを尋ね，教師の持つ読みの学力モデルと授業のあり方との関わりについて考察した。中学校教師の

結章　説明的文章の読みの学力形成論の展開

説明的文章の読みの学力観においては，文章の論理が段落の要点のつながりとしてとらえられる傾向にあること，明示的な情報の字義通りの理解が説明的文章の読みの中核的な学力としてとらえられる傾向にあること，推論的読みが授業で育成する中核的な学力としてはとらえられず，まずは発展的な段階のものや話題の一つとして周辺的なものと位置づけられる傾向にあることが明らかとなった。教師は，学習指導要領や学習指導論の摂取を通して国語学力像を拡張するが，まずは新しい学力観は周辺に位置づけ，その重要性への認識が深まるにつれて中心化を行い，やがて授業における中核的な学習課題となると想定された。こうした中心化は，どのような国語学力を育てる教師でありたいかという国語科教師としてのアイデンティティの形成と関わりがあると考えられた。

　第3節では，米国の認知心理学および教育心理学における文章理解方略の教授研究の動向調査および分析から，米国における読みの学力観，指導観を明らかにした。理解方略の教授に関する研究動向の考察からは，読みの能力について，スキルのように無意識的・固定的なものから，方略のように意識的・流動的なものへと転換しようとする方向性が見出された。しかし，教授される方略は，問い生成，要約など推論を促すものではありながら，基礎的なものにとどまっていて，我が国の説明的文章の学習指導研究がめざす読みの学習との違いも見られた。

（第6章）

　第6章では，第Ⅳ軸および第六の研究課題に対応し，前章までの研究課題の検討結果をふまえ，説明的文章の推論的読みを形成するための授業仮説を立て，実際に授業を行うことで，学習者同士の協同的過程を通して推論的読みがどのように形成されるのかについて検討を行った。

　第1節では，第3章から第5章までの分析・考察から導かれた第Ⅰ軸から第Ⅲ軸までの課題の把握から，説明的文章に表された筆者による論証の理解について，非明示的な暗黙の論拠を補って理解する読みの学力を形成することを学習課題として設定した。これは，学力モデルにおける全ての要素が相互に関わって形成される読みで，学習者がはじめから自立的に行

321

うには困難なものである。したがって，授業において学習者のうちにこうした過程を実現するためには，小グループによる協同的過程を取り入れる必要があると考えた。そして，そうした過程を継続的に授業において経験することが，推論的読みを形成することになると考えた。中学生における小グループの話し合いの過程は，構成メンバーが，話し合いの過程において，仮説の提示，根拠の提示，理由づけの創出，反証による検証といった役割をそのときどきに立場を入れ替わって果たし合う協同的な論証の過程であるととらえ，授業仮説として設定した。

第2節では，二つの説明的文章の読みの授業における話し合いにおいて，推論的読みがどのように成立するかを協同的な論証という観点から考察した。与えられた課題を自らの問題として取り込む過程，仮の解釈を提示する過程，相互に根拠を挙げたり反証を行うことで妥当性を検証する過程，結論として最適な解釈を選択する過程が，協同的な過程として見られた。

第3節においては，授業観察を行った二つの説明的文章の授業について，推論的読みの学力形成という点において持つ意味を論じた。二つの授業では，協同的過程が筆者による論証における暗黙の前提を補って理解するという点において，有効に機能していた。それは，単に前提が見出されたというだけではなく，協同的論証としての構造を持った話し合いが成立したことによっていた。そして，このことから次のことが示唆された。授業方法とともに推論的読みの形成過程を示したことで，教師の国語学力観の中に推論的読みの学力が周辺的なものとしてではなく，中核的なものとして位置づけられるべきであること，協同性が学習方法としてだけではなく，学力の一側面として定位されるべきであること，推論的読みの学力が授業において総体として継続的，発展的に経験されることで形成されるものであることである。

第2節　説明的文章の読みの学力形成論の展開

以上のように総括した本研究の研究成果をふまえ，説明的文章の読みの

結 章　説明的文章の読みの学力形成論の展開

学力形成および国語学力形成への提言を行いたい。

1　説明的文章の読みの学力形成への提言

(1)　四つの軸による説明的文章の読みの学力形成過程の把握

　本研究では，特に説明的文章の「文章の論理」の理解という学力を取り上げて四つの軸から探究してきたが，説明的文章の読みの学力形成は，こうした四つの軸から検討されるべきであるというのが，本研究からまず導かれる提言である。このことは，小学校，中学校，高校とどの段階の学力形成においても言える。授業改善にあたって「目標を明確にする」ということがまず言われるが，抽象的な水準での目標の明確化は，授業改善に直接寄与しない。それを四つの軸からとらえ直すことが，「目標を明確にする」ということの意味することであると考える。

(2)　教師における説明的文章の読みの学力モデルの活用

　四つの軸は，学力形成において異なる観点というだけのものではない。それは，学力モデルによって，相互に関連づけられる必要がある。文章理解過程がどのようなものであるかというモデルに基づいた読みの学力モデルは，最終的には教師のものになる必要がある。その場合，現在のモデル図のような形ではなく，次のような分類でもよいであろう。

　　　文章の形式的理解…　　　　語・文の関係の理解
　　　　　　　　　　　　　　　　文章構成の理解
　　　文章の推論的理解…　　　　論証・レトリックの理解
　　　　　　　　　　　　　　　　内容の理解
　　　評価…　　　　　　　　　　文章の理解過程の評価
　　　　　　　　　　　　　　　　文章構造の評価
　　　言語的知識・内容的知識…　語彙・文法的知識
　　　　　　　　　　　　　　　　修辞的・論理的知識
　　　　　　　　　　　　　　　　内容的知識

(3)　第Ⅰ軸　説明的文章教材

　学年段階，学校段階によって，説明的文章の文章構造は異なり，ゆるや

かな段階性が見て取れる。推論的読みを成立させるためには，当該の教材がどのような種類の推論・論証・レトリックによって成立しているかをとらえ，それに沿った読みの学習課題や評価の観点を設定する必要がある。

(4) 第Ⅱ軸　学習者

　学習者の読みの発達的な傾向と教材の構造を対応させることで，読みを予想することが必要である。全般的に，どの発達段階の学習者も，文章構造に沿った反応，また明示的な情報に焦点化した反応や理解を行う傾向がある。しかし，課題によっては，特に小6，中2など読みの発達における移行期にある学習者が，非明示的な情報の理解やメタ認知的な理解を求める課題において，鋭い反応を見せることがあり，そうした反応を生かした学習課題の設定や授業展開の設定を行うことが学力形成において必要である。

　また，修辞的・論理的関係に関する知識の教授など，特定の理解方略の短期間の教授・学習は効果が限られる。自立的な方略の使用や，適切な場面での活用など方略の習熟を実現するためには長期に渡る継続的な学習を必要とする。特定の方略を使用することができても，使用そのものが目的の達成ではない。獲得した理解方略が文章に示された知識の理解の深化や問題解決などに有効に働くには，複数の方略を選択的に活用するような学習場面を授業過程において設定することが必要である。

(5) 第Ⅲ軸　教師の持つ読みの学力観

　教師が自分の持つ学力観を自覚したり，学習課題の傾向を意識化することが必要である。学力観を拡張することで，授業の改善がスムーズになる。一方，自分の国語学力観の中心化を行うことで，国語科教師としてのアイデンティティの確立に向かう。授業における学習者とのコミュニケーション技術のうまい下手ではなく，学習課題の設定の仕方やその解決の過程で国語学力が形成されることによって，自信を持つことができる。

　また，読解的な授業から問題解決的な授業へというように授業スタイルの劇的な転換は難しくとも，本研究で提示した学力モデルのうちどの部分に焦点を当てた発問を行うか，いずれの表象を問う発問かといったことを

324

結章　説明的文章の読みの学力形成論の展開

意識化するだけでも，読みの学習課題や評価の基準が明確なものになり，授業改善につながる。

(6)　第Ⅳ軸　学習者同士の協同的過程

　学習者同士の協同的過程について，指導方法としてのみ位置づけるのはふさわしくない。筆者の知識の妥当性や読み手による解釈の妥当性は，学習者同士，そして学習者と教師の間での協同的過程において確かめられると位置づけることが必要である。しかし，知識観の転換は，小学校高学年から中学校の発達段階に起きると考えられるため，そうした段階に合わせた学習の転換が必要である。逆に，そうした時期を迎えながら知識の真理反映説に立った授業を行っていると，学習者が自分自身で納得するということに欠ける学習になってしまう。学習者による筆者や教師への認識論的な依存が強くなる場合もある。

　学習課題の設定は，単に情報間の関係を問うのではなく，説明的文章教材における筆者と読者の関係，学習者相互の関係と結び合わせながら設定される必要がある。そのことによって，「文章の論理」という対象に学習者が参加した学習，また相互に協力して展開する学習が成立する。そうした経験が繰り返されることで推論的読みが形成される。

(7)　読みの総体の継続的，発展的な経験

　説明的文章の読みの学力は，文章に明示された言語的情報の操作の反復によって形成されるものではない。読み手の既有知識を用いた推論，協同的な過程による仮説的な解釈の想起や検証，読み手の設定した問題の解決といった読みの総体を継続的，発展的に経験することによって学力は形成される。

　これらの提言は，説明的文章の読みの学力形成論にとどまるものではない。国語学力形成論に通じるものである。

2　国語学力形成への提言

(1)　本研究で設定した国語科授業の基本的構成要素である四つの軸と，領域ごとの認知過程をとらえる学力モデルが，国語学力形成を構想する際の

枠組みになるべきだということは，説明的文章の読みの学力に限らず，国語科の他の領域の学力の形成全体に共通して言えることと考える。国語学力形成論とは，国語科の目標を認知的な学力モデルと四つの観点からとらえ直すことだと考えるのである。とは言え，「話すこと・聞くこと」や「書くこと」については，四つの軸ごとの差異の把握も必要である。

(2)　第Ⅰ軸の教材は，対象となるテクストの構造と広げてとらえられる。「書くこと」の場合，学習者が産出する作文やモデル教材の持つ構造が学力を規定する要因となる。「話すこと・聞くこと」においても同様であるが，「話すこと・聞くこと」の場合，談話テクストだけが独立して成立しているわけではないため，特に言語活動全体をとらえる必要がある。

(3)　第Ⅱ軸である学習者の言語行為は，「書くこと」「話すこと・聞くこと」においては，それらがどのような過程であるのかということを把握することの重要性がより高まる。学習者の発達段階によって，これらの言語行為の過程や水準は大きく異なるからである。

(4)　第Ⅲ軸の教師の学力観については，第1章の国語学力観の歴史において示したような，国語学力全体をどのようにとらえるかということと，各領域の個々の国語学力をどのようにとらえるかということの両側面がある。授業方法に埋め込まれた形で個別の学力観を持っている場合もあり，全体が部分を必ずしも規定しない。しかし，教師の持つ「書くこと」「話すこと・聞くこと」の学力観が，授業のあり方と，そこで学習者に身につけられる学力を規定する。教師における国語学力の中心化には，目標として示されるだけでなく，他者との関わり，国語科教師としての自分のアイデンティティと結びつくことが必要である。

(5)　第Ⅳ軸の協同的過程は，特に「話すこと・聞くこと」においては位置づけが異なる。「話すこと・聞くこと」の行為自体が，個人において成立しないというばかりでなく，他の学習者との関係によって大きく「話すこと・聞くこと」の学力の現れ方が異なってくる。いずれの領域においても，協同的過程を国語学力形成のための指導方法とのみ見なすのではなく，国語学力の一側面を構成するものととらえることが必要である。

326

参考文献

＜教育学・国語科教育学・国語学・国文学＞

（単行本）

阿部昇『「説明的文章教材」の徹底批判』明治図書，1996 年

阿部昇『文章吟味力を鍛える——教科書・メディア・総合の吟味』明治図書，
　2003 年

有元秀文『必ず「PISA 型読解力」が育つ七つの授業改革——「読解表現力」と「ク
　リティカル・リーディング」を育てる方法』明治図書，2008 年

五十嵐力『文章講話』早稲田大學出版部，1905 年

石井英真『現代アメリカにおける学力形成論の展開』東信堂，2011 年

石原千秋『評論入門のための高校入試国語』日本放送出版協会，2005 年

市川孝『学校教育のための文章論概説』教育出版，1978 年

位藤紀美子監修『言語コミュニケーション能力を育てる——発達調査をふまえた
　国語教育実践の開発——』世界思想社，2014 年

井上尚美『言語論理教育への道』文化開発社，1977 年

井上尚美『国語の授業方法論』一光社，1983 年

井上尚美・福沢周亮『国語教育・カウンセリングと一般意味論』明治図書，1996
　年

井上尚美『思考力育成への方略』明治図書，1998 年

井上尚美編集代表『言語論理教育の探求』東京書籍，2000 年

井上尚美・尾木和英・河野庸介編『思考力を育てる「論理科」の試み』明治図書，
　2008 年

宇佐美寛『授業にとって「理論」とは何か』明治図書，1978 年

大槻和夫・森田信義・小田迪夫・藤原和好『国語教材研究シリーズ 7　説明文編』
　桜風社，1981 年

大槻和夫編『達成目標を明確にした国語科授業改造入門』明治図書，1982 年

大西忠治『説明的文章「読み」の技術指導』『大西忠治教育技術著作集　第 13 巻』
　明治図書，1991 年

大村はま『大村はま国語教室 7　読書生活指導の実際（一）』筑摩書房，1984 年

岡田敬司『かかわりの教育学［増補版］』ミネルヴァ書房，1993 年（増補版 2006 年）

岡田敬司『コミュニケーションと人間形成——かかわりの教育学 II ——』ミネル
　ヴァ書房，1998 年

小田迪夫『説明文教材の授業改革論』明治図書，1986 年

河野順子『対話による説明的文章セット教材の学習指導』明治図書，1996 年

河野順子『〈対話〉による説明的文章の学習指導』風間書房，2006 年

河野順子・国語教育湧水の会『入門期の説明的文章の授業改革』明治図書，2008 年

吉川芳則『小学校説明的文章の学習指導過程をつくる』明治図書，2002 年

吉川芳則『説明的文章の学習活動の構成と展開』溪水社，2013 年

桑原隆編『新しい時代のリテラシー教育』東洋観出版，2008 年

香西秀信『反論の技術』明治図書，1995 年

香西秀信『修辞的思考』明治図書，1998 年

光野公司郎『国際化・情報化社会に対応する国語科教育――論証能力の育成指導を中心として――』溪水社，2003 年

光野公司郎『「活用・探究型授業」を支える論証能力』明治図書，2009 年

国語教育研究所編『国語教育研究大辞典』明治図書，1991 年

国語教育研究所編『中学校国語教材研究大事典』明治図書，1993 年

国立国語研究所『小学生の言語能力の発達』明治図書，1964 年

輿水実監修・風間章典・国語スキル研究会編『文章読解のスキルワーク』（『教育科学国語教育』1990 年 8 月号臨時増刊号）明治図書，1990 年

駒林邦男『学ぶ意欲を育てる授業・抑える授業』あゆみ出版，1994 年

西郷竹彦『説明文の授業』明治図書，1985 年

西郷竹彦『文芸研国語教育事典』明治図書，1989 年

斉藤美奈子『文章読本さん江』筑摩書房，2002 年

櫻本明美『説明的表現の授業』明治図書，1995 年

佐藤学『学びの身体技法』世織書房，1997 年

佐藤学『教師というアポリア』世織書房，1997 年

児童言語研究会『新一読総合法入門』一光社，1976 年

渋谷孝『説明的文章の指導過程』明治図書，1973 年

渋谷孝『説明的文章の教材研究論』明治図書，1980 年

渋谷孝『説明的文章の教材本質論』明治図書，1984 年

全国大学国語教育学会編『国語科教育学研究の成果と展望』明治図書，2002 年

全国大学国語教育学会編『国語学力調査の意義と問題』明治図書，2010 年

田近洵一編『子どものコミュニケーション意識』学文社，2002 年

中内敏夫『増補学力と評価の理論』国土社，1971 年

長崎伸仁『説明的文章の読みの系統』素人社，1992 年

長崎伸仁『新しく拓く説明的文章の授業』明治図書，1997 年

永野賢『学校文法文章論』朝倉書店，1959 年

永野賢・市川孝『学習指導要領／言語事項用語辞典』教育出版，1979 年

永野賢『文章論総説』朝倉書店，1986 年

中村敦雄『日常言語の論理とレトリック』教育出版センター，1993 年

難波博孝・三原市木原小学校『楽しく論理力が育つ国語科授業づくり』明治図書，2006 年

難波博孝『母語教育という思想』世界思想社，2008 年

日本教育方法学会編『リテラシーと授業改善』図書文化社，2007 年

濱田秀行『クリティカルな思考を育む国語科学習指導』渓水社，2007 年

府川源一郎・髙木まさき・長編の会『認識力を育てる「書き換え」学習　小学校編』東洋観出版，2004 年

府川源一郎・髙木まさき・長編の会『認識力を育てる「書き換え」学習　中学校・高校編』東洋観出版，2004 年

府川源一郎編『小学校国語　学習スキル 101 の方法』教育出版，2005 年

桝井英人『「国語力」観の変遷——戦後国語教育を通して——』渓水社，2006 年

松下佳代編『〈新しい学力〉は教育を変えるか』ミネルヴァ書房，2010 年

水川隆夫『説明的文章指導の再検討』教育出版センター，1992 年

森田信義『認識主体を育てる説明的文章の指導』渓水社，1984 年

森田信義編『説明的文章の研究と実践——達成水準の検討』明治図書，1988 年

森田信義『筆者の工夫を評価する説明的文章の指導』明治図書，1989 年

森田信義編『アメリカの国語教育』渓水社，1992 年

森田信義編『国語科教育学の基礎』渓水社，1993 年

森田信義編『説明的文章教材の実践研究目録（FD 版）』渓水社

森田信義『説明的文章教育の目標と内容』渓水社，1998 年

山口正『レトリック理論と作文指導』教育出版センター，1984 年

吉田新一郎『「読む力」はこうしてつける』新評論，2010 年

ドミニク・S・ライチェン　ローラ・H・サルガク（立田慶裕監訳）『キー・コンピテンシー』明石書店，2006 年

リチャード・ビーチ（山元隆春訳）『教師のための読者反応理論入門』渓水社，1999 年

（論文）

青山之典・森田信義「小学生による批判読みの実際」『学校教育実践学研究』第 12 号，2006 年

秋山聡「六『シンデレラの時計』『鏡を考える』（二年対話読み）」竹長吉正編『説明文の基本読み・対話読み 3　中学校編』明治図書，1996 年

足立幸子「外国の読書力評価から我が国の国語学力を考える」『国語科教育』第 59 集，全国大学国語教育学会，2006 年

池田尚子「国語科教育における「論理的思考力」の育成」『早稲田大学大学院教育学研究科紀要』第 9 号，1998 年

石井英真「学力論議の現在」松下佳代編『〈新しい能力〉は教育を変えるか』ミネルヴァ書房，2010 年

岩永正史「ランダム配列の説明文における児童の文章理解」『読書科学』第 34 巻
　　第 1 号，1990 年

岩永正史「スキーマ理論と国語科理解領域の指導の課題」『山梨大學教育學部研
　　究報告　第一分冊』人文社会科学系，第 41 号，1990 年

岩永正史「スキーマ理論と一読総合法」『山梨大學教育學部研究報告　第一分冊』
　　人文社会科学系，第 42 号，1991 年

岩永正史・梅澤実「児童の説明文スキーマの発達から見た入門期説明文教材検討
　　の試み」『山梨大學教育學部研究報告　第一分冊』人文社会科学系，第 44 号，
　　1993 年

岩永正史「児童の説明文スキーマの発達から見た入門期説明文教材検討の試み・
　　2」『学芸国語教育研究』第 13 号，1995 年

岩永正史・梅澤実「小学校 4 年生は説明文をどのように読むのか——「エビとハ
　　ゼの共同生活」（大阪書籍 4 年上）の場合——」『山梨大学教育學部研究報告
　　第一分冊』人文社会科学系，第 46 号，1995 年

岩永正史「児童の説明文スキーマの発達から見た入門期説明文・教材化の問題
　　点」『学芸国語国文学』第 28 号，1996 年

岩永正史・梅澤実「入門期説明文教材と教師の指導意識（2）——「物語型説明文」
　　教材による調査をもとに——」『山梨大学教育學部研究報告　第一分冊』人
　　文社会科学系，第 48 号，1997 年

岩永正史「説明文教材の論理構造と読み手の理解」井上尚美編集代表『言語論理
　　教育の探求』東京書籍，2000 年

岩永正史「ランダム配列の説明文を再構成する際に用いられる説明方略」『山梨
　　大学教育人間科学部紀要』第 3 巻・第 2 号，2002 年

岩永正史「小学校説明文教材系統案作成の試み（1）——説明スキーマの発達とそ
　　れを支える表現力、論理的思考力を観点として——」『山梨大学教育人間科
　　学部紀要』第 9 巻，2007 年

岩永正史「小学校説明文教材系統案作成の試み（2）——小学校国語教科書 6 年分
　　の説明文教材の分析を通して——」『山梨大学教育人間科学部紀要』第 11 巻，
　　2009 年

植山俊宏「説明的文章の読みにおける児童の反応力と認識形成との関わり：発達
　　論的考察を通して」『国語科教育』第 35 集，1988 年

植山俊宏「説明的文章指導の理論」大槻和夫編『教職科学講座 17　国語教育学』
　　福村出版，1990 年

植山俊宏「説明的文章の授業における論理的認識の形成：教材および認識形成状
　　況調査の分析を通して」『国語科教育』第 40 集，1993 年

植山俊宏「説明文における事実表現の読み——〈説得〉と〈納得〉を軸にして——」
　　『月刊国語教育研究』第 320 号，1998 年

参考文献

植山俊宏「戦後説明的文章指導論の展開（4）学力観の変容を中心に」『教育学研
　　究紀要』第 46 巻第 2 部，2000 年
植山俊宏「説明的文章の読みの過程を規定する条件」『国語科教育』第 33 集，
　　1986 年
梅澤実・岩永正史「小学校 2 年生は説明文をどのように読むのか──「つばめ」（教
　　育出版 2 年上）の場合──」『山梨大學教育學部研究報告　第一分冊』人文
　　社会科学系，第 45 号，1994 年
梅澤実・岩永正史「入門期説明文教材と教師の指導意識（1)──「宣言型説明文」
　　教材による調査をもとに──」『山梨大學教育學部研究報告　第一分冊』人
　　文社会科学系，第 47 号，1996 年
上野直樹「認識方法と内容としての類推」『文芸教育』第 58 号，1991 年
大槻和夫「学力問題」『教育学講座・第 8 巻　国語教育の理論と構造』学習研究社，
　　1979 年
大槻和夫「教科構造論―国語科の構造―」増淵恒吉・小海永二・田近洵一編『講
　　座中学校国語科教育の理論と実践』有精堂，1980 年
大槻和夫「学力論と国語科教育」全国大学国語教育学会編『新版　国語教育学研
　　究』学芸図書，1981 年
大槻和夫「国語学力論の方向と実践課題」『教育科学国語教育』1981 年
大槻和夫「基礎学力論争から学ぶ」『教育科学国語教育』1986 年
大槻和夫「『人間認識の力を育てる』文芸教育論の学力論的体系とその意義」『文
　　芸教育』第 51 号，1989 年
小田迪夫「連載　論理的表現の基礎訓練学習」『教育科学国語教育』第 488 ～
　　505 号，1994 年 4 月～ 1995 年 3 月
河野順子「説明的文章の学習指導における＜批判読み＞の検討」『教育学研究紀
　　要』第 47 巻第 2 号，2001 年
河野順子「説明的文章の学習指導改善への提案──「メタ認知の内面化モデル」
　　を通して──」『国語科教育』第 51 集，2002 年
河野順子「小学校中学年におけるメタ認知力を促す教材選定と配列の視点──「学
　　びの履歴」を中核として──」『国語科教育』第 58 集，2005 年
河野順子「説明的な文章を読む──中学校説明文教材の授業改革」『日本語学』
　　第 26 巻第 14 号，2007 年 12 月
河野順子「論証能力を支える論理的思考力の発達に関する調査──論理科カリ
　　キュラム開発へ向けて」『熊本大学教育学部紀要　人文科学』第 60 号，2011
　　年
吉川芳則「説明的文章の展開構造のメタ認知を促す学習指導」『国語科教育』第
　　54 集，2003 年
吉川芳則「小学校説明的文章の学習指導における効果的な図表化活動のあり方に

331

ついて」『国語科教育』第 58 集，2005 年

吉川芳則「小学校社会科教科書掲載の説明的文章を読むことに必要な学習内容」『国語科教育』第 62 集，2007 年

光野公司郎「国語科教育におけるメディア・リテラシー教育——説明的文章指導（中学校第二学年）においての批判的思考力育成の実践を中心に——」『国語科教育』第 52 集，2002 年

光野公司郎「論理的な文章における効果的な構成指導の方向性——論証の構造を基本とした新しい文章構成の在り方——」『国語科教育』第 57 集，2005 年

古賀洋一「説明的文章の読みの方略指導における条件的知識の学習——中学生への実験授業を通して——」『国語科教育』第 75 集，2014 年

西郷竹彦「説明文指導のめざすもの——説得の論法を中軸として——」『季刊文芸教育』第 24 号，1978 年

佐藤佐敏「解釈におけるアブダクションの働き—— C. S. Peirce の認識論に基づく「読みの授業論」の構築——」『国語科教育』第 67 集，2009 年

佐藤佐敏「解釈する力を高める発問——C. S. Peirce の認識論に基づく「読みの授業論」の構築（2）——」『上越教育大学研究紀要』第 29 巻，2010 年

佐藤学「学力問題の構図と基礎学力の概念」東京大学学校教育高度化センター編『基礎学力を問う』東京大学出版会，2009 年

高岡浩二「新教育課程の具体化　教育課程一般」『初等教育資料』1990 年 12 月

高岡浩二「子供を中心にした学校の創造を目指して」『初等教育資料』第 580 号，1992 年 6 月

竹川慎哉「オーストラリアにおける批判的読みの教育」『読書科学』第 51 巻第 1 号，2007 年

田近洵一「『新しい学力観』と国語科」『教育科学国語教育』第 478 号，1993 年 8 月

田中拓郎「論理的思考力を高める読みの指導についての基礎的研究——「順序」という観点にみる小学校説明文教材の表現構造——」『読書科学』第 49 巻第 2 号，2005 年

寺井正憲「説明的文章教材論——文章構成に着目した説明的文章の典型と系統化——」『人文科教育研究』第 13 号，1986 年

寺井正憲「自然科学的な説明的文章における文章構成モデル：問いに対する解決過程としての説明・探求の論理に着目して」『人文科教育研究』第 14 号，1987 年

寺井正憲「説明的文章の読解指導における現状——「修辞学的な読み」の指導に関する問題——」『文教大学国文』1989 年，第 18 号

寺井正憲「説明的文章の読解指導論における「筆者」概念の批判的検討」『読書科学』第 34 巻第 3 号，1990 年

寺井正憲「説明的文章教材の学習における自己世界の想像」『月刊国語教育研究』第 317 号，1998 年 9 月

中村敦雄「論説文の文章分析研究——議論の型を中心に——」『学芸国語国文学』第 22 号，1988 年

中村敦雄「議論分析に主眼を置いた教科書の考察——An Introduction to Reasoning について——」『読書科学』第 32 巻第 3 号，1988 年

中村敦雄「トゥルミンモデルを国語科教材分析に応用する試みについて——論説教材「自然の破壊」を対象として——」『読書科学』第 33 巻第 4 号，1989 年

中村敦雄「討論指導論の研究：昭和三十年代前後における、大久保忠利の理論の歴史的位置」『国語科教育』第 37 集，1990 年

中村敦雄「ディベート指導の基礎理論研究：合衆国の理論を手がかりに」『学芸国語教育研究』第 11 号，1993 年

中村敦雄「日本語教育における批判的思考に関する一考察：エニスの理論を高校国語教科書に適用した調査を踏まえて」『学芸国語国文学』1997 年，第 29 号

中村敦雄「戦後国語科教育における「スピーチの教育」の史的展開」『日本語学』第 20 巻第 6 号，2001 年

中村敦雄「討論指導における争点分析の有効性」『群馬大学教育実践研究』第 18 号，2001 年

中村敦雄「昭和 30 年代における「読解のための文法」の理論生成過程」『群馬大学教育学部紀要　人文・社会科学編』第 50 号，2001 年

中村敦雄「昭和 20 年代における議論指導論の研究——「新教育方針」における「討論法」の検討を中心に——」『語学と文学』第 38 号，2002 年

中村暢「社会科学的説明的文章の指導における「社会認識」の有効性」『国語科教育』第 63 集，2008 年

難波博孝「テクストとしての説明的文章の教材分析」『国語科教育』第 36 集，1989 年

難波博孝「「文の主題」の補充及び結束性獲得についての研究」『国語科教育』第 37 集，1990 年

難波博孝・牧戸章「「言語活動の心内プロセスモデル」の検討——国語学力形成の科学的根拠の追求——」『国語科教育』第 44 集，1997 年

難波博孝「説明文テクストの顕在的構造と潜在的構造——母語教育のための分析」『表現研究』第 70 号，1999 年

難波博孝「モジュール化した言語的自己の，複数の発達」井上尚美編集代表『言語論理教育の探求』東京書籍，2000 年

難波博孝「論理／論証教育の思想（1）」『国語教育思想研究』第 1 号，2009 年

八田幸恵「国語科の目標を設定する——活動とスキル・トレーニングを乗り越え

て——」『教育』第 60 巻 11 号，国土社，2010 年 11 月

浜本純逸「国語学力論の成果と課題」全国大学国語教育学会編『国語科教育学の
　　成果と展望』明治図書，2002 年

舟橋秀晃「「論理」を読む説明的文章指導のあり方——実践「身の回りを考える」
　　（光村・中一）を通して」『滋賀大國文』第 35 号，1997 年

舟橋秀晃「「論理的」に読む説明的文章指導のあり方——『国語教育基本論文作成』
　　所収論考ならびに雑誌掲載論考にみる「論理」観の整理から」『国語科教育』
　　第 47 集，2000 年

舟橋秀晃「「批判的な構えで文章を吟味する」姿勢の育成：「論理的」に読む学習
　　の初歩として（中一）」『月刊国語教育研究』第 360 号，2002 年

舟橋秀晃「指導の系統を意識した教材配列を——「話題」にとどまらせることな
　　く」『月刊国語教育研究』第 404 号，2005 年

舟橋秀晃「「場」に応じた，言葉を「足す」要約を——「客観的基準」の限界を踏
　　まえて——」『月刊国語教育研究』第 421 号，2007 年 5 月

舟橋秀晃「「読むこと」の授業づくり 中学校「分かりやすさ」を吟味する読みを
　　こそ——「分かりやすさ」が「正しさ」をゆがめていないか」『日本語学』第
　　26 巻第 14 号，2007 年

舟橋秀晃「「論理的」に理解し表現する力を伸ばす指導のあり方：本校「情報科」
　　での実践を踏まえて考える、国語科で必要な指導法と教材」『国語科教育』
　　第 66 集，2009 年

舟橋秀晃「説明的文章を読み、意見文を書いて読み合う授業の実践：読み書き関
　　連指導の課題を踏まえて」『月刊国語教育研究』第 446 号，2009 年

堀江祐爾「アメリカにおける文学を核にした国語科指導」『兵庫教育大学研究紀
　　要　第 2 分冊』第 14 巻，1994 年

堀江祐爾「全米学力調査（NAEP）から読解力の学力調査を考える」全国大学国
　　語教育学会編『国語学力調査の意義と問題』明治図書，2010 年

間瀬茂夫「国語学力モデルと授業のあり方との関わりについての考察——説明的
　　文章の読みの授業を中心に——」『教育学研究紀要』第 38 巻第 2 部，1993 年

間瀬茂夫「国語学力観の検討——「新学力観」を中心に——」『教育学研究紀要』
　　第 39 巻第 2 部，1994 年

間瀬茂夫「説明的文章の読みの行動——中学校 2 年生に対する調査による分析——」
　　『論叢国語教育学』第 2 号，1994 年

間瀬茂夫「文章構造にそった説明的文章の〈方略的読み〉の過程」『広島大学教
　　育学部紀要』第 43 号第 2 部，1995 年

間瀬茂夫「米国における〈方略的読み〉の教授方法の検討」『教育学研究紀要』
　　第 40 巻第 2 部，1995 年

間瀬茂夫「説明的文章指導における方略教授の有効性——文章構造の把握を中心

に──」『国語科教育』第 42 集，1995 年

間瀬茂夫「説明的文章の読みの過程における〈おもしろさ〉についての研究──読み方の自覚との関わりを中心に──」『論叢国語教育学』第 3 号，1995 年

間瀬茂夫「説明的文章の読みにおける推論の明示化──〈モダリティ〉表現を手がかりにして──」『論叢国語教育学』第 4 号，1996 年

間瀬茂夫「国語科教師による説明的文章の論理のとらえ方──インタビュー調査を通して──」『鳴門教育大学学校教育学部研究紀要（教育科学編）』第 12 巻，1997 年

間瀬茂夫「米国の国語教科書における〈方略的読み〉の指導の実際──ある説明的文章教材を中心に──」『教育学研究紀要』第 42 巻第 2 部，1997 年

間瀬茂夫「米国の国語教科書における〈方略的読み〉の指導観」『語文と教育』第 11 号，1997 年

間瀬茂夫「説明的文章の論理のとらえ方──読み手による推論に注目して──」『教育学研究紀要』第 43 巻第 2 部，1998 年

間瀬茂夫「説明的文章の読みの学力における暗黙の推論の位置」『国語科教育』第 45 集，1998 年

間瀬茂夫「国語学力研究の課題──学力概念批判論を起点として──」『語文と教育』第 12 号，1998 年

間瀬茂夫「国語科教師の持つ説明的文章の論理のとらえ方と指導理論」『国語科教育』第 46 集，1999 年

間瀬茂夫「説明的文章の読みにおける推論の構造と発達に関する考察」『論叢国語教育学』第 5 号，1999 年

間瀬茂夫「説明的文章の読みの学力の検討──教師の学力観と学習者の読みからのアプローチ──」『月刊国語教育研究』第 353 号，2001 年 9 月

間瀬茂夫「間テクスト性に注目した説明的文章の読みの学習指導論の構想」『国語教育論叢』第 11 集，2001 年

間瀬茂夫，難波博孝，長崎伸仁，河野順子，植山俊宏「説明的文章の読みの発達の検討──小学校高学年から中学校にかけての変化を中心に──」『国語科教育』第 51 集，2002 年

間瀬茂夫「表現と関連した説明的文章指導の検討──『どうぶつの赤ちゃん』（1 年）の場合──」雲石「国語」の会編『自覚的な表現者を育てる──小学校国語科の授業──』渓水社，2002 年

間瀬茂夫「国語教科書におけるメディア・リテラシー教材」『国語教育論叢』第 15 号，2006 年

間瀬茂夫「論理的思考力と国語学力観──同一教材の二つの授業記録の検討から──」『月刊国語教育研究』第 411 号，2006 年 6 月

間瀬茂夫「説明的文章教材と科学絵本」『教科書フォーラム』第 5 号，2007 年

間瀬茂夫「科学絵本を用いた小学校国語科授業実践の試み」『国語教育論叢』第16号，2007年

間瀬茂夫・松友一雄・守田庸一・田中俊哉「小学生の話し合い能力の発達に関する研究――同一課題による調査を通した考察――」『国語科教育』第62集，2007年

間瀬茂夫「国語教科書におけるメディア・リテラシー」國文學（學燈社），第53巻・第13号，2008年

間瀬茂夫「小・中学生における小グループによる話し合い能力の発達」『月刊国語教育研究』第44巻第441号，2009年1月

間瀬茂夫「説明的文章の読みにおける「論理」の再検討」『広島大学大学院教育学研究科紀要第二部（文化教育開発関連領域)』第58号，2009年

間瀬茂夫「説明的文章の読みにおける論証理解の協同性」『国語教育研究』第51号，2010年

間瀬茂夫「中学校説明的文章教材における「説明」の階層性と学年段階」『論叢国語教育学』第6号，2010年

間瀬茂夫・守田庸一「小グループによる中学生の話し合い過程の分析――協同的な論証に注目して――」『学校教育実践学研究』第17巻，2011年

間瀬茂夫「説明的文章の論証理解における推論――協同的な過程における仮説的推論を中心に――」『国語科教育』第70集，2011年

間瀬茂夫「説明的文章における知識と教材の類型――中学校二年生教材を中心に――」『国語教育論叢』第21号，2012年

間瀬茂夫「理解方略指導」全国大学国語教育学会編『国語科教育学研究の成果と展望 II』学芸図書，2013年

間瀬茂夫「中学校で、評論（説明的文章）を、なぜ読ませるのか」『日本語学』第32巻第15号，2013年12月

間瀬茂夫「沖縄県の小・中学校における国語科の指導のあり方」山崎博敏・西本裕輝・廣瀬等編『沖縄の学力追跡分析』協同出版，2014年

松崎正治・荻原伸「物語の理解と記憶におけるメタ認知方略の効果と発達」『国語科教育』第40集，1993年

森田信義「筆者の工夫の質を問う説明的文章の指導」『国語科教育』第34集，1986年

森田信義「説明的文章教材の個性とその指導」『国文学攷』第132・133号，1992年

森田信義「説明的文章指導論の史的研究（6）渋谷孝氏の理論」『学校教育実践学研究』第6号，2000年

森田信義「説明的文章指導論の史的研究 VIII：西郷竹彦氏の理論を中心に」『広島大学大学院教育学研究科紀要　第一部学習開発関連領域』第50号，2002年

336

参考文献

森田信義「国語科における「基礎・基本」の検討」『学校教育実践学研究』第 8 号，2002 年

森田信義「説明的文章指導論の創造」『学校教育実践学研究』第 10 号，2004 年

森田信義「説明的文章指導論の史的研究 Ⅸ――『小学校学習指導要領』の考察を中心に――」『広島大学大学院教育学研究科紀要　第一部学習開発関連領域』第 52 号，2004 年

森田信義「「わかる」の位相 -- 説明的文章の読みの場合」『広島大学大学院教育学研究科紀要　第一部学習開発関連領域』第 54 号，2005 年

森田信義「説明的文章の読みの能力構造論――「評価読み」を中心に――」『鈴峯女子短期大学人文社会科学研究集報』第 55 号，2008 年

森田信義「「評価読み」における「吟味・評価」の意味と構造」『鈴峯女子短期大学人文社会科学研究集報』第 56 号，2009 年

守田庸一「評論文の授業における学習者の読みの形成要因に関する考察」『広島大学教育学部紀要　第二部』第 48 号，1999 年

守田庸一「評論文の叙述方法に関する学習者の反応」『教育学研究紀要』第 46 巻第 2 号，2000 年

守田庸一「評論教材に対する学習者の抵抗感の形成要因とその読みのあり方に関する考察」『鳴門教育大学研究紀要』第 16 号，2001 年

守田庸一「国語科教師が持つ評論教材観の共通性」『鳴門教育大学研究紀要　教育科学編』第 18 号，2003 年

守田庸一「国語科教師の論理観に関する考察」『静岡大学教育学部研究報告　教科教育学篇』第 37 号，2005 年

守田庸一「評論・論説教材の関連性に関する考察」『三重大学教育学部研究紀要』第 64 巻・教育科学，2013 年

山元悦子「対話能力の発達に関する研究」『国語科教育』第 43 集，1996 年

山本茂喜「説明的文章におけるクリティカル・リーディングの方法――「ヤドカリとイソギンチャク」の授業について――」『香川大学国文研究』第 33 号，2008 年

山元隆春「読みの「方略」に関する基礎論の検討」『広島大学学校教育学部紀要　第 1 部』第 16 巻，1994 年

山元隆春「「自立した読者」を育てる足場づくり――米国における理解方略指導論を手がかりとして――」『学校教育実践学研究』第 10 巻，2004 年

山元隆春「「交流理論」は学習者に何をもたらすか――「批評的読み」の基礎としての「審美的読み」――」『広島大学大学院教育学研究科紀要　第二部文化教育開発関連領域』第 57 号，2008 年

山元隆春「「読解力」育成のための支援に関する基礎的研究――米国の理解方略指導論を中心に――」全国大学国語教育学会『第 117 回愛媛大会研究発表要

旨集』2009 年

渡部洋一郎「説明的文章教材における叙述対象の多面性と批判的読解」桑原隆編
　　『新しい時代のリテラシー教育』東洋観出版，2008 年

渡部洋一郎「説明的文章教材の「限定」・「反証」条件分析の試み――「小さな労
　　働者」を対象として――」『上越教育大学国語研究』第 19 号，2005 年

＜哲学・論理学・修辞学＞

（単行本）

青木克仁『対話のための論理学』大学教育出版，2000 年

浅野楢英『論証のレトリック』講談社新書，1996 年

アリストテレス（高田三郎訳）『ニコマコス倫理学（上）』岩波書店，1971 年

アリストテレス（高田三郎訳）『ニコマコス倫理学（下）』岩波書店，1973 年

アリストテレス（戸塚七郎訳）『弁論術』岩波書店，1992 年

アリストテレス（池田康男訳）『トピカ』京都大学学術出版会，2007 年

飯田隆他編『岩波講座哲学 4　知識／情報の哲学』岩波書店，2008 年

飯田隆他編『岩波講座哲学 11　歴史／物語の哲学』岩波書店，2009 年

伊勢田哲治『哲学思考トレーニング』ちくま新書，2005 年

伊勢田哲治『認識論を社会化する』名古屋大学出版会，2004 年

一ノ瀬正樹『原因と理由の迷宮』勁草書房，2006 年

乾俊郎・安西祐一郎編『認知科学の新展開 2　コミュニケーションと思考』岩波
　　書店，2001 年

入不二基義『哲学の誤読――入試現代文で哲学する！』ちくま新書，2007 年

内井惣七『推理と分析』放送大学教育振興会，1994 年

内井惣七『科学哲学入門』世界思想社，1995 年

内井惣七『論理的思考のレッスン』筑摩書房，2013 年

内田隆三『ミシェル・フーコー』講談社新書，1990 年

G. H. フォン・ウリクト（丸山高司・木岡伸夫訳）『説明と理解』産業図書，1984
　　年

神野慧一郎編『現代哲学のフロンティア』勁草書房，1990 年

キケロー（片山英男訳）『キケロー選集 6　修辞学 I』岩波書店，2000 年

クインティリアヌス（森谷宇一・戸高和弘・渡辺浩司・伊達立晶訳）『弁論化の
　　教育 1』京都大学学術出版会，2005 年

クインティリアヌス（森谷宇一・戸高和弘・渡辺浩司・伊達立晶訳）『弁論化の
　　教育 2』京都大学学術出版会，2009 年

クインティリアヌス（森谷宇一・戸高和弘・吉田俊一郎訳）『弁論化の教育 3』
　　京都大学学術出版会，2013 年

楠見孝・子安増生・道田泰司『批判的思考力を育む』有斐閣，2011 年

参考文献

ポール・グライス（清塚邦彦訳）『論理と会話』勁草書房，1998 年

T・W・クルーシアス　C・E・チャンネル（杉野俊子・中西千春・河野哲也訳）『大学で学ぶ議論の技法』慶応大学出版会，2004 年

グループμ（佐々木健一・樋口桂子訳）『一般修辞学』大修館書店，1981 年

坂原茂『日常言語の推論』東京大学出版会，1985 年

佐藤信夫『レトリック認識』講談社，1981 年

佐藤信夫・佐々木健一・松尾大『レトリック事典』大修館書店，2006 年

島崎隆『増補新版　対話の哲学』こうち書房，1993 年

鈴木美佐子『論理的思考の技法Ⅱ——三段論法と誤謬——』法学書院，2008 年

鈴木健・大井恭子・竹前文夫編『クリティカル・シンキングと教育』世界思想社，2006 年

鈴木健・岡部朗一編『説得コミュニケーション論を学ぶ人のために』世界思想社，2009 年

鈴木みどり編『メディア・リテラシーを学ぶ人のために』世界思想社，1997 年

スティーヴン・P・スティッチ（薄井尚樹訳）『断片化する理性』勁草書房，2006 年

瀬戸賢一『日本語のレトリック』岩波書店，2002 年

菅野盾樹『新修辞学——〈反哲学的〉考察』世織書房，2003 年

菅野盾樹編『レトリック論を学ぶ人のために』世界思想社，2007 年

R. M. チザム（上枝美典訳）『知識の理論　第 3 版』世界思想社，2003 年

土田知則『間テクスト性の戦略』夏目書房，2000 年

スティーヴン・トゥールミン（戸田山和久・福澤一吉監訳）『議論の技法』東京図書，2011 年

戸田山和久『論文の教室』NHK 出版，2002 年

戸田山和久『科学哲学の冒険』NHK 出版，2005 年

戸田山和久『「科学的思考」のレッスン』ＮＨＫ出版，2011 年

戸田山和久『知識哲学』産業図書，2002 年

アン・トムソン（斉藤浩文・小口祐史訳）『論理のスキルアップ——実践クリティカル・リーズニング入門』春秋社，2008 年

アン・トムソン（斉藤浩文・小口祐史訳）『倫理のブラッシュアップ——実践クリティカル・リーズニング応用編』春秋社，2012 年

フレッド・ドレツキ（水本正晴訳）『行動を説明する』勁草書房，2005 年

野内良三『レトリックと認識』NHK 出版，2000 年

野内良三『レトリック入門』世界思想社，2002 年

野内良三『実践ロジカル・シンキング入門』大修館書店，2003 年

野内良三『レトリックのすすめ』大修館書店，2007 年

野矢茂樹『論理トレーニング』産業図書，1997 年

野矢茂樹『新版論理トレーニング』産業図書，2006 年

パース（内田種臣編訳）『パース著作集 2　記号学』勁草書房，1986 年

パース（伊藤邦武編訳）『連続性の哲学』岩波書店，2001 年

E．フッサール（細谷恒夫・木田元訳）『ヨーロッパ諸学の危機と超越論的現象学』中央公論新社，1995 年

プラトン（田中美知太郎訳）『テアテイトス』岩波文庫，1996 年

ロラン・バルト（沢崎浩平訳）『旧修辞学　便覧』みすず書房，1979 年（新装版 2004 年）

ローレンス・バンジョー　アーネスト・ソウザ（上枝美典訳）『認識論的正当化──内在主義対外在主義──』産業図書，2006 年

福澤一吉『科学的に説明する技術』サイエンス・アイ新書，2007 年

福澤一吉『議論のレッスン』NHK 出版，2002 年

福澤一吉『論理表現のレッスン』NHK 出版，2005 年

スティーヴ・フラー（小林傳司・調麻佐志・川﨑勝・平川秀幸訳）『科学が問われている』産業図書，2000 年

スティーヴ・フラー（永田晃也・遠藤温・篠﨑香織・綾部宏則訳）『ナレッジマネジメントの思想』新曜社，2009 年

マイケル・E・ブラットマン（門脇俊介・高橋久一郎訳）『意図と行為』産業図書，1994 年

碧海純一・石本新・大森荘蔵・沢田充茂・吉田夏彦編『科学時代の哲学 3　自然と認識』培風館，1964 年

ペレルマン（三輪正訳）『説得の論理学』理想社，1980 年

カール・ヘンペル（長坂源一郎訳）『科学的説明の諸問題』岩波書店，1973 年

三浦俊彦『論理学がわかる事典』日本実業出版社，2004 年

三浦俊彦『本当にわかる論理学』日本実業出版社，2010 年

三中信宏『系統樹思考の世界』講談社，2006 年

宮原勇『ディアロゴスの現象学』晃洋書房，1998 年

三輪正『議論と価値』法律文化社，1972 年

向井周太郎『デザイン学　思索のコンステレーション』武蔵野美術大学出版局，2009 年

森際康友編『知識という環境』名古屋大学出版会，1996 年

森田邦久『科学とはなにか』晃洋書房，2008 年

森田邦久『理系人に役立つ科学哲学』化学同人，2010 年

山鳥重『「わかる」とはどういうことか──認識の脳科学』ちくま新書，2002 年

柳澤浩哉・中村敦雄・香西秀信『レトリック探究法』朝倉書店，2004 年

米盛裕二『パースの記号学』勁草書房，1981 年

米盛裕二『アブダクション』勁草書房，2007 年

オリヴィエ・ルブール（佐野泰雄訳）『レトリック』白水社，2000年

（論文）

伊勢田哲治「科学的合理性と二つの「社会」概念」『情報文化研究』第14号，
2001年

伊勢田哲治「歴史科学における因果性と法則性」飯田隆他編『岩波講座哲学11
歴史／物語の哲学』岩波書店，2009年

岩崎豪人「クリティカル・シンキングのめざすもの」『京都大学文学部哲学研究
室紀要：Prospectus』第5号，2002年

大沢秀介「アブダクションの論理としてのプラグマティズム」『理想』第669号，
2002年

蔵田伸雄「信と知」『岩波講座哲学4　知識／情報の哲学』岩波書店，2008年

黒崎宏「説明」碧海純一・石本新・大森荘蔵・沢田充茂・吉田夏彦編『科学時代
の哲学3　自然と認識』培風館，1964年

戸田山和久「自然主義的展開の果てに科学哲学に何が残るか」岡田猛・田村均・
戸田山和久・三輪和久編『科学を考える——人工知能からカルチュラル・ス
タディーズまでの14の視点——』北大路書房，1999年

納富信留「知の創発性」『岩波講座哲学4　知識／情報の哲学』岩波書店，2008
年

吉田寛「非形式論理学の初期の発展とクリティカル・シンキングの起源」『京都
大学文学部哲学研究室紀要：Prospectus』第5号，2002年

吉田寛「「クリティカル・シンキング」をどう定義するか」『京都大学文学部哲学
研究室紀要：Prospectus』第5号，2002年12月

＜認知科学・心理学・言語学＞

（単行本）

阿部純一・桃内佳雄・金子康朗・李光五『人間の言語情報処理』サイエンス社，
1994年

石崎俊・波田野誼余夫編集代表『認知科学ハンドブック』共立出版，1992年

市川伸一・伊藤裕司・渡邊正孝・酒井邦喜・安西祐一郎『岩波講座認知科学5
記憶と学習』岩波書店，1994年

市川伸一編『認知心理学4　思考』東京大学出版会，1996年

岩槻恵子『知識獲得としての文章理解：読解過程における図の役割』風間書房，
2003年

植田一博・岡田猛編『協同の知を探る』共立出版，2000年

大津由紀雄編『認知心理学3　言語』東京大学出版会，1995年

大村彰道監修，秋田喜代美・久野雅樹編『文章理解の心理学』北大路書房，2001
年

341

ケネス・J・ガーゲン（東村知子訳）『あなたへの社会構成主義』ナカニシヤ出版，2004 年

岸学『説明文理解の心理学』北大路書房，2004 年

甲田直美『文章を理解するとは』スリーエーネットワーク，2009 年

小谷津孝明編『認知心理学講座第 2 巻　記録と知識』東京大学出版会，1985 年

佐伯胖『教育学大全集 16　学力と思考』第一法規，1982 年

佐伯胖編『認知心理学講座第 3 巻　推論と理解』東京大学出版会，1982 年

佐藤公治『認知心理学から見た読みの世界』北大路書房，1996 年

三宮真智子編『メタ認知』北大路書房，2008 年

P. N. ジョンソン＝レアード（海保博之監修・AIUEO 訳）『メンタルモデル』産業図書，1988 年

鈴木宏昭『類似と思考』共立出版，1996 年

D. スペルベル，D. ウイルソン（内田聖二・中逵俊明・宋南先・田中圭子訳）『関連性理論』研究社出版，1993 年

高野陽太郎編『認知心理学 2　記憶』東京大学出版会，1995 年

立川和美『説明文のマクロ構造把握』流通経済大学出版会，2011 年

中右実『認知意味論の原理』大修館，1994 年

長尾真『「わかる」とは何か』岩波新書，2001 年

長尾真『岩波講座ソフトウェア科学 14　知識と推論』岩波書店，1988 年

中島秀之・高野陽太郎・伊藤正男『岩波講座認知科学 8　思考』岩波書店，1994 年

新田克己『知識と推論』サイエンス社，2002 年

野呂香代子・山下仁編『「正しさ」への問い　批判的社会言語学の試み』三元社，2001 年

波多野誼余夫編『認知心理学講座第 4 巻　学習と発達』東京大学出版会，1982 年

波多野誼余夫編『認知心理学 5　学習と発達』東京大学出版会，1996 年

ボウグランド＆ドレスラー（池上嘉彦他共訳）『テクスト言語学入門』紀伊国屋書店，1984 年

牧野由香里『「議論」のデザイン』ひつじ書房，2008 年

丸野俊一編『現代のエスプリ　【内なる目】としてのメタ認知』第 497 号，至文堂，2008 年

マービン・ミンスキー（安西祐一朗訳）『心の社会』産業図書，1992 年

ジョージ・ランドゥ（若島正・板倉厳一郎・河田学訳）『ハイパーテクスト──活字とコンピュータが出会うとき──』ジャストシステム，1996 年

ジーン・レイヴ　エティエンヌ・ウェンガー（佐伯胖訳）『状況に埋め込まれた学習──正統的周辺参加──』産業図書，1993 年

（論文）

秋田喜代美「文章理解」内田伸子編『新児童心理学講座第6巻　言語機能の発達』金子書房，1990年

秋田喜代美「文章の理解におけるメタ認知」三宮真智子編『メタ認知』北大路書房，2008年

井関龍太・川崎惠理子「物語文と説明文の状況モデルはどのように異なるか」『教育心理学研究』第54巻第4号，2006年

犬塚美輪「説明文における読解方略の構造」『教育心理学研究』第50巻第2号，2002年

苧阪直行「注意と意識の心理学」安西祐一朗・苧阪直行・前田敏博・彦坂興秀『注意と意識』岩波講座認知科学9・第1章，岩波書店，1994年

大河内祐子「論説文におけるアーギュメントの理解」『東京大学大学院教育学研究科紀要』第40巻，2000年

大河内祐子「文章理解における方略とメタ認知」秋田喜代美・久野雅樹編，『文章理解の心理学』北大路書房，2001年

大河内祐子「批判的読みにおける文章の構造的側面の役割」『東京大学大学院教育学研究科紀要』第43巻，2003年

大河内祐子「談話における推論」日本児童研究所編（平木典子・内田伸子責任編集）『児童心理学の進歩──2005年版──』金子書房，2005年

大河内祐子「結論が矛盾する2つのテキスト間の矛盾の発見」『読書科学』第50巻第2号，2006年

亀山恵「談話分析：整合性と結束性」田窪行則他編『談話と文脈』岩波講座言語の科学第7巻，岩波書店，1999年

Karmiloff-Smith, A.（針生悦子訳）「第2章モジュラリティを越えて：生得的制約と発達的変化」『認知科学ハンドブック』第Ⅲ編意識，1992年

岸学・綿井雅康・谷口淳一「説明的文章の構造とその理解について──小学校国語教科書の分析に基づく検討──」『東京学芸大学紀要』第1部門，第40号，1989年

B．J．グロッス他「談話」M．I．ポズナー編『言語への認知的接近』産業図書，1993年

斉藤正美「クリティカル・ディスコース・アナリシス──ニュースの知／権力を読み解く方法論──新聞の「ウーマン・リブ運動」」『マス・コミュニケーション研究』第52号，1998年

坂原茂「認知的アプローチ」郡司隆男・阿部泰明・白井賢一郎・坂原茂・松本裕治『意味』岩波講座言語の科学4，第3章，岩波書店，1998年

佐伯胖「文化的実践への参加としての学習」『学びへの誘い』シリーズ学びと文化1，東京大学出版会，1995年

鈴木宏昭「思考のダイナミックな性質の解明へ向けて」『認知科学』第8巻第3号，2001年

鈴木宏昭「人間の推論」『人工知能学会誌』第16巻第6号，2001年

富田英司・丸野俊一「思考としてのアーギュメント研究の現在」『心理学評論』第47巻第2号，2004年

中西満貴典「ディスコース概念の再考——Van Dijk および Fairclough の言説概念の検討——」『岐阜市立女子短期大学研究紀要』第57輯，2008年

西山佑司「意味論の基礎概念」田窪行則他『談話と文脈』岩波講座言語の科学7，第1章，岩波書店，1999年

西山佑司「発話解釈と認知：関連性理論について」石崎俊他編『認知科学ハンドブック』共立出版，1992年

野呂香代子「クリティカル・ディスコース・アナリシス」野呂香代子・山下仁編『「正しさ」への問い　批判的社会言語学の試み』三元社，2001年

深谷優子「読解における図表を用いた概要作成の効果」『読書科学』第52巻第1号，2009年

丸野俊一「素朴理論」『児童心理学の進歩』金子書房，1994年

丸野俊一・生田淳一・堀憲一郎「目標の違いによって，ディスカッションの過程や内容がいかに異なるか」『九州大学心理学研究』第2巻，2001年

丸野俊一・生田淳一・堀憲一郎「ディスカッション過程での論証方略とメタ認知的発話の分析」『九州大学心理学研究』第3巻，2002年

松尾剛・富田英司・丸野俊一「対話の場としての教室づくりに関する研究の現状と課題：グラウンド・ルールとリヴォイシングを中心にして」(『教師の"ディスカッション教育"技能の開発と教育支援システム作り』平成14〜16年度科研報告書，研究代表者：丸野俊一，2005年

道田泰司「強い意味の批判的思考に関する覚書」『琉球大学教育学部紀要』第66号，2005年

道田泰司「批判的思考は良い思考か？」『琉球大学教育学部紀要』第64号，2004年

道田泰司「批判的思考概念の多様性と根底イメージ」『心理学評論』第46巻第4号，2003年

道田泰司「論理的思考とは何か？」『琉球大学教育学部紀要』第63号，2003年

道田泰司「合理性と批判的思考」『琉球大学教育学部紀要』第61号，2002年

道田泰司「批判的思考における soft heart の重要性」『琉球大学教育学部紀要』第60号，2002年

向井小百合「小中学生の文章理解の発達」『読書科学』第48巻第2号，2004年

桃内佳雄「文章における連接関係」阿部純一他『人間の言語情報処理　言語理解の認知科学』サイエンス社，1994年

山祐嗣「推論」日本児童研究所編『児童心理学の進歩—1995年版—』第4章，金子書房，1995年

綿井雅康・岸学「児童における文章構造の知識について（1）——児童が保持している説明文構造の検討——」『日本教育心理学会第29回総会発表論文集』1987年

＜欧文＞

Alexander, P. A., Schallert, D. L. & Hare, V. C. (1991). Coming to terms: How researchers in learning and literacy talk about knowledge. *Review of Educational Research*, Vol.61, 3.

Baars, B. J. (1988). *A Cognitive theory of consciousness*. New York: Cambridge University Press.

Dole, J. A., Duffy, G. G., Roehler, L. R., & Pearson, P. D. (1991). Moving from the old to the new: Research on reading comprehension instruction. *Review of Educational Research*, 61.

van Dijk, M. E. (1987). Episodic models in discourse processing. In R. Horowitz, & S. J. Samuels (Eds.), *Comprehending oral and written language*. New York: Academic Press.

Garner, R. (1987). *Metacognition and reading comprehension*. Norwood, NJ: Ablex.

Garner, R. (1990). Children's use of strategies in reading. In D. F. Bjorklund (Ed.), *Children's strategies: Contemporary views of cognitive development*. Hillsdale, NJ: Lawrence Erlbaum Associates.

Hare, V.C., & Burckhardt, K. M. (1984). Direct instruction of summarization skills. *Reading Research Quarterly*, 20 (1).

Hitchcock, D. (1995). Do the fallacies have a place in the teaching of reasoning skills / critical thinking? In H. V. Hansen, & R. C. Pinto (Eds.), *Fallacies classical and contemporary readings*. Pennsylvania State University.

Kintsch, W. (1998). *Comprehension: A paradigm for cognition*. Cambridge: Cambridge University Press.

Mercer, N. (1996). The quality of talk in children's collaborative activity in the classroom. *Learning and Instruction*, 4.

Meyer, B. J. F. (1984). Text dimensions and cognitive processing. In H. Mandl, L. S. Stein, & T. Trabasso (Eds.), *Learning and comprehension of text*. Hillsdale. NJ: Lawrence Erlbaum Associates.

Meyer, B. J. F. (1985) Prose analysis: Purposes, procedures, and problems (Part 2). In B. K. Britton, & B. J. Black (Eds.), *Understanding expository text*.

Hillsdale, NJ: Lawrence Erlbaum Associates.

Palincsar, A. S., & Brown, A. L. (1984). Reciprocal teaching of comprehension-fostering and comprehension-monitoring activities. *Cognition and Instruction*, 1 (2).

Palincsar, A. S., & Brown, A. L. (1989). Classroom dialogues to promote self-regulated comprehension. In J. E. Brophy (Ed.), *Advances in research in teaching: Teaching for meaningful learning and self-regulation* (Vol.1). Greenwich, CT: JAI.

Paris, S. G., Lipson, M. Y., & Wixson, K. K. (1983). Becoming a strategic reader. *Contemporary Educational Psychology*, 8.

Paris, S. G., Wasik, B. A., & Turner, J. C. (1991). The development of strategic readers. In M. L. Kamil, et al. (Eds.), *Handbook of reading research* (Vol.2). New York: Longman.

Pearson, P. D., & Fielding, L. (1991). Comprehension instruction. In M. L. Kamil et al. (Eds.), *Handbook of reading research* (Vol.2). New York: Longman.

Toulmin, S. (1958). *The use of argument*. Cambridge: Cambridge University Press.

Toulmin, S., Rieke, R., & Janik, A. (1979). *An introduction to reasoning*. New York: MacMillan

Winn, J. A., & Palincsar, A. S. (1993). Reading instruction in childhood and adolescence. In S. R. Yussen, & M. C. Smith (Eds.), *Reading across the life span*. New York: Springer-Verlag.

Wiseman, D. L. (1992). *Learning to Read with Literature*. MA: Pearson Ally and Bacon.

おわりに ──謝辞──

　本書は，2014年に広島大学に提出した学位論文「説明的文章の読みの学
力形成論」を加筆修正したものである。
　国語学力論としてはじめた研究は，やがて「説明的文章を読むとはどの
ような行為か」を問うことになったが，「説明的文章とは何か」という問い
には，なかなか向き合うことができなかった。正面からこのことを問うこ
とができたのは最近である。それは当初低次のものとして見なしていた
「知識」について問い直すことであった。そのことは稚拙に問いを重ねる
形に終わったが，本書にもその痕跡はそのまま残った。今後改めて論じる
ことにしたい。
　本書が成るまでおよそ25年の年月を要した。この間多くの方々にお世
話になった。
　研究の直接のはじまりは，学部と大学院を通じての恩師大槻和夫先生に
ご指導いただいた修士論文にあるが，着想は学部3年時に「問題別分科会」
と称する学生同士の自主ゼミで学力論を取り上げたことにまで遡る。実は
その際も大槻先生にご助言いただいたのだが，その際の「全ての国語教師
は国語学力モデルを持っている」という一言が今も私の研究の基底となっ
ている。
　はじめての職場である鳴門教育大学では，当時の院生の方々にインタ
ビュー調査にご協力いただいた。前任校である島根大学の同僚の先生方に
は，大学生を含め学習者同士の協同的な学習に関心を向けていただいた。
母校でもある現任校では，とりわけ宮本浩治先生（現岡山大学）に広島大学
附属中・高等学校で本研究の結論を導く授業を見せていただいた。
　広島大学への博士論文の提出にあたっては，吉田裕久先生（現安田女子大
学）に主査を，難波博孝先生と山元隆春先生に副査をお引き受けいただい
た。吉田先生には，修士論文の際にも「困難でも一番やりたいことをテー

347

マとすべきである」とご助言いただいたが，博士論文執筆の際にもあたたかいご指導と励ましをいただいた。難波先生と山元先生は，審査過程での議論を通して，本研究をまとめることに新たな意味を付与してくださった。

　出版にあたっては，日本学術振興会から平成28年度研究成果公開促進費（学術図書）による助成を受けることができた。島根大学教育学部芸術表現教育講座の小谷充先生には，本書の装幀をお引き受けいただいた。同じく新井知生先生は，素敵な絵の使用をお認めくださった。溪水社の木村逸司社長と西岡真奈美さんには，本書の編集に多大な労をお執りいただいた。

　他にもお名前を挙げるべき方は多いが，最後に高校時代の恩師と家族へのことばを添えることをお許しいただきたい。理学博士でもある磯貝勝則先生は，学問と教育という二つの世界に目を開かせてくださった。両親には，長きにわたってさまざまな援助を受けた。国語の実践家であった亡き父は，本書の刊行を喜んでくれるだろうか。妻と娘には，かけがえのない時期に不自由を強いることも多かった。

　記して感謝の気持ちを伝えたい。

2017年の正月に

間　瀬　茂　夫

索 引

【A】

A問題　22, 32

【B】

B問題　32

【P】

PISA　10, 22, 30-33, 42, 50, 54

【あ】

合図句　76, 115, 117-120, 133, 224
アイデンティティ　8, 37, 265, 321, 324, 326
新しい学力観　10, 14-16, 20, 21, 54, 321
新しい能力　23, 33, 41, 54
アナロジー　82, 94, 309
アブダクション　60, 82, 106, 112, 287, 301, 302, 312, 313
暗黙性　85, 105, 138, 281
暗黙の推論　72, 112, 139-141, 156, 177, 193, 199-201, 210, 211, 214, 233, 234, 255, 256, 258, 259, 263
生きる力　20, 21, 23, 299, 300, 304-306
意識性　46, 176, 186
一般化　12, 19, 20, 24, 66, 87, 89, 94, 97, 172, 184, 188, 259, 264
意図性　46, 176
意味構造　4, 51, 52, 74, 142, 143, 316
意味表象　66, 68
意欲　9-11, 14, 17, 43, 54
因果関係　74, 75, 81, 86-89, 115, 127, 160, 169, 218, 219, 223-226
因果的説明　86, 88-90, 160-162, 165, 255

インタビュー　69, 233-236, 237, 247, 249, 254-256, 260, 320
ヴァン・ダイク　67, 68
ヴァン・ダイクとキンチュ　65-68, 73, 78, 97, 107, 317
裏づけ　22, 49, 82, 83, 85, 121, 130, 132, 136, 247, 259, 284, 285
エピステモロジー　40
演繹的推論　60, 81, 106, 302
教えるための読み　262, 263

【か】

解釈　73, 103, 105-107, 111, 112, 121, 127, 132, 155, 173, 193, 257, 264, 286-288, 302, 311-313, 322, 325
解釈学　3
階層構造　74, 78, 162, 165, 169, 170, 172
階層性　81, 96, 170, 255, 300, 318
科学的説明　57, 81, 82, 86, 93, 95, 98, 158, 159, 164, 165, 175, 298, 311, 317, 318
科学哲学　6, 40, 52, 81, 86, 87, 111, 158, 174, 317
学習課題　8, 107, 108, 265, 288, 289, 310, 311, 321, 324, 325
学習可能性　177, 215, 217, 319
学習指導要領　10, 14, 15, 20, 21, 23, 26-36, 47, 54, 265, 321
学習指導論　3, 5, 29, 36, 38, 40, 49, 59, 78, 265, 266, 278, 283, 321
学習者相互　6, 42, 53, 287, 308, 325
学習者同士　4, 5, 6, 53, 282, 293, 315, 317, 321, 325
学習論　3, 4, 11

349

学力概念批判　9, 11-14, 16, 20, 51, 315
学力規定　10
学力形成論　3-5, 11, 12, 20, 25, 54, 95, 277, 279, 315, 325, 326
学力調査　10, 22, 25, 32, 33, 51, 54
学力低下　5, 9-11, 20-22, 31
学力評価　33, 36
学力モデル　4-6, 8, 23, 24, 51, 52, 73, 96, 107-110, 113, 175, 229, 230, 233, 234, 255, 265, 266, 281, 282, 286, 287, 289, 310, 311, 316-318, 320, 321, 323-326
学力論争　3, 4, 9-12, 20, 23, 24, 30, 51, 315
仮説演繹法　82, 86, 160, 171, 319
仮説的推論　60, 82, 106, 107, 297, 301-304, 308, 312
課題状況　53, 79, 80, 98, 107-109, 177, 186, 281, 316, 320
価値判断のモダリティ　144, 150, 151
学校知　16, 17, 21, 22, 315
カリキュラム　12, 17, 20, 21, 30, 33, 46, 50, 247, 253, 254, 269
キー・コンピテンシー　23, 33
記述的　84
基礎学力　9, 22, 25, 54
基礎・基本　22
既定的　147, 148
技能　6, 10, 12, 14, 16, 19, 20, 22, 26, 30, 44, 47, 49, 313
技能主義　26, 28, 36, 229, 266
帰納的推論　60, 82, 106, 302
帰納法　171, 248, 319
規範的　85, 103, 133, 297, 298
既有知識　42, 45, 47, 52, 65, 66, 98, 108, 109, 133, 154, 155, 175, 184, 198, 200, 208, 210, 263, 266, 308, 311, 316, 325
教育改革　10, 15, 16, 22, 23, 54
教育課程　7, 10, 15, 16, 21
　　──実施状況調査　21

教育実践　18, 20, 23, 25, 47, 229
教材価値　263
教材観　263
教師集団　263
教授・学習過程　11, 297
協同的過程　4-6, 49, 53, 99, 106, 112, 281, 282, 287-289, 308, 309-312, 315, 317, 321, 322, 325, 326
協同的教授　270, 271, 275, 276, 278
協同的論証　283, 284, 286, 289, 311, 312, 322
クリティカル　30, 55
クリティカル・シンキング　39, 41, 50, 55, 104, 105, 112, 121
クリティカル・リーディング　39, 41, 50, 57, 104
計算　9, 10, 22, 90
形式的言語操作　264
形式論理学　38, 104, 138, 231
形成論的国語学力モデル　6
計測可能　9, 10
結束性　40, 55, 104, 113, 114, 172
言語学　38, 39, 40, 113, 158, 284
言語活動　30, 31, 33, 34, 36, 47, 48, 51, 109, 112, 264, 326
　　──例　28, 30, 33, 35
言語技術　26
言語生活　26, 59, 84, 177
　　──主義　26, 28, 30, 36, 229
言語的知識　34, 43, 61, 108, 323
言語能力　29, 32, 34, 229
現象的説明　162, 165, 170
現職教員　235
高次　11, 20-23, 25, 29, 33, 35, 36, 51, 52, 79, 278, 315, 316, 320
構造的方略　76-80, 135, 190, 317
拘束判断のモダリティ　144
統合的世界　96, 97, 108, 109, 318
国語科教師　4, 8, 36, 37, 56, 230-234,

253, 255, 256, 263, 265, 310, 311, 320, 321, 324, 326

国語学力形成　323, 325, 326

———論　3, 5, 12, 325, 326

国語科単元学習　29, 229

国語教科書　28, 30, 56, 110, 121, 157, 170, 171, 277, 297, 298, 319

国語力　30, 31, 32, 54

固定化　47, 282

誤謬　38, 104, 105, 138

コミュニケーション　34, 68, 69, 70, 76, 78, 81, 85, 102, 112, 128, 152, 156, 299, 324

【さ】

三角ロジック　85

三段論法　142

自覚性　186

字義通り　232, 265, 321

思考心理学　42

思考力・判断力・表現力　10, 22

自己学習力　29

自己質問　47, 135, 269

事実・データ　82, 85, 284, 300, 301

自然言語　41, 52, 72, 85, 139, 316

字面　73, 107, 230, 260

自動　46, 104, 140, 150, 176, 298

指導要録　14, 15

指導理論　8, 30, 229, 232, 255-257, 259, 263, 264, 265, 277, 320

社会科学　50, 57, 80, 97

ジャンル　35, 45, 47, 48, 53, 70, 157, 158, 191, 316

修辞学　3, 6, 38, 39, 282, 313, 317

修辞的・論理的関係　74-76, 78, 80, 97, 98, 109, 115, 116, 120, 133, 135, 177, 218-220, 281, 318, 320, 324

柔軟性　46, 68, 176, 181

授業仮説　6, 281, 286, 288, 290, 311, 321, 322

授業観察　290, 297, 309, 322

授業改善　8, 32, 230, 277, 323, 325

授業論　106, 112, 229, 302, 313

熟達　47, 48, 98

樹系図　134

主体的　10, 100

熟考・評価　32, 33

状況的知識　178

状況モデル　66, 68-70, 73, 78, 79, 97, 98, 108, 109, 113, 114, 121, 133, 138, 178, 281, 286, 317, 318

小グループ　270, 282, 283, 286, 288, 290, 292, 293, 297, 303, 311-313, 322

常識　80, 90-93, 113, 298, 317

小集団　7, 283, 288

情緒的　31, 144, 151, 285, 286

情報活用能力　178

情報処理　65

———能力　29

情報の取り出し　32

人格　9-12, 17, 35

人格形成　9

新学力観　14-16

真偽判断のモダリティ　144, 148, 151, 156

心的態度　143, 156

真なる信念　59

真理　99-103, 144, 325

推論形式　79, 106, 302

推論重視群　179, 180, 186, 190

推論的読み　5-7, 59, 96, 98, 99, 103, 105-108, 113, 172, 175, 177, 193, 201, 203, 212, 214, 215, 255, 265, 266, 281, 282, 286, 288-290, 309-312, 315, 318, 321, 322, 324, 325

推論的理解　128, 297, 323

スキーマ　12, 41, 44, 56, 65, 69, 76, 77,

135
スキル　26, 27, 46, 47, 54, 176, 215, 228, 229, 268, 275, 321
生活世界　91, 94, 96, 97, 102, 108, 109, 171, 172, 318
制御システム　68, 70, 73
整合性　40, 55, 79, 104, 113, 114, 122, 123, 128, 136, 172, 184, 318
制作知　97
精緻化推論　78, 79, 103, 114, 301, 310
正当化　59-61, 63, 64, 80, 82, 98, 311, 317
説得　3, 38, 39, 49, 82, 85, 90-92, 101, 102, 111, 200, 237-239, 244, 245, 253, 285, 289, 312, 317
説得型　237, 244, 245, 247, 254
説明理論　86, 87, 228
是非判断のモダリティ　144, 147, 151, 156
宣言的知識　176
全国学力・学習状況調査　22, 32, 33
全体構造　116, 117, 120, 133, 151, 263
専門家　21, 56, 76, 91, 100, 230, 291
専門的知識　80, 90, 91, 92, 93
総合的な学習　20, 21, 29, 50
素朴理論　8, 254, 263

【た】

態度　6, 9, 10, 12-14, 17, 20, 34, 72, 93, 104, 105, 143, 144, 156, 250
態度主義　9, 10, 16
タキソノミー　22
他教科　31-33, 36, 49, 50
短期記憶　65, 68, 70
単元　28, 29, 30, 232
単元学習　30
探索的会話　283, 284
段落相互の関係　41, 230

段落の要点　41, 73, 74, 109, 137, 181, 230-232, 259, 261-265, 282, 321
談話　40, 68-74, 79, 80, 84, 113, 139, 141, 143, 147, 148, 151, 256, 261-263, 326
　　——資料　284, 303, 304, 308
　　——理解　68, 73, 139, 141
知識空間　96, 98, 102, 108, 109, 281, 318
知識社会学　52, 101
中心化　37, 265, 266, 310, 311, 321, 324, 326
長期記憶　65, 77, 109
直接的教授　134, 268-271, 275, 276
通念　90, 91, 93, 94, 258, 259
定言的断定　145, 146, 148-150
テキストベース　66, 68, 70, 71, 73, 78, 79, 97, 98, 108, 109, 113, 114, 133, 178, 213, 214, 278, 281, 317
テクスト言語学　40, 158
手続き的知識　44, 176, 268
転移性　20, 246
統括　40, 61, 62, 63
統合的世界　108, 109, 318
導出　83, 84, 165, 286, 289, 310, 312
統制システム　65, 66
統計的説明　87
トゥールミン　38, 39, 49, 50, 81-85, 94, 96, 97, 103, 121, 126, 133, 284, 285, 298, 312, 318
読解力　22, 30, 32, 47, 50, 190
トップ・ダウン　61
トップレベル構造　74, 76, 115, 116, 120, 133

【な】

内容筋道型　237, 254
日常言語　38, 39, 83, 85, 93, 105, 138, 139, 264, 298
入試　33

認識主義　26, 28, 36, 229, 266

認識の方法　26, 28, 40, 45, 74, 78, 157, 264

認識方法　3, 216, 218

認識論　3, 38, 40, 59, 60, 100, 101, 112, 313, 316, 325

認知意味論　142, 228

認知科学　13, 39, 42, 44, 52

認知過程　6, 7, 42, 46, 47, 51, 80, 108, 315, 316, 325

認知心理学　5, 7, 13, 42, 44-46, 51, 52, 62, 254, 267, 277, 315, 316, 321

認知的見習い　268, 269

認知的洗練　46, 176

【は】

橋渡し推論　78, 79, 103, 114, 298, 301, 310, 320

パース　99, 106, 107, 302

発生的説明　150, 166, 168, 169, 170

発達　9, 10, 32, 42-48, 102, 134, 139, 176, 177, 201, 206, 208, 212-214, 230, 284, 324

――段階　42, 43, 45, 103, 114, 157, 177, 214, 215, 239, 319, 320, 324-326

発話態度　143

話し合い過程　283-286, 292, 293, 297, 303, 304, 306

反証　82, 83, 121, 133, 137, 284-287, 301, 308, 312, 322

反省的思考　230, 288

判断保留のモダリティ　144-146, 149, 151

非形式論理学　3, 6, 38-41, 104, 105

非既定的　148, 151

筆者の意図　3, 233, 264

筆者の工夫　41, 239

批判的思考　41, 46, 50, 102, 105, 121, 138

批判的な読み　8, 49, 80, 154, 287, 292, 296, 297, 320

批判的読み　50, 103, 104, 105, 112, 176, 177, 193, 290, 292

非明示的　152, 255, 257, 261, 281, 288, 289, 321, 324

表象　6, 17, 66, 68, 72, 77, 78-80, 97, 98, 109, 110, 113, 114, 134, 135, 139, 140, 175, 178, 184, 218, 317, 324

表層　8, 65, 72, 106, 300, 302, 309

評論　44, 50, 88, 92, 158, 171, 299, 309

文章構成　38, 39, 41, 45, 62, 108-110, 122, 130, 136, 157, 158, 160, 162-164, 166-168, 173, 180, 181, 187, 216, 264, 282, 323

文章内容　45, 59, 82

文章の論理　3-5, 7, 38, 40, 41, 59, 60, 230-234, 238, 241, 242, 244-246, 247, 251, 253-256, 259, 261, 263-265, 312, 317, 320, 321, 323, 325

文章理解過程　42, 43, 52, 65, 66, 73, 79, 154, 159, 176, 215, 267, 278, 317, 319, 320, 323

文章理解モデル　4, 6, 52, 61, 63, 67, 73, 78, 79, 97, 98, 107, 175, 311, 317

文章論　3, 40, 61-63, 230

米国　47, 48, 74, 104, 134, 216, 266, 267, 270, 276-278, 282, 311, 320, 321

ペレルマン　39, 92-95, 99

方略的読み　76, 135, 176, 177, 190, 215, 216, 267, 275, 276

ボトム・アップ　61

【ま】

マイヤー　74, 76, 78, 80, 97, 114, 115, 125, 190, 218, 220, 228, 317, 318

マクロ構造　66, 69, 115, 119, 121, 122,

353

130

まとまり筋道型　241, 242, 253, 254

ミクロ構造　66, 121, 123

民間教育団体　26, 28

無標　144-146, 148

　——のモダリティ　145, 146, 151, 156

明快な説明　268, 275

明示的な推論　139-142, 152, 193, 199-201, 212, 214, 232, 233

命題構造　66

命題内容　142-144, 146-148, 150, 151, 153, 156

メゾ構造　122, 127-130

メタ認知（的）　5, 43-46, 79, 98, 177, 277-279, 281

メタ認知的知識　44, 45, 181, 191, 192, 215-217, 219, 227, 319

メタ認知的理解　49

メディア・リテラシー　30, 50, 57

メンタル・モデル　73

目的論的説明　87-89, 160-163, 165, 167, 170

目標論　3, 6, 7

モダリティ　141-153, 156

モニター　48, 66, 70, 109, 187, 189

モニタリング　47, 70, 98, 108, 109, 154, 182, 184, 187, 215, 224, 277, 278, 281, 286, 287, 305

問題解決的　21, 29, 30, 318, 324

【や】

要約　27, 35, 48, 49, 69, 73, 81, 119, 121, 124, 131, 133-136, 142, 146, 147, 151, 156, 184, 218, 220, 232, 236-239, 251, 269-274, 277, 278, 321

読み書き　9, 270

読む力　4, 27

【ら】

理解行為　4, 176

理解方略　4, 45-51, 53, 108, 109, 176, 177, 215, 217, 227, 266, 267, 277, 278, 311, 316, 319-321, 324

リテラシー　22, 30, 32, 33, 50

理由づけ　49, 82, 83, 85, 97, 106, 212, 284-286, 287, 289, 297, 298, 301, 309, 312, 322

履歴　17, 37

類似性　28, 95, 131, 132, 135, 137, 210, 211, 296

累積的会話　283, 284

例外・逸脱による説明　165, 170

歴史的　24, 36, 89, 90, 170-172, 238, 276, 319

レトリック　39, 41, 52, 82, 90-95, 97, 99-102, 112, 121, 137, 171, 172, 175, 282, 287, 317, 318, 323, 324

連接関係　3, 38, 40, 78, 120, 121, 124, 125, 127, 136, 157, 159, 284

論証モデル　39, 50, 64, 81-85, 94, 97, 98, 103, 104, 108, 109, 113, 121, 133, 172, 281, 285, 298, 301, 312, 318, 319

論説　45, 55, 56, 154, 157, 298

論争的会話　283, 284

論理学　38, 41, 62, 94, 99, 121, 139, 249, 255

論理構造　4, 44

論理的思考　41, 231, 236, 248, 282

論理的思考力　142, 155, 157, 215, 230, 239, 241, 286

【わ】

わかる力　9, 11

私の読み　262

教材名索引

（作品名，著者，教科書会社名，学年，検定年）

【あ】

運動会（玉木正之，学校図書，中3，2005年検）　158, 167

【か】

変わる動物園（若生謙二，学校図書，中1，2005年検）　158, 161
巨大技術と人間（岸田純之助，東京書籍，中3，1991年検）　219, 220
この小さな地球の上で（手塚治虫，三省堂，中1，2005年検）　309

【さ】

寂しい時代と聴く力（鷲田清一，学校図書，中3，2005年検）　298, 303, 309
自然のシステムに学ぶ（宮脇昭，学校図書，中3，1992年検）　115, 116, 217-219
シンデレラの時計（角山栄，光村図書，中2，1992年検）　141, 142, 145, 156, 173, 193, 194, 196, 201, 214, 232, 233, 235-237, 242, 246, 255, 257

【た】

ディズニーランドという聖地（能登路雅子，学校図書，中3，2005年）　158, 168

【な】

逃げることは，ほんとうにひきょうか（なだいなだ，学校図書，中2，2005年検）　158, 162

【ま】

武蔵野の風景（内山節，学校図書，中3，2005年検）　158, 168
モアイは語る―地球の未来―（安田喜憲，光村図書，中2，2004年検）　121, 122, 136, 137, 309
モンシロチョウの手旗信号（小原嘉明，学校図書，中1，2005年検）　158, 160

【わ】

若者が文化を創造する（河合雅雄，学校図書，中2，2005年検）　158, 164, 179-182, 190, 290, 292, 309

著者

間　瀬　茂　夫（ませ　しげお）

1967年愛知県半田市出身。広島大学大学院教育学研究科教科教育学専攻（国語科教育）博士課程後期中途退学後，鳴門教育大学学校教育学部助手，島根大学教育学部講師・助教授・准教授，広島大学大学院教育学研究科准教授を経て，2015年より同教授（現在に至る）。2014年博士（教育学）。

主な著作

「小学生の話し合い能力の発達に関する研究―同一課題による調査を通した考察―」全国大学国語教育学会編『国語科教育』第62集，2007年

「説明的文章の論証理解における推論―協同的な過程における仮説的推論を中心に―」全国大学国語教育学会編『国語科教育』第70集，2011年

「理解方略指導研究」全国大学国語教育学会編『国語科教育学研究の成果と展望II』学芸図書，2013年

説明的文章の読みの学力形成論

平成29年2月28日　発　行

著　者　間　瀬　茂　夫
発行所　株式会社 溪水社
　　　　広島市中区小町1-4（〒730-0041）
　　　　電　話（082）246-7909
　　　　ＦＡＸ（082）246-7876
　　　　E-mail: info@keisui.co.jp

ISBN978-4-86327-387-0　C3081
平成28年度日本学術振興会助成出版